21世纪高等职业技术教育规划教材——道路与桥梁工程类
国家示范性高等职业院校规划教材

路基路面工程

田国芝　郭超祥　主编

西南交通大学出版社
·成　都·

内容简介

本书为21世纪高等职业技术教育道路与桥梁工程类规划教材之一。全书分为两篇：第一篇为路基工程，较系统地介绍了路基的基本内容、一般路基及特殊路基的设计要点、路基排水构造物的设计、路基防护和加固工程、挡土墙设计、路基施工及其质量检测等；第二篇为路面工程，较系统地介绍了沥青路面与水泥混凝土路面面层、基层及底基层的设计、施工与检测等内容。

本书可作为交通高等职业技术教育道路与桥梁工程技术专业及工程监理等交通土建专业教材，也可供交通中等职业教育土建类专业及相关专业培训学习使用，还可作为从事公路施工、市政工程、试验检测等工作的技术人员的参考书。

图书在版编目（CIP）数据

路基路面工程 /田国芝，郭超祥主编. —成都：西南交通大学出版社，2008.9

国家示范性高等职业院校规划教材. 21世纪高等职业技术教育规划教材. 道路与桥梁工程类

ISBN 978-7-81104-903-9

Ⅰ. 路… Ⅱ. ①田…②郭… Ⅲ. ①路基－道路工程－高等学校：技术学校－教材②路面－道路工程－高等学校：技术学校－教材 Ⅳ. U416

中国版本图书馆CIP数据核字（2008）第121624号

21世纪高等职业技术教育规划教材——道路与桥梁工程类
国家示范性高等职业院校规划教材

路基路面工程

田国芝　郭超祥　主编

*

责任编辑　李　涛
特邀编辑　杨　勇
封面设计　本格设计
西南交通大学出版社出版发行
（成都二环路北一段111号　邮政编码：610031　发行部电话：028-87600564）
http: //press.swjtu.edu.cn
成都蓉军广告印务有限责任公司印刷

*

成品尺寸：185 mm×260 mm　　印张：14.125
字数：351千字　　印数：1—3 000册
2008年9月第1版　　2008年9月第1次印刷

ISBN 978-7-81104-903-9

定价：23.00元

前　言

公路是交通运输的主要形式之一，路基、路面是公路工程中最主要的结构物，它们对于汽车行驶质量、经济运营及安全行驶等，都至关重要。

“路基路面工程”是高等职业技术教育领域中公路与城市道路、公路监理、市政工程等专业的职业必修课，是一门理论与实践并重的课程，教师在讲述时应结合实地参观、实验、实习等教学环节，使理论与实践相结合，以提高学生的职业技能。

本书即根据高职高专教育的要求，结合本课程的特点精炼而成，其教学宗旨是让学生掌握公路工程建设的路基路面部分的基本原理与施工方法，培养道路施工人员的职业能力。本书的编写，力求突出以下特点：

（1）强调基础性。根据高职高专的教学目的，在内容选择上，编者力求突出对公路工程路基路面部分的基本原理与基本方法等基础知识的介绍。

（2）突出实用性、实践性和应用性。注重理论联系实际，以体现高职高专“以应用为目的，以必需、够用为度”的教材特色。

（3）力求通俗、精练。在编写本教材时，编者尽可能将难懂的专业语言采用易读、易学、易懂的方式进行讲解，例如多用图、表等形式，使学生学习时能够由浅入深，易于接受。

本书由山东交通职业学院田国芝和山西交通职业技术学院郭超祥主编，田国芝统编定稿。全书分为两篇，第一篇为路基工程，第二篇为路面工程。具体编写分工为：第一篇的第一、二、三、四、五章由甘肃交通职业技术学院伏永祥编写，第六、七、八、九章由山西交通职业技术学院郭超祥编写，第十章由山东交通职业学院田国芝编写；第二篇的第十一、十三、十四章由山东交通职业学院田国芝编写，第十二章由青海交通职业技术学院曹俊武与山东交通职业学院田国芝共同编写，第十五、十六章由青海交通职业技术学院曹俊武编写。

由于编者水平有限，编写时间仓促，加之路基路面工程涉及知识面广，本书不当之处在所难免，恳请读者提出宝贵意见，以便今后修改完善。

编　者
2008 年 7 月

目　　录

第一篇　路基工程

第一篇 路基工程

第一章 路基工程概述

学习目标

① 明确路基设计的主要内容。

② 理解路基工作区的概念，熟悉表征土基强度的指标。

③ 明确路基的主要病害，并掌握路基病害的防治措施。

④ 了解路基土的分类，熟悉各种土的工程性质。

⑤ 了解公路自然区划，掌握路基干湿类型的划分。

第一节 与其他工程的关系及设计内容

一、路基工程与其他有关工程项目的关系

1. 路基设计与路线设计的关系

路线设计中，线型的布置和设计高程的控制，必须考虑路基的稳定性、工程难易、土石方数量大小和占用农田多少及环境保护等因素。比如，在多雨的平原区，地面平坦，地下水源充沛，地下水位较高，河沟纵横交错，因此，保证路基稳定性的最小填土高度是路线设计高程的主要控制因素之一；在山岭区，地形变化大，地面自然坡度大，路线设计高程主要由纵坡和坡长所控制，但也要从土石方尽量平衡和路基附属工程合理等方面综合考虑。因此，路基设计与路线设计是相辅相成的。

2. 路基工程与路面工程的关系

在路面结构设计时，应把土基和路面各结构层看做是一个有机整体。因为路基是路面的基础，路基的强度与稳定性是保证路面强度与稳定性的基本条件，提高路基的强度与稳定性，可以适当减薄路面厚度、降低路面造价。因此，路基设计与路面设计应作综合考虑。

3. 路基工程与桥涵工程的关系

桥头引道路基，与桥位选择和桥孔设计关系密切，其勘测与设计两者应相互配合，路基与涵洞等结构物，也应配合恰当。故在路线纵断面设计中应考虑路基与桥涵在布置与高程方面的关系，处在河滩的桥头引道路基，还应进行稳定性设计与验算。

二、路基设计的主要内容

路基设计的任务是根据公路的性质、等级和技术标准，结合当地自然条件，拟订正确的路基设计方案，作为施工的依据。路基设计的内容一般包括以下几个主要方面：

（1）路基主体工程。

路基主体设计包括选择路基横断面形式和确定路基宽度、路基高度、路基边坡坡度等。

（2）路基排水。

根据沿线地表水流及地下水埋藏情况，进行沿线排水系统的总体布置，以及地面排水设施和地下排水设施的设计。

（3）路基防护与加固。

防护与加固设计内容有坡面防护、冲刷防护及支挡结构物的布置、构造设计与计算等。

（4）路基工程的附属设施。

包括取土坑与弃土堆、护坡道与碎落台、堆料坪与错车道等的布置与计算。

第二节　路基的强度及其病害

一、路基受力状况

路基承受着自重静载和汽车轮重动载。在两种荷载的共同作用下，路基土处于受力状态。理想的设计应使得路基所受的力在路基弹性限度范围内，而当车辆行驶过后，路基能恢复原状，以保证路基相对稳定，路面不致引起破坏。

路基土在车轮荷载作用下所引起的垂直应力 σ_Z 可以用近似式（1.1）计算。计算时，假定车轮荷载为一竖向集中力 P，路基为一弹性均质半空间体，则：

$$\sigma_Z = K\frac{P}{Z^2} \tag{1.1}$$

式中　K——系数，一般取 $K=0.5$；

P——一侧轮重荷载（kN）；

Z——荷载中心下应力作用点的深度（m）。

路基土本身自重在路基内深度为 Z 处所引起的垂直压应力 σ_B 按式（1.2）计算。

$$\sigma_B = \gamma Z \tag{1.2}$$

式中　γ——土的重度（kN/m^3）；

Z——应力作用点深度（m）。

虽然路面结构材料重度比路基土的重度略大，但是结构层的厚度相对于路基某一深度而言，这个差别可以忽略，仍可近似视为均质土体。

路基内任一点处的垂直应力包括由车轮荷载引起的 σ_Z 和由土基自重引起的 σ_B，两者的共同作用，如图 1.1 所示。

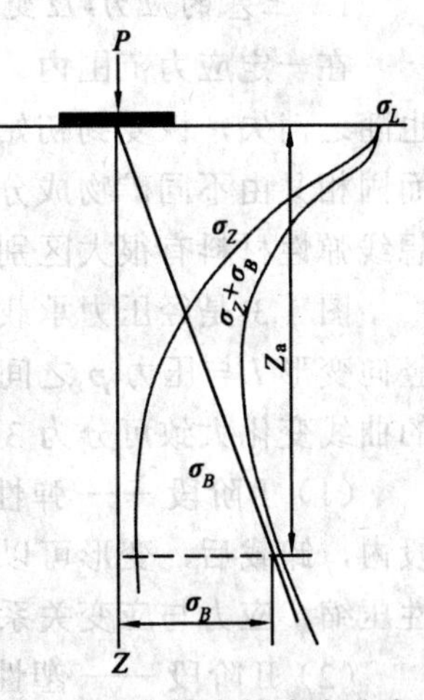

图 1.1 土基中的应力分布

二、路基工作区

在路基某一深度 Z_a 处，当车轮荷载引起的垂直应力 σ_Z 与路基土自重引起的垂直应力 σ_B 相比所占比例很小，仅为 1/10～1/5 时，该深度 Z_a 范围内的路基称为路基工作区，即车轮荷载作用影响较大的土基范围。在工作范围以外的路基，车轮荷载对土基强度及稳定性影响很小，可略去不计。确定路基工作区深度 Z_a，可以将式（1.2）与式（1.1）相比，即：

$$n=\frac{\sigma_B}{\sigma_Z}=\frac{\gamma Z}{K\frac{P}{Z^2}} \tag{1.3}$$

从而得到：

$$Z_a=\sqrt[3]{\frac{KnP}{\gamma}} \tag{1.4}$$

式中 Z_a —— 路基工作区深度（m）；

P —— 一侧轮重荷载（kN）；

K —— 系数，一般取 $K=0.5$；

γ—— 土的重度（kN/m^3）；

n —— 系数，取 $n=5\sim10$。

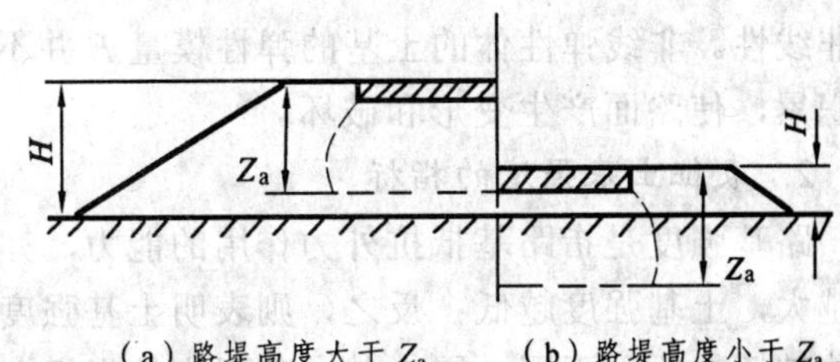

（a）路堤高度大于 Z_a （b）路堤高度小于 Z_a

图 1.2 工作区深度 Z_a 与路基高度 H

路基工作区内，土基的强度和稳定性对保证路面结构的强度和稳定，满足行车要求极为重要，因此，对路基工作区范围内的土质、含水量及压实度应提出较高的要求。

当工作区深度大于路基填土高度时（见图 1.2），行车荷载的作用不仅施加于路堤，而且施加于天然地基的上部土层，因此，天然地基上部土层和路堤应同时满足工作区的要求，均应充分压实。

三、土基的强度指标

土基是路面结构的支撑体，车轮荷载通过路面传到路基，因此土基的强度和变形特性对路面结构的整体强度和刚度有很大影响。在路面的总变形中，土基的变形占很大部分，为 70%～95%。路面结构的破坏，除其本身原因外，主要由于土基过大变形所引起。因此，研究土基的强度和变形特性对路面设计具有重要意义。

1. 土基的应力-应变特性

在一定应力范围内，理想线弹性体的应力与应变关系呈线性特性。当应力消失时，应变也随之消失，恢复到初始状态。由于路基土的内部结构非常复杂，包括固相、液相和气相，而固相又由不同矿物成分、不同粒径的颗粒组成，因此路基土在应力作用下的变形特性同理想线弹性材料有很大区别。

图 1.3 是经压力承载板试验得到的土基竖向变形 l 与压力 p 之间的关系曲线，图中的曲线变化大致可分为 3 个阶段：

（1）Ⅰ阶段 —— 弹性变形阶段。在此阶段内，卸载后，变形可以恢复，土基受到弹性压缩，应力与应变关系呈近似直线。

（2）Ⅱ阶段 —— 塑性变形阶段。在此阶段内，外力增大，变形发展较快，卸载后，变形不能完全恢复。其中，能够恢复的变形叫弹性变形，不能恢复的变形叫塑性变形（或残余变形）。在此阶段范围内，应力-应变关系呈曲线。

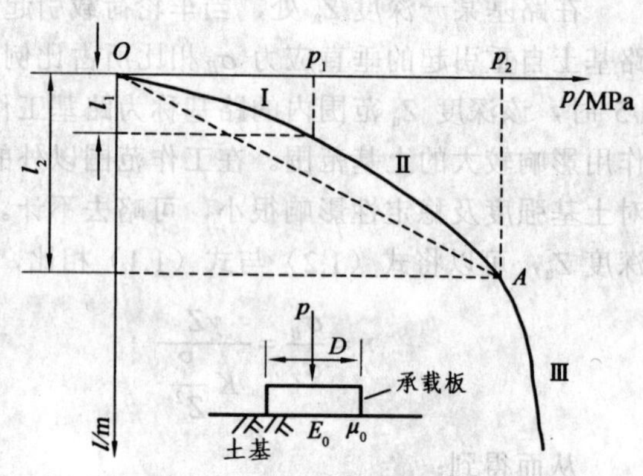

图 1.3　土基的 p-l 关系曲线

（3）Ⅲ阶段 —— 破坏阶段。该阶段应力继续增大，变形急剧增大，土体已失去抵抗变形的能力，表明土体已破坏。

土基在外力作用下表现出的这种应力与应变不成线性关系变化的应力-应变特性叫土基的非线性。非线弹性体的土基的弹性模量 E 并不是一个常数，在重复荷载作用下土基产生变形积累，使路面产生变形和破坏。

2. 表征土基强度的指标

路基强度是指路基抵抗外力作用的能力，亦即抵抗变形的能力。在一定应力作用下，变形越大，土基强度越低；反之，则表明土基强度越高。根据土基简化的力学模型不同，以及土体破坏的原因不同，国内外土基强度的指标主要有以下几种。

1）土基弹性模量 E_0

把土基简化为一弹性半空间体，用弹性模量 E_0 表征其应力-应变特性，并作为土基的强度指标。为模拟车轮印迹的作用，通常以圆形承载板压入土基的方法测定其弹性模量 E_0，如图 1.3 所示。

根据弹性力学原理，用圆形承载板测试计算土基弹性模量的公式为：

$$E_0=\frac{\pi D}{4}\frac{\sum p_i}{\sum l_i}(1-\mu_0^2) \tag{1.5}$$

式中　E_0 —— 土基的弹性模量（MPa）；

D —— 承载板的直径（m）；

p_i —— 各级荷载下的承载板单位压力（kPa）；

l_i —— 各级荷载下的承载板回弹弯沉值（m）；

μ_0 —— 土的泊松比，一般取 0.35。

由于承载板测试弹性模量的野外测试速度较慢，工程中常用标准汽车作卸载试验，根据测得的回弹变形值（回弹弯沉值 l_0）计算土基弹性模量值，其公式为：

$$E_0 = \frac{pd}{l_0}(1-\mu_0^2)\times 0.712 \tag{1.6}$$

式中 p—— 标准试验车的轮胎压力（kPa）；

d——试验车轮迹当量圆直径（cm）；

l_0—— 土基不利季节的计算弯沉值（cm），取平均值加 2 倍的方差；

μ_0—— 土的泊松比，一般取 0.35。

与用承载板测试相比，两者结果相差不大，但后者测试工作大为简化。

2）土基反应模量 K_0

在刚性路面设计中，除用弹性模量表征土基强度外，也常用土基反应模量 K_0 作为指标。该力学模型假设，地基上任一点的反力与该点的挠度成正比，而与其他点无关，即土基相当于由互不联系的弹簧组成，如图 1.4 所示。这种地基力学模型首先由捷克工程师文克勒（E.Winker）提出，因此又叫文克勒地基。地基反应模量 K_0 为压力 p 与沉降 l 之比，即：

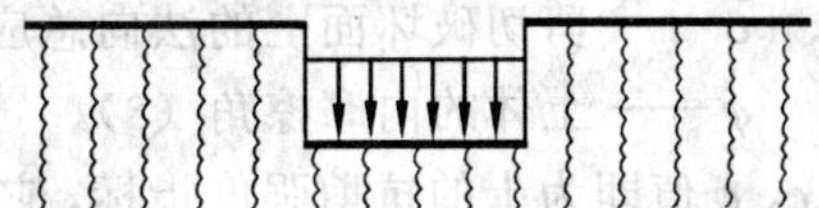

图 1.4　文克勒地基力学模型

$$K_0 = \frac{p}{l} \quad (\mathrm{N/cm^3}) \tag{1.7}$$

土基反应模量 K_0 值用承载板试验确定。承载板的直径规定为 76 cm。测试方法与弹性模量测试方法类似，但采用一次加载法，施加荷载由两种方法控制：当地基较为软弱时，用 0.127 cm 的沉降控制承压板的荷载；若地基较为坚硬，沉降难以达到 0.127 cm 时，以单位压力 p = 0.07 MPa 控制承载板的荷载。

3）*CBR*（California Bearing Ratio）值（加州承载比）

加州承载比是早年由美国加利福尼亚州提出的一种评定土基及其他路面材料承载力的指标。承载能力以材料抵抗局部荷载压入变形的能力表征，并采用高质量标准碎石为标准，它们的相对比值即为 *CBR* 值。

试验时，用一个端部面积为 19.35 $\mathrm{cm^2}$ 的标准压头，以 0.127 cm/min 的速度压入土中。记录每贯入 0.254 cm 时的单位压力，直到总深度达到 1.27 cm 为止，此时的贯入单位压力与达到该贯入深度时的标准压力之比即为土基的 *CBR* 值，其式为：

$$CBR = \frac{p}{p_s}\times 100 \tag{1.8}$$

式中 p—— 对应于某一贯入度的土基单位压力（MPa）；

p_s—— 与土基贯入度相同的标准单位压力（MPa），见表 1.1。

表 1.1　标准压力 p_s 值

贯入度/cm	0.254	0.508	0.762	1.106	1.270
标准压力 p_s/MPa	7.03	10.58	13.36	16.17	18.23

以上 3 项指标，都表征特定力学模型下土基的应力与应变关系。但由于土基是非线性体，其强度还随土质、密实度、水温状况及自然条件而变，因此，在应用各项指标进行路面设计和对土基强度进行评价时，必须与路面结构设计方法相配合，把路基、路面的力学模型与具体条件和要求联系起来。

4）抗剪强度 τ

土的抗剪强度指土体抵抗剪切破坏的能力。土的抗剪强度对分析土坡稳定以及挡土墙后土压力计算具有十分重要的意义。

土的抗剪强度通常用库仑公式表示：

$$\tau = c + \sigma \tan\varphi \tag{1.9}$$

式中 τ —— 土的抗剪强度（kPa）；

c —— 土的单位黏聚力（kPa）；

σ —— 剪切破坏面上的法向总应力（kPa）；

φ —— 土体的内摩擦角（°）。

c、φ 值即为土的抗剪强度指标，它反映了土体强度的大小，是土体非常重要的力学指标。土的抗剪强度测试有多种方法。若用三轴压缩试验测定，在一定围压下进行轴向加载，可以模拟土体受荷时发生的应力情况。如果试验时可以完全控制排水，水分可以从孔隙流出或排出，则土的性质可以按库仑公式（1.9）表示。

四、路基的主要病害及其防治

路基裸露在大气中，经受着土体自重、行车荷载和各种自然因素的作用，其各个部位将产生变形。路基的变形分为可恢复的变形和不可恢复的变形，路基的不可恢复变形将引起路基高程和边坡坡度、形状的改变。严重时，造成土体位移，危及路基的整体性和稳定性，造成路基各种破坏。

（一）路基的主要病害

1. *路基沉陷*

路基沉陷是指路基表面在垂直方向产生的不均匀竖向变形。路基的沉陷通常有两种情况：一是路基本身的压缩沉降；二是由于路基下部天然地面承载能力不足，在路基自重的作用下引起沉陷或向两侧挤出而造成的下沉。

（1）路基沉缩：因路基填料选择不当，填筑方法不合理，压实度不足，在路基堤身内部形成过湿的夹层等因素，在荷载和水温综合作用之下，引起路基沉缩，如图 1.5（a）所示。

（a）路基沉缩　　（b）地基沉陷

图 1.5　路基沉陷

（2）地基沉陷：原天然地面有软土、泥沼或不密实的松土存在，承载能力极低，路基修筑前未经处理，在路基自重作用下，地基下沉或向两侧挤出，引起路基下陷，如图 1.5（b）所示。

2. 边坡滑塌

路基边坡滑塌是最常见的路基病害，根据边坡土质类别、破坏原因和规模的不同，可分为溜方与滑坡两种情况。

（1）溜方：由于少量土体沿土质边坡向下移动所形成。溜方通常指的是边坡上表面薄层土体下溜，主要是由于流动水冲刷边坡或施工不当而引起的，如图 1.6（a）、（b）所示。

（2）滑坡：一部分土体在重力作用下沿某一滑动面滑动。滑坡主要是由于土体的稳定性不足所引起的，如图 1.6（c）所示。

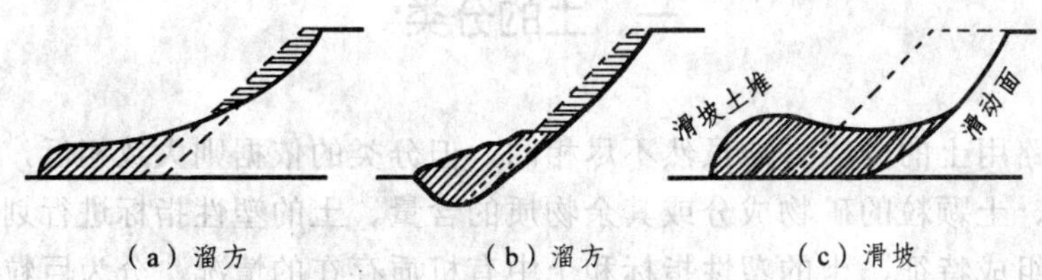

图 1.6 路基边坡滑塌

路堤边坡坡度过陡，或边坡坡脚被冲刷淘空，或填土层次安排不当是路堤边坡发生滑坡的主要原因。

路堑边坡滑坡的主要原因是边坡高度和坡度与天然岩土层次的性质不相适应。黏性土层和蓄水的砂石层交替分层蕴藏，特别是有倾向于路堑方向的斜坡层理存在时，就容易造成滑动。

3. 剥落、碎落和崩塌

剥落和碎落是指路堑边坡风化岩层表面，在大气温度与湿度的交替作用以及雨水冲刷和动力作用之下，表层岩石从坡面上剥落下来，向下滚落。而大块岩石脱离坡面沿边坡滚落称为崩塌。

4. 路基沿山坡滑动

在较陡的山坡填筑路基，若路基的底部被水浸蚀，形成滑动面，坡脚又未进行必要的支撑，在路基自重和行车荷载作用下，整个路基沿倾斜的原地面向下滑动，路基整体失去稳定。

5. 不良地质和水文条件造成的路基破坏

公路通过不良地质条件（如泥石流、溶洞等）和较大自然灾害（如大暴雨）地区，均可能导致路基的大规模毁坏。

（二）路基病害防治

为提高路基的稳定性，防止各种病害的发生，主要应采取以下一些措施：

（1）正确设计路基横断面。

（2）选择良好的路基用土填筑路基，必要时对路基上层填土作稳定处理。

（3）采取正确的填筑方法，充分压实路基，保证达到规定的压实度。

（4）适当提高路基，防止水分从侧面渗入或从地下水位上升进入路基工作区范围。

（5）正确进行排水设计（包括地面排水、地下排水、路面结构排水以及地基的特殊排水）。

（6）必要时设置隔离层隔绝毛细水上升，设置隔温层减少路基冰冻深度和水分累积，设置砂垫层以疏干土基。

（7）采取边坡加固、修筑挡土结构物、土体加筋等防护技术措施，以提高其整体稳定性。

以上各项技术措施的宗旨在于限制水分侵入路基，或使已侵入路基的水分迅速排除，保持干燥，提高路基的整体强度与稳定性。

第三节　路基土的分类与工程性质

一、土的分类

世界各国公路用土的分类方法虽然不尽相同，但分类的依据则大致相近，一般都根据土颗粒的粒径组成、土颗粒的矿物成分或其余物质的含量、土的塑性指标进行划分。我国公路用土依据土颗粒组成特征、土的塑性指标和土中有机质存在的情况，分为巨粒土、粗粒土、细粒土和特殊土四类，并进一步细分为 11 种土，如图 1.7 所示。土的颗粒组成特征用不同粒径粒组在土中的百分含量表示，表 1.2 为不同粒组的划分界限及范围。

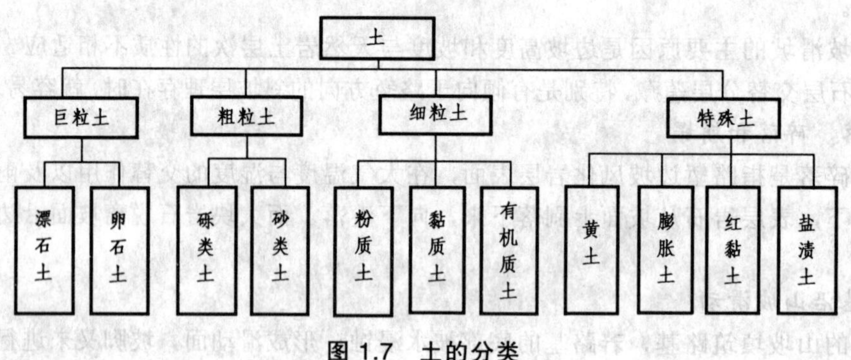

图 1.7　土的分类

表 1.2　粒组划分表

<table>
<tr><td>200</td><td>60</td><td>20</td><td>5</td><td>2</td><td>0.5</td><td>0.25</td><td>0.075</td><td>0.005</td><td>0.002/mm</td><td></td></tr>
<tr><td colspan="2">巨粒组</td><td colspan="6">粗粒组</td><td colspan="3">细粒组</td></tr>
<tr><td rowspan="2">漂石（块石）</td><td rowspan="2">卵石（小块石）</td><td colspan="3">砾（角砾）</td><td colspan="3">砂</td><td rowspan="2">粉粒</td><td rowspan="2">黏粒</td><td rowspan="2">胶粒</td></tr>
<tr><td>粗</td><td>中</td><td>细</td><td>粗</td><td>中</td><td>细</td></tr>
</table>

二、土的工程性质

各类公路用土具有不同的工程性质，在选择路基填筑材料以及修筑稳定土路面结构层时，应根据不同的土类分别采用不同的工程技术措施。

巨粒土包括漂石（块石）和卵石（小块石），有很高的强度和稳定性，用以填筑路基是良好的材料，也可用于砌筑边坡。

级配良好的砾石混合料，由于粒径较大，内摩擦系数较大，容易压实，其强度和稳定性能很好地满足要求；级配不良的砾石混合料，不容易达到规定的密实程度。

砂土无塑性，透水性强，毛细水上升高度小，具有较大的内摩擦系数，强度和水稳性均好，但砂土黏结性小，易于松散，压实困难。不过经充分压实的砂土路基，压缩变形小，稳定性好。为了加强压实和提高稳定性，可以采用振动法压实，并可掺加少量黏土，以改善级配组成。

砂性土含有一定数量的粗颗粒，具有足够的内摩擦力，又含有一定数量的细颗粒，使其具有一定的黏聚力，级配适宜，强度、稳定性等都能满足要求，是理想的路基填筑材料。如细粒土质砂，其粒径组成接近最佳级配，遇水不黏着、不膨胀，雨天不泥泞，晴天不扬尘，便于施工。

粉性土含有较多的粉土颗粒，干时虽有黏性，但易于破碎而扬尘，浸水时容易成为流动状态。粉性土毛细作用强烈，毛细水上升高度大（可达 1.5 m），在季节性冰冻地区容易造成冻胀、翻浆等病害。粉性土属于不良的公路用土，应尽量避免使用。如必须用粉性土填筑路基，则应采取技术措施改良土质，并加强排水及采取隔离水等措施。

黏性土中细颗粒含量多，土的内摩擦系数小而黏聚力大，透水性小而吸水能力强，毛细现象显著，有较大的可塑性。黏性土干燥时较坚硬，施工时不易破碎，浸湿后能长期保持水分，不易发挥，因而承载力小。对于黏性土，如在适当含水量时加以充分压实和设置良好的排水设施，筑成的路基也能获得稳定。

重黏土工程性质与黏性土相似，但其含黏土矿物成分不同时，性质有很大差别。黏土矿物主要包括蒙脱土、伊里土、高岭土。蒙脱土主要分布在东北地区，其塑性大，吸湿后膨胀强烈，干燥时收缩大，透水性极低，压缩性大，抗剪强度低。高岭土分布在南方地区，其塑性较低，有较高的抗剪强度和透水性，吸水和膨胀量较小。伊里土分布在华中和华北地区，其性质介于上述两者之间。重黏土不透水，黏聚力特强，塑性很大，干时很坚硬，施工时难以挖掘与破碎。

总之，土作为路基建筑材料，砂性土最优，黏性土次之，粉性土属于不良材料，最容易引起路基病害。重黏土，特别是蒙脱土也是不良的路基土。此外，还有一些特殊土类，如有特殊结构的土（黄土）、含有机质的土（腐殖土）及含易熔岩的土（盐渍土）等，用以填筑路基时必须采取相应技术措施。

第四节　公路自然区划与路基的干湿类型

一、公路自然区划

由于我国幅员辽阔，各地气候、地形、地貌、水文地质条件等相差很大，而自然条件与公路建设密切相关，各种自然因素对公路构造物产生的影响和造成的病害也各不相同，所以在不同地区的路基、路面设计中应考虑的问题也各有侧重，例如，季节性冰冻地区的道路病害主要是冻胀和翻浆，而干旱地区主要病害则是路基的干稳性问题。因此，根据各地自然条件特点对路线勘测、路基路面设计、筑路材料选择、施工方案拟订等问题进行综合考虑，是十分必要的。

有关部门根据我国各地自然条件及其对公路建筑影响的主要特征，提出了我国公路自然区划，绘制成“中国公路自然区划图”，相应地列出了各自然区的气候、地形、地貌、地质等特征和自然区内的公路工程特点，以及常见公路病害和路基、路面设计的有关参数，供各地在公路设计与施工中参考使用。

根据 1987 年交通部（现交通运输部）《公路自然区划标准》（JTJ 003—86）的规定，我国公路自然区划分为 3 个等级。

一级区划首先将全国划分为多年冻土、季节冻土和全年不冻土三大地带，再根据水热平衡和地理位置，划分为冻土、温湿、干湿过渡、湿热、潮暖、干旱和高寒七个一级区；二级区划是在一级区划基础上以潮湿系数为主进一步划分；三级区划是在二级区划内划分更低一级的区划或类型单元。一、二级区划的具体位置与界限，见“中华人民共和国公路自然区划图”。

1. 一级区划

根据不同地理、气候、地貌界限的交错和叠合，全国 7 个一级区的代号与名称为：

Ⅰ —— 北部多年冻土区；

Ⅱ —— 东部温润季冻区；

Ⅲ —— 黄土高原干湿过渡区；

Ⅳ —— 东南湿热区；

Ⅴ —— 西南潮暖区；

Ⅵ —— 西北干旱区；

Ⅶ —— 青藏高寒区。

2. 二级区划

二级区划是在一级区划范围内进一步划分，其主要依据是潮湿系数 K。所谓潮湿系数是指年降雨量 R 与年蒸发量 Z 之比，即 $K = R/Z$，据此划分为 6 个等级，即：

$K > 2.0$	1 级	过湿
$1.5 < K < 2.0$	2 级	中湿
$1.0 < K < 1.5$	3 级	润湿
$0.5 < K < 1.0$	4 级	润干
$0.25 < K < 0.5$	5 级	中干
$K < 0.25$	6 级	过干

同时，结合各大区的地理、气候特征（如雨季、冰冻深度）、地貌类型和自然病害等因素，将全国分为 33 个二级区和 19 个二级副区。

全国公路自然区划一、二级区名称，见表 1.3。

3. 三级区划

三级区划划分方法有两种：一是以水热、地理和地貌为依据，分为若干个具有相似性的区域单元；另一种是以地表的地貌、水文和土质为依据分为若干个类型单元。三级区划未列入全国性的区划中，由各省区结合当地自然情况自行划分。

表 1.3 我国公路自然区划名称表

Ⅰ 北部多年冻土区

I_{1} 连续多年冻土区

I_{2} 岛状多年冻土区

Ⅱ 东部湿润季冻区

II_{1} 东北东部山地湿冻区

II_{1a} 三江平原副区

II_{2} 东北中部山前平原重冻区

II_{2a} 辽河平原冻融交替副区

II_{3} 东北西部润干冻区

II_{4} 海滦中冻区

II_{4a} 冀热山地副区

II_{4b} 旅大丘陵副区

II_{5} 鲁豫轻冻区

II_{5a} 山东丘陵副区

Ⅲ 黄土高原干湿过渡区

III_{1} 山西山地、盆地中冻区

III_{1a} 雁北张宣副区

III_{2} 陕北典型黄土高原中冻区

III_{2a} 榆林副区

III_{3} 甘东黄土山地区

III_{4} 黄渭间山地、盆地轻冻区

Ⅳ 东南湿热区

IV_{1} 长江下游平原润湿区

IV_{1a} 盐城副区

IV_{2} 江淮丘陵山地润湿区

IV_{3} 长江中游平原中湿区

IV_{4} 浙闽沿海地中湿区

IV_{5} 江南丘陵过湿区

IV_{6} 武夷南岭山地过湿区

IV_{6a} 武夷副区

IV_{7} 华南沿海台风区

IV_{7a} 台湾山地副区

IV_{7b} 海南岛西部润干副区

IV_{7c} 南海诸岛副区

Ⅴ 西南潮暖区

V_{1} 秦巴山地润湿区

V_{2} 四川盆地中湿区

V_{2a} 雅安乐山过湿副区

V_{3} 三西、贵州山地过湿区

V_{3a} 滇、南、桂西润湿副区

V_{4} 川、滇、黔高原干湿交替区

V_{5} 滇西横断山地区

V_{5a} 大理副区

Ⅵ 西北干旱区

VI_{1} 内蒙草原中干区

VI_{1a} 河套副区

VI_{2} 绿洲、荒漠区

VI_{3} 阿尔泰山地冻土区

VI_{4} 天山、界山山地区

VI_{4a} 塔城副区

VI_{4b} 伊犁河谷副区

Ⅶ 青藏高寒区

VII_{1} 祁连、昆仑山地区

VII_{2} 柴达木荒漠区

VII_{3} 河源山原草甸区

VII_{4} 羌唐高原冻土区

VII_{5} 川藏高山峡谷区

VII_{6} 藏南高山台地区

VII_{6a} 拉萨副区

各级区划的范围不同，在公路工程中的应用也各有侧重：一级区划主要为全国性的公路总体规划和设计服务；二级区划主要为各地的公路路基路面设计、施工、养护提供较全面的地理、气候依据和有关参数，如土基和路面材料的回弹模量、路基临界高度、土基压实标准等。

二、路基的干湿类型

1. 路基湿度的来源

引起路基潮湿变化的水源主要有以下几种（见图 1.8）：

（1）大气降水。大气降水通过路面、路肩和边坡渗入路基。

（2）地面水。包括边沟水及排水不良时的地表水，其以毛细水的形式渗入路基。

（3）地下水。靠近地面的地下水，借助毛细作用上升到路基内部。

（4）水蒸气凝结水。在土颗粒空隙中流动的水蒸气，遇冷凝结成水。

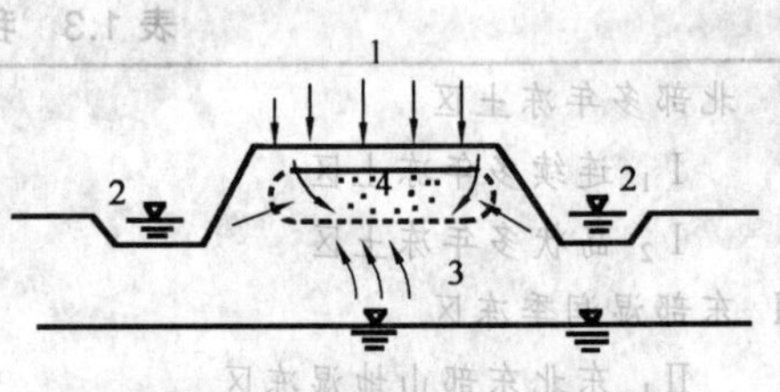

图 1.8　路基湿度来源示意图

1—大气降水；2—地面水；
3—由地下水上升的毛细水；
4—水蒸气凝结的水

各种水源对路基的影响，因路基所在的地形、地质与水文等具体条件而不同，同时也随路基结构、断面尺寸、排水设施及施工方法不同而变化。

2. **路基干湿类型划分**

路基的强度和稳定性同路基的干湿状态有密切关系，并在很大程度上影响路面结构设计。

路基按其干湿状态不同，分为 4 类：干燥、中湿、潮湿、过湿。为了保证路基路面结构的稳定性，一般要求路基处于干燥或中湿状态。过湿状态的路基必须经处理后方可铺筑路面。上述 4 种干湿类型以分界稠度 w_{c1}、w_{c2} 和 w_{c3} 来划分。稠度 w_c 定义为土的液限 w_L 与土的含水量 w 之差同土的液限 w_L 与塑限 w_P 之差的比值，即：

$$w_c = \frac{w_L - w}{w_L - w_P} \tag{1.10}$$

式中　w_c —— 土的稠度；

w_L —— 土的液限；

w —— 土的含水量；

w_P —— 土的塑限。

土的稠度较准确地表示了土的各种形态与湿度的关系，稠度指标综合了土的塑性特性，包含了液限与塑限，全面直观地反映了土的软硬程度，物理概念明确。

（1）$w_c = 1.0$，即 $w = w_P$，为半固体与硬塑状的分界值；

（2）$w_c = 0$，即 $w = w_L$，为流塑与流动状的分界值；

（3）$1.0 > w_c > 0$，即 $w_L > w_c > w_P$，土处于可塑状态。

以稠度作为路基干湿类型的划分标准是合理的，但是不同的自然区划、不同的土组其分界稠度是不同的，详见表 1.4。

表 1.4　各自然区划土基干湿分界稠度

土组 / 自然区别	土质砂				黏质土				粉质土				附注
	w_{c0}	w_{c1}	w_{c2}	w_{c3}	w_0	w_{c1}	w_{c2}	w_{c3}	w_{c0}	w_{c1}	w_{c2}	w_{c3}	
Ⅱ$_{1,2,3}$	1.87	1.19	1.05	0.91	$\frac{1.29}{1.20}$	$\frac{1.20}{1.12}$	$\frac{1.03}{0.94}$	$\frac{0.86}{0.77}$	1.12	$\frac{1.04}{0.96}$	$\frac{0.96}{0.89}$	$\frac{0.81}{0.73}$	黏性土：分母适用于Ⅱ$_{1,2}$区。粉性土：分母适用于Ⅱ$_{2a}$区
Ⅱ$_4$、Ⅱ$_5$	1.87	1.05	0.91	0.78	1.29	1.20	1.03	0.86	1.12	1.04	0.89	0.73	

续表 1.4

自然区划 \ 土组	土质砂				黏质土				粉质土				附注
	w_{c0}	w_{c1}	w_{c2}	w_{c3}	w_0	w_{c1}	w_{c2}	w_{c3}	w_{c0}	w_{c1}	w_{c2}	w_{c3}	
Ⅲ	2.00	1.19	0.97	0.78					1.20	$\frac{1.12}{1.04}$	$\frac{0.96}{0.89}$	$\frac{0.81}{0.73}$	分子适用于粉土地区；分母适用于粉质亚黏土地区
Ⅳ	1.73	2.32	1.05	0.91	1.20	1.03	0.94	0.77	1.04	0.96	0.89	0.73	
Ⅴ					1.20	1.08	0.86	0.77	1.04	0.96	0.81	0.73	
Ⅵ	2.00	1.19	0.97	0.78	1.29	1.12	0.98	0.86	1.20	1.04	0.89	0.73	
Ⅶ	2.00	1.32	1.10	0.91	1.29	1.12	0.98	0.86	1.20	1.04	0.89	0.73	

注：w_{c0} 为干燥状态路基常见下限稠度；w_{c1}、w_{c2}、w_{c3} 分别为干燥和中湿、中湿和潮湿、潮湿和过湿状态的分界稠度。

在公路勘测设计中，确定路基的干湿类型需要在现场进行勘察，对原有公路，按不利季节路槽地面以下 80 cm 深度内土的平均稠度确定。在路槽地面以下 80 cm 内，每 10 cm 取土样测定其天然含水量、塑限含水量和液限含水量，按下式计算：

$$w_{ci}=\frac{w_{Li}-w_i}{w_{Li}-w_{Pi}} \tag{1.11}$$

$$\overline{w}_c=\frac{\sum_{i=1}^{8} w_{ci}}{8} \tag{1.12}$$

式中 w_{ci} —— 第 i 层的稠度；

$\overline{w}_c$ —— 路槽以下 80 cm 内土的算术平均稠度。

w_i —— 路槽底面以下 80 cm 内，每 10 cm 为一层，第 i 层的天然含水量；

w_{Li} —— 第 i 层土的液限含水量；

w_{Pi} —— 第 i 层土的塑限含水量。

根据 $\overline{w}_c$ 判别路基的干湿类型，要按照道路所在的自然区划和路基土的类别查表 1.4，与分界稠度作比较，并按表 1.5 所列区划界限确定道路所属的路基干湿类型。

表 1.5 路基干湿类型

路基干湿类型	路基平均稠度 $\overline{w}_c$ 与分界稠度的关系	一般特性
干燥	$\overline{w}_c > w_{c1}$	路基干燥稳定，路面强度和稳定性不受地下水和地表积水影响，路基高度 $H > H_1$
中湿	$w_{c2} < \overline{w}_c \leqslant w_{c1}$	路基上部土层处于地下水或地表积水的过渡带区内，路基高度 $H_2 < H \leqslant H_1$
潮湿	$w_{c3} < \overline{w}_c \leqslant w_{c2}$	路基上部土层处于地下水或地表积水毛细影响区内，路基高度 $H_3 < H \leqslant H_2$
过湿	$\overline{w}_c \leqslant w_{c3}$	路基极不稳定，冰冻区春融翻浆，路基经处理后方可铺筑路面，路基高度 $H \leqslant H_3$

注：① H 为不利季节路槽底面距地下或地表积水水位的高度。② 地表积水指不利季节积水 20 d 以上。
③ H_1、H_2、H_3 分别为干燥、中湿和潮湿状态的路基临界高度。

对于新建道路，路基尚未建成，路槽地面以下 80 cm 深度内的平均稠度无法确定，此时可用路基临界高度为判别标准。所谓路基临界高度，是指在不利季节，当路基分别处于干燥、中湿、潮湿和过湿状态时，路槽底距地下水位或地表长期积水水位的最小高度。

临界高度判别法，采用路槽地面至地下水位或地表长期积水水位的距离 H 与路基临界高度 H_1、H_2、H_3 进行比较来判断路基干湿类型，见表 1.5。

以临界高度判别路基干湿类型，同样是以分界稠度为依据的。干湿状态、临界高度及分界稠度的关系如图 1.9 所示。不同土质和自然区划的路基临界高度见表 1.6。

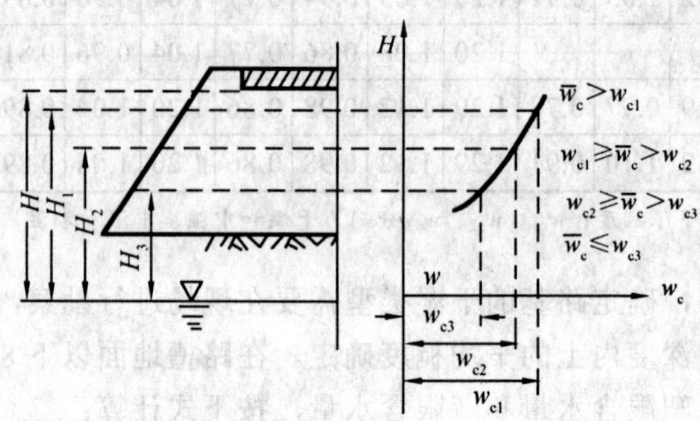

图 1.9　路基临界高度与路基干湿类型

表 1.6　路基临界高度参考值

自然区划	砂性土									黏性土									粉性土								
	地下水			地表长期积水			地表临时积水			地下水			地表长期积水			地表临时积水			地下水			地表长期积水			地表临时积水		
	H_1	H_2	H_3	H_1	H_2	H_3	H_1	H_2	H_3	H_1	H_2	H_3	H_1	H_2	H_3	H_1	H_2	H_3	H_1	H_2	H_3	H_1	H_2	H_3	H_1	H_2	H_3
Ⅱ_1										2.9	2.2								3.8	3.0	2.2						
Ⅱ_2										2.7	2.0								3.4	2.6	1.9						
Ⅱ_3	1.9~2.2	1.3~1.6								2.5	1.8								3.0	2.2	1.6						
Ⅱ_4										2.4~2.6	1.9~2.1	1.2~1.4							2.6~2.8	2.1~2.3	1.4~1.6						
Ⅱ_5	1.1~1.5	0.7~1.1								2.1~2.5	1.6~2.0								2.4~2.9	1.8~2.3							
Ⅲ_1																			2.4~3.0	1.7~2.4							
Ⅲ_2	1.3~1.6	1.1~1.3	0.9~1.1	1.1~1.3	0.9~1.1	0.6~0.9	0.9~1.1	0.6~0.9	0.4~0.6	2.2~2.75	1.7~2.2	1.3~1.7	1.75~2.2	1.3~1.7	0.9~1.3	1.3~1.75	0.9~1.3	0.45~0.9	2.4~2.85	1.9~2.4	1.4~1.9	1.9~2.4	1.0~1.9	1.0~1.4	1.4~1.9	1.0~1.4	0.5~1.0
Ⅲ_3	1.3~1.6	1.1~1.3	0.9~1.1	1.1~1.3	0.9~1.1	0.6~0.9	0.9~1.1	0.6~0.9	0.4~0.6	2.1~2.5	1.6~2.1	1.2~1.6	1.6~2.1	1.2~1.6	0.9~1.2	1.2~1.6	0.9~1.2	0.55~0.9	2.3~2.75	1.8~2.3	1.4~1.8	1.8~2.3	1.4~1.8	1.0~1.4	1.4~1.8	1.0~1.4	0.55~1.0
Ⅲ_4																			2.4~3.0	1.7~2.4							
Ⅲ_{1a}																			2.4~3.0	1.7~2.4							

续表 1.6

自然区划	砂性土									黏性土									粉性土								
	地下水			地表长期积水			地表临时积水			地下水			地表长期积水			地表临时积水			地下水			地表长期积水			地表临时积水		
	H_1	H_2	H_3	H_1	H_2	H_3	H_1	H_2	H_3	H_1	H_2	H_3	H_1	H_2	H_3	H_1	H_2	H_3	H_1	H_2	H_3	H_1	H_2	H_3	H_1	H_2	H_3
III_{2a}	1.4~1.7	1.0~1.3																	2.4~3.0	1.7~2.4							
IV_1 IV_{1a}										1.7~1.9	1.2~1.3	0.8~0.9							1.9~2.1	1.3~1.4	0.9~1.0						
IV_2										1.6~1.7	1.1~1.2	0.8~0.9							1.7~1.9	1.2~1.3	0.8~0.9						
IV_3										1.5~1.7	1.1~1.2	0.8~0.9	0.8~0.9	0.5~0.6	0.3~0.4				1.7~1.9	1.2~1.3	0.8~0.9	0.9~1.0	0.6~0.7	0.3~0.4			
IV_4	1.0~1.1	0.7~0.8								1.7~1.8	1.0~1.2	0.8~1.0															
IV_5										1.7~1.9	1.3~1.4	0.9~1.0	1.0~1.1	0.6~0.7	0.3~0.4				1.9~2.1	1.3~1.5	0.9~1.1						
IV_6	1.0~1.1	0.7~0.8								1.8~2.0	1.3~1.5	1.0~1.2	0.9~1.0	0.5~0.6	0.3~0.4				2.0~2.2	1.5~1.6	1.0~1.1						
IV_{6a}										1.6~1.7	1.1~1.2	0.7~0.8							1.8~2.0	1.3~1.4	0.9~1.1						
IV_7				0.9~1.0	0.7~0.8	0.6~0.7				1.7~1.8	1.4~1.5	1.1~1.2	1.0~1.1	0.7~0.8	0.4~0.5												
V_1	1.3~1.6	1.1~1.3	0.9~1.1	1.1~1.3	0.9~1.1	0.6~0.9	0.9~1.1	0.6~0.9	0.4~0.6	2.0~2.4	1.6~2.0	1.2~1.6	1.6~2.0	1.2~1.6	0.8~1.2	1.2~1.6	0.8~1.2	0.45~0.8	2.2~2.65	1.7~2.2	1.3~1.7	1.7~2.2	1.3~1.7	0.9~1.3	1.3~1.7	0.9~1.3	0.55~0.9
V_2、V_{2a}（紫色土）										2.0~2.2	0.9~1.1	0.4~0.6							2.3~2.5	1.4~1.6	0.5~0.7						
V_3										1.7~1.9	0.8~1.0	0.4~0.6							1.9~2.1	1.3~1.5	0.5~0.7						
V_2、V_{2a}（黄壤土、现代冲积土）										1.7~1.9	0.7~0.9	0.3~0.5							2.3~2.5	1.4~1.6	0.5~0.7						
V_4、V_5、V_{5a}										1.7~1.9	0.9~1.1	0.4~0.6							2.2~2.5	1.4~1.6	0.5~0.7						
VI_1	(2.1)	(1.7)	(1.3)	(1.8)	(1.4)	(1.0)	0.7	0.3		(2.3)	(1.9)	(1.6)	(2.1)	(1.7)	(1.3)	0.9	0.5		(2.5)	(2.0)	(1.6)	(2.3)	(1.8)	(1.3)	(1.2)	0.7	0.1
VI_{1a}	(2.0)	(1.6)	(1.2)	(1.7)	(1.3)	(1.0)	(1.0)	(0.5)		(2.2)	(1.9)	(1.5)	(2.0)	(1.6)	(1.2)	(0.9)	(0.5)		(2.5)	(2.0)	(1.5)	(2.2)	(1.7)	(1.2)	0.6		
VI_2	1.4~1.7	1.1~1.4	0.9~1.1	1.1~1.4	0.9~1.1	0.6~0.9	0.9~1.1	0.76~0.9	0.4~0.6	2.2~2.75	1.65~2.2	1.2~1.65	1.65~2.2	1.2~1.65	0.75~1.2	1.2~1.65	0.75~1.2	0.45~0.75	2.3~2.15	1.85~2.3	1.4~1.85	1.85~2.3	1.4~1.85	0.9~1.4	1.4~1.85	0.9~1.4	0.5~0.9

续表 1.6

自然区划	砂性土									黏性土									粉性土								
	地下水			地表长期积水			地表临时积水			地下水			地表长期积水			地表临时积水			地下水			地表长期积水			地表临时积水		
	H_1	H_2	H_3	H_1	H_2	H_3	H_1	H_2	H_3	H_1	H_2	H_3	H_1	H_2	H_3	H_1	H_2	H_3	H_1	H_2	H_3	H_1	H_2	H_3	H_1	H_2	H_3
Ⅵ$_3$	(2.1)	(1.7)	(1.3)	(1.9)	(1.5)	(1.1)				(2.4)	(2.0)	(1.6)	(2.1)	(1.7)	(1.4)	(0.8)	(0.6)		(2.6)	(2.1)	(1.6)	(2.4)	(1.8)	(1.4)	(1.3)	(0.7)	
Ⅵ$_4$	(2.2)	(1.8)	(1.4)	(1.9)	(1.5)	(1.2)	0.8			2.4	2.0	1.6	(2.2)	(1.7)	(1.3)	1.0	0.6		(2.6)	(2.2)	1.7	2.4	1.9	1.4	1.3	0.8	
Ⅵ$_{4a}$	(1.9)	(1.5)	(1.1)	(1.6)	(1.2)	(0.9)	(0.5)			(2.2)	(1.7)	(1.4)	(1.9)	(1.4)	(1.1)	0.7			(2.4)	(1.9)	1.4	2.1	1.6	1.1	1.0	0.5	
Ⅵ$_{4b}$	(2.0)	(1.6)	(1.2)	(1.7)	(1.3)	(1.0)				(2.3)	(1.8)	(1.4)	(2.0)	(1.6)	(1.2)	(0.8)			(2.5)	1.9	1.4	(2.2)	(1.7)	(1.2)	1.0	0.5	
Ⅶ$_1$	(2.2)	(1.9)	(1.6)	(2.1)	(1.6)	(1.3)	(0.8)	(0.4)		2.2	(1.9)	(1.5)	(2.1)	(1.6)	(1.2)	(0.9)	(0.5)		(2.5)	(2.0)	(1.5)	(2.4)	1.8	1.3	1.1	0.6	
Ⅶ$_2$										(2.3)	(1.9)	(1.6)	1.8	1.4	1.1	0.8	0.4		(2.5)	(2.1)	(1.6)	(2.2)	(1.6)	(1.1)	0.9	0.4	
Ⅶ$_3$	1.5~1.8	1.2~1.5	0.9~1.2	1.2~1.5	0.9~1.2	0.6~0.9	0.9~1.2	0.7~0.9	0.4~0.6	2.3~2.85	1.75~2.3	1.3~1.75	1.75~2.3	1.3~1.75	0.75~1.3	1.3~1.75	0.75~1.3	0.45~0.75	2.4~3.1	2.0~2.4	1.6~2.0	(2.0~2.4)	(1.6~2.0)	(1.0~1.6)	(1.6~2.0)	1.0~1.6	0.55~1.0
Ⅶ$_4$	(2.1)	(1.6)	1.3	(1.8)	(1.4)	1.0	(0.9)			(2.1)	(1.6)	(1.3)	(1.8)	(1.4)	(1.1)	(0.7)			(2.3)	(1.8)	(1.3)	(2.1)	(1.6)	(1.1)			
Ⅶ$_5$	(3.0)	(2.4)	1.9	(2.4)	(2.0)	1.6	(1.5)	(1.1)	(0.5)	(3.3)	(2.6)	(2.1)	(2.4)	(2.0)	(1.6)	(1.5)	(1.1)	(0.5)	(3.8)	(2.2)	(1.6)	(2.9)	(2.2)	(1.5)		(1.3)	(0.5)
Ⅶ$_{6a}$										(2.8)	2.4	1.9	2.5	2.0	1.6	1.4	(0.8)		(2.9)	(2.5)	1.8	(2.7)	2.1	1.5	1.6	1.1	

注：① 表中 H_1 为路基干燥状态临界高度；H_2 为路基中湿状态临界高度；H_3 为路基潮湿状态临界高度；路槽底至水位高度小于 H_3 时为过湿路基，须经过处治后方能铺筑路面。

② Ⅵ、Ⅶ区有横线者，表示实测资料较少，有括号者表示没有实测资料，根据规律推算得到。

③ 新增Ⅲ$_2$、Ⅲ$_3$、Ⅵ$_1$、Ⅵ$_2$、Ⅶ$_3$资料为甘肃省 1984 年所提建议值，其他地区供参考。

④ 缺少资料的二级区可暂先论证地参考相邻二级区数值，并应积极调研积累本地区的资料。

思考与练习

1.1 路基土分为哪几类？多少种？各类土又有什么工程性质？

1.2 路基干湿类型分为几种？一般要求路基工作在何状态？

1.3 什么叫平均稠度和临界高度？在旧路改建和新建公路时如何判定路基干湿类型？

1.4 什么叫路基工作区？确定路基工作区有何意义？

1.5 土基有哪些强度指标？

1.6 陕西省渭南地区某公路一段粉质黏土路基，经实地测定某路槽地面以下 80 cm 范围各土层的含水量见表 1.7。已知土的液限为 34%，塑限为 17%，试判断该路段的干湿类型。

表 1.7 思考与练习题 1.6 表

深度/cm	天然含水量/%	深度/cm	天然含水量/%
1～10	18.54	40～50	19.52
10～20	18.63	50～60	19.75
20～30	18.91	60～70	19.85
30～40	19.21	70～80	19.87

1.7　已知某地段是黏性土，Ⅳ$_3$，路表距地下水位的高度为 1.58 m，预估路面厚度约为 30 cm，又得知路表距地表长期积水高度为 0.75 m，查得有关资料如下：

地下水　　　　$H_1 = 1.5 \sim 1.7$，$H_2 = 1.1 \sim 1.2$，$H_3 = 0.8 \sim 0.9$

地表长期积水　$H_1 = 0.8 \sim 0.9$，$H_2 = 0.5 \sim 0.6$，$H_3 = 0.3 \sim 0.4$

试判断该地段的干湿类型。

第二章　一般路基设计

学习目标

① 明确一般路基的概念。

② 熟悉路基典型横断面的形式及设计要点。

③ 掌握路基高度、宽度及边坡坡度的确定。

④ 掌握路基附属设施的设置。

一般路基通常是指在正常的地质和水文等条件下，填土高度或挖方深度小于规范规定值的路基。根据长期的生产实践和科学研究总结，这类路基已有了成熟的设计规定，拟定了典型的横断面图。因此，设计此类路基可比照当地地形、地质等情况，直接套用标准横断面图，而不必进行个别论证和验算。

第一节　路基典型横断面及其设计要点

一、路基典型横断面

为了满足行车的要求，路线有些部分高出原地面，需要填筑，有些部分低于原地面，需要开挖。因此，路基横断面形状各不相同。典型的路基横断面有路堤、路堑、填挖结合及零填零挖等四种类型。

1. 路　堤

高于原地面的填方路基称为路堤。路面底面以下 80～150 cm 范围内的填方部分为上路堤，上路堤以下的填方部分为下路堤。图 2.1 是路堤横断面的几种基本形式。按其填土高度划分：填土高度小于 1.0～1.5 m 者属于矮路堤；填土高度大于 18 m（土质）或 20 m（石质）的路堤属于高路堤；填土高度在 1.5～18 m 范围内的路堤为一般路堤。按其所处的条件及加固类型的不同还可分为沿河路堤、陡坡护脚路堤及挖渠填筑路堤等。

2. 路　堑

低于原地面的挖方路基称为路堑。图 2.2 是路堑的几种基本形式。

最典型的路堑为全挖断面，路基两侧均需设置边沟。在陡峭山坡上可挖成台口式路堑，即在山坡上，以山体自然坡面为下边坡，其他部分由全部开挖形成，以避免局部填方。在整体坚硬的岩石层上，为节省石方工程，有时可采用半山洞路堑，但要确保安全可靠，不得滥用。

3. 填挖结合路基

在一个断面内，部分为路堤，部分为路堑的路基称为填挖结合路基。图 2.3 是填挖结合路基横断面的基本形式。如果处理得当，路基稳定可靠，这种形式是比较经济的。但由于开挖部分路基为原状土，而填方部分为扰动土，往往这两部分密实程度不相同。另外，填方部分与山坡结合不够稳定，若处理不当，这类路基会在填挖交界面处出现纵向裂缝及填方沿基底滑动等病害。因此，应加强填挖交界面结合处的压实；原地面横坡陡于 1∶5 的填方部分，应采取开挖台阶等措施。填方部分的局部路段，如遇原地面的短缺口，可采用石砌护肩［见图 2.3（c）］。如果填方量较大，可就近利用废石方砌筑护坡或护墙［见图 2.3（d）、（e）］。石砌护坡和护墙相当于简易式挡土墙，承受一定的侧压力，要求坚固稳定。有时为了保证路基的稳定，压缩用地宽度，可在填方部分设置路肩（或路堤）式挡土墙［见图 2.3（f）］。如果填方部分悬空，而纵向建成又有适当的基岩，则可以沿路基纵向建成半山桥路基［见图 2.3（g）］。

4. 零填零挖路基

在干旱的平原区和丘陵区、山岭区的山脊线路段，原地面与路基高程基本相同，构成零填零挖的路基断面形式，如图 2.4 所示。

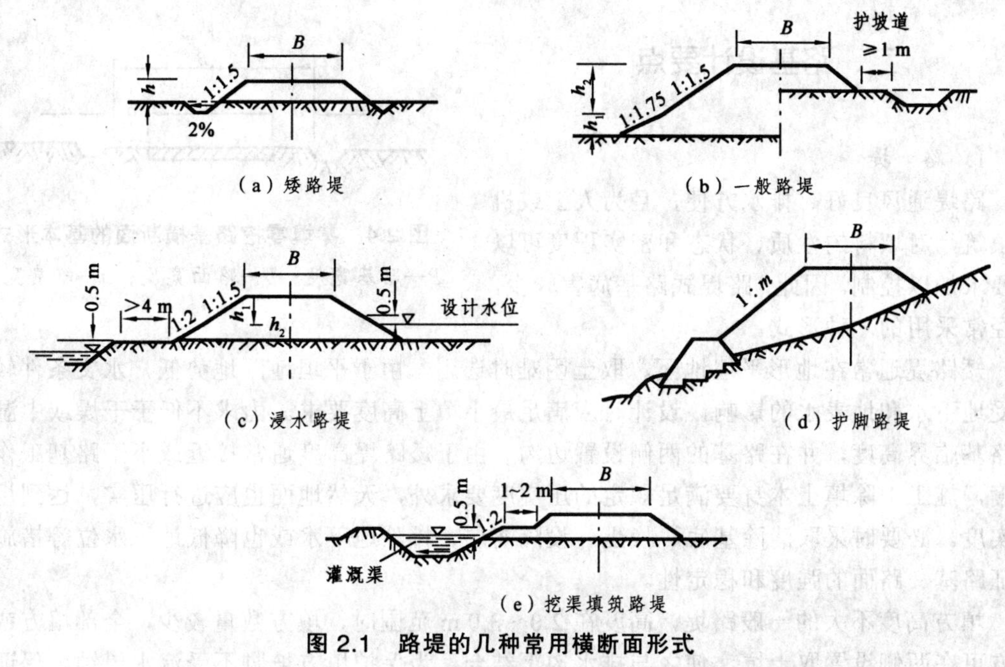

图 2.1 路堤的几种常用横断面形式

≥5 m
截水沟
土
岩石
$1:n_1$
$1:n_2$
B

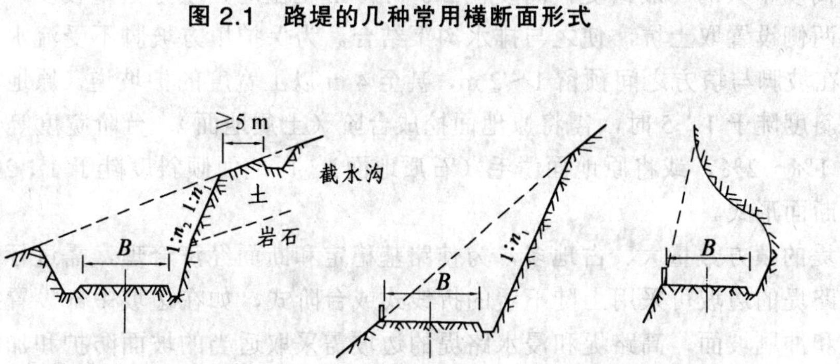

（a）全挖路堑　（b）台口式路堑　（c）半山洞路堑

图 2.2 路堑的几种常用横断面形式

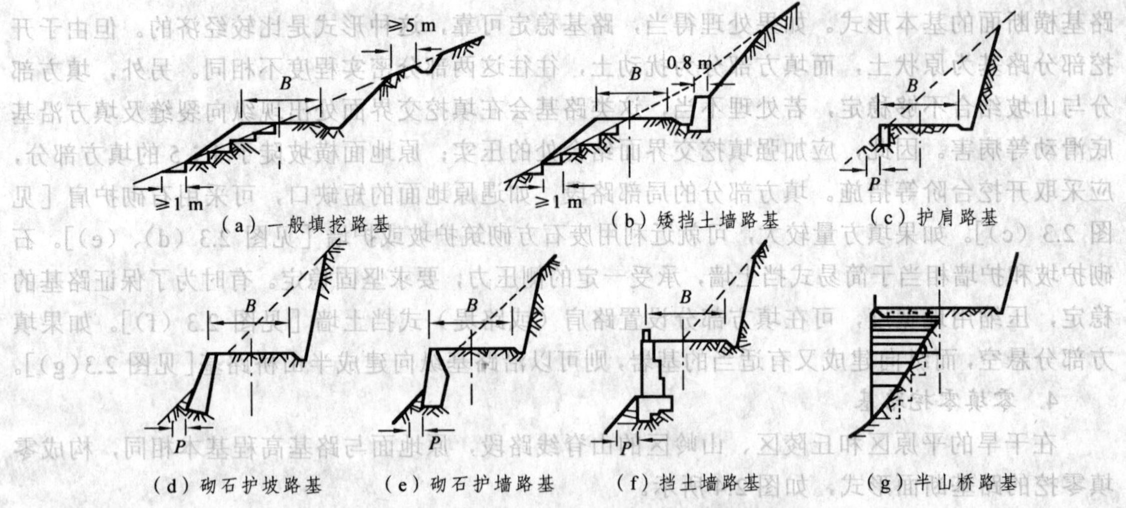

图 2.3 填挖结合路基的几种常见横断面形式

二、路基设计要点

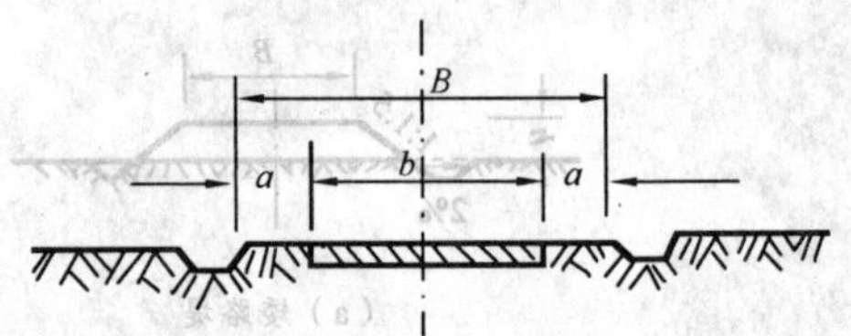

图 2.4 零填零挖路基横断面的基本形式

B—路基宽度；b—路面宽度；a—路肩宽度

1. 路 堤

路堤通风良好、排水方便，且为人工或机械填筑，对填料的性质、状态和密实程度可以按要求加以控制。因此，路堤式路基病害较少，是经常采用的一种形式。

矮路堤通常在地形平坦地区、取土困难时选用。由于平坦地区地势低，水文条件较差，易受地下水和地表水的影响，设计时应满足最小填土高度要求。力求不低于干燥或中湿状态的路基临界高度，并在路基的两侧设置边沟。由于矮路堤高度通常接近或小于路基工作区的深度，施工中除填土本身要满足规定的压实度要求外，天然地面也应进行压实，达到规定的压实度。必要时采取清除基底、换土、设隔离层、排除地下水或也降低地下水位等措施，以保证路基、路面的强度和稳定性。

填方高度不大的一般路堤，高度在 2.0～3.0 m 范围时，填方数量较少，全部填方或部分填方可在两侧设置取土坑，使之与排水沟渠结合。为保护填方坡脚不受流水侵蚀，保证边坡稳定，可在坡脚与填方之间预留 1～2 m，甚至 4 m 以上宽度的护坡道。原地面倾斜的全填路堤，当倾斜度陡于 1∶5 时，需将原地面挖成台阶（土质地面），台阶宽度等于或大于 1.0 m，向内倾斜 1%～2%，或将原地面凿毛（石质地面）。原地面倾斜度陡于 1∶2，则宜设置石砌护脚等横断面形式。

高路堤的填方数量大、占地多，为使路基稳定和断面经济合理，需进行个别设计。高路堤和浸水路堤的边坡可采用上陡下缓的折线式或台阶式，如在边坡中部设置护坡道。为防止水流侵蚀和冲刷坡面，高路堤和浸水路堤的边坡需采取适当的坡面防护和加固措施。

2. 路 堑

路堑开挖后，在一定范围内破坏了原地面的天然平衡状态，其边坡的稳定性主要取决于地质与水文条件，以及边坡坡度和边坡高度。一般情况下，地质条件较差（如岩层倾向边坡、岩性软弱极易风化、岩石破碎或为土夹石等）、水文状况不利（如地层含有地下水、当地暴雨量集中或地面排水不畅等）时，深路堑边坡稳定性较差，路基的后遗病害较多。因此深路堑的设计，需要根据地质及水文条件，选用合适的边坡坡率，并且自下而上逐层放缓而成折线形边坡或台阶形边坡。

水文状况对路堑的影响较大，地质条件越差，水的破坏作用越明显。因此，路堑排水至为重要。路堑必须设置边沟，以排除边坡和路基表面的降水。为防止大量地面水流向路基，造成坡面冲刷或边沟溢流，应在路堑两侧坡面的上方规定的距离以外（不小于5 m），设置一道或多道截水沟。

如挖方路基位于含水土层，因地下水文状况不利，会经常产生水分聚积现象，可能导致路面的破坏。所以路堑以下的天然土层，要压实至规定的密实程度，必要时还需翻挖、重新分层填筑或换土，或采取加铺隔离层及设置必要的地下排水设施等措施予以处理。

路堑由天然地层开挖而成，其构造取决于当地的自然条件，如岩土类型、地质构造、水文等。此外，路堑成巷道式，受排水、通风、日照影响，病害多于路堤，且行车视距差，行车条件和景观要求也有所降低，施工难度大。所以设计时，应尽量少用很深的长路堑，必需时要选用合适的边坡坡率及边坡形式，以确保边坡的稳定可靠。同时加强排水，处治基底，保证基底不致产生水温情况的恶化。在确定路线走向和进行路线平、纵面设计时，要兼顾到日照、积雪、通风等因素，尽可能选用大半径平竖曲线和缓和的纵、横坡度等技术指标。等级较高的公路，还必须进行平面、纵面线形的组合设计，兼顾道路景观和环境协调，以改善路堑的行车条件。

3. 填挖结合路基

从路基稳定性需要考虑，陡坡路基一般应“宁挖勿填”或“多挖少填”；在陡峭山坡上，尤其是沿溪线，为减少石方的开挖数量，避免大量废方阻塞溪流，有时又需要“少挖多填”。因此，挖填结合的路基，在选定路线和线形设计时应统一安排，进行路线的平、纵、横三者综合设计，权衡利弊，择优而定。填挖结合的路基横断面，兼有路堤和路堑的设置要求，故上述路堤、路堑的设计要点均应参照考虑。

4. 零填零挖路基

这种路基虽然节省土石方，但对排水非常不利，且原状土密实程度往往不能满足要求，容易发生水淹、雪埋、沉陷等病害，因此，应尽量少用或不用该类路基，干旱的平原区和丘陵区、山岭区的山脊线方可考虑。为保证路基的稳定性，需要检查路槽底面以下80 cm范围内的密实程度，必要时翻松原状土重新分层碾压，或采用换填土层。同时路基两侧应设置边沟，以利排水。

第二节 路基的基本构造

路基宽度、高度和边坡坡度是路基设计的基本要素。路基宽度取决于公路技术等级；路基高度（包括路中心线的填挖高度和路基两侧的边坡高度）取决于路线的纵坡设计及地形；

路基边坡坡度取决于土质、地质构造、水文条件及边坡高度，并由边坡稳定性和横断面经济性等因素比较确定。就路基稳定性和横断面经济性的要求而论，路基的边坡坡度及相应的防护、加固措施是路基设计的基本内容。

一、路基宽度

路基宽度是指一个横断面上两路肩外缘之间的宽度。技术等级高的公路（如高速公路和一级公路），路基宽度内还需设置中间带（由中央分隔带加两条左侧路缘带组成）。表 2.1 是 2004 年交通部（现交通运输部）颁布的《公路工程技术标准》（JTGB 01—2003）规定的各级公路的路基宽度。路基宽度组成如图 2.5 所示。路面供机动车行驶，两侧路肩可保护路面稳

表 2.1　我国规定的各级公路路基宽度

<table>
<tr><td colspan="2">公路等级</td><td colspan="9">高速公路、一级公路</td></tr>
<tr><td colspan="2">设计车速/（km/h）</td><td colspan="3">120</td><td colspan="3">100</td><td colspan="2">80</td><td>60</td></tr>
<tr><td colspan="2">车道数</td><td>8</td><td>6</td><td>4</td><td>8</td><td>6</td><td>4</td><td>6</td><td>4</td><td>4</td></tr>
<tr><td rowspan="2">路基宽度
/m</td><td>一般值</td><td>45.00</td><td>34.5</td><td>28.00</td><td>44.00</td><td>33.50</td><td>26.00</td><td>32.00</td><td>24.50</td><td>23.00</td></tr>
<tr><td>最小值</td><td>42.00</td><td>—</td><td>26.00</td><td>41.00</td><td>—</td><td>24.50</td><td>—</td><td>21.50</td><td>20.00</td></tr>
</table>

<table>
<tr><td colspan="2">公路等级</td><td colspan="6">二级公路、三级公路、四级公路</td></tr>
<tr><td colspan="2">设计车速/（km/h）</td><td>80</td><td>60</td><td>40</td><td>30</td><td colspan="2">20</td></tr>
<tr><td colspan="2">车道数</td><td>2</td><td>2</td><td>2</td><td>2</td><td colspan="2">2 或 1</td></tr>
<tr><td rowspan="2">路基宽度
/m</td><td>一般值</td><td>12.00</td><td>10.00</td><td>8.50</td><td>7.50</td><td>6.50（双车道）</td><td>4.50（单车道）</td></tr>
<tr><td>最小值</td><td>10.00</td><td>8.50</td><td>—</td><td>—</td><td colspan="2"></td></tr>
</table>

注：①“一般值”为正常情况下的采用值；“最小值”为条件受限制时可采用的值。
②8 车道高速公路路基宽度“一般值”为设置左侧硬路肩、内侧车道采用 3.50 m 时的宽度。
8 车道高速公路路基宽度“最小值”为不设左侧硬路肩、内侧车道采用 3.75 m 时的宽度。

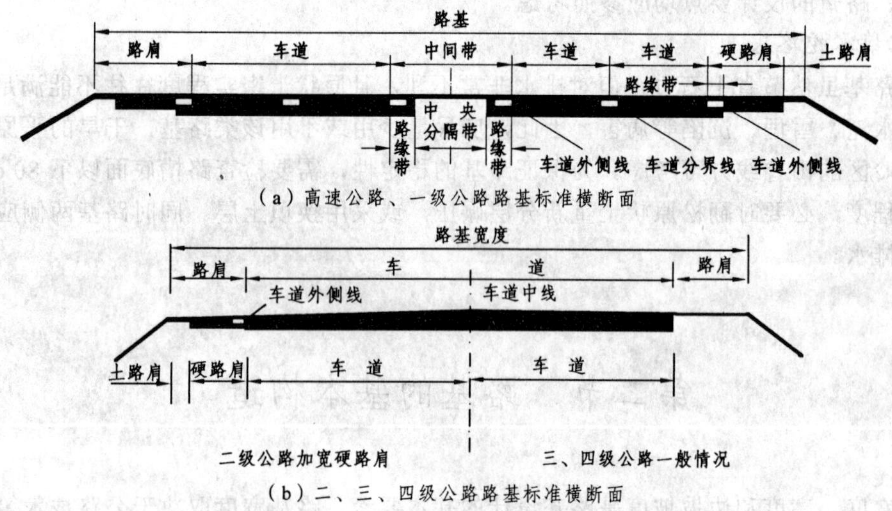

图 2.5　公路路基横断面组成

定，并兼供错车、临时停车及行人和非机动车通行，中间带起到分隔交通、诱导视线的作用。路面宽度根据设计通行能力及交通量的大小而定，每个车道宽度见表 2.2。中间带应设置必要的安全、防眩和导向设施，其宽度见表 2.3。路肩宽度由公路等级和交通情况而定，城镇近郊行人与非机动车较集中，路肩宽度应尽可能增大，一般取 1～3 m，并铺筑硬质面层，以提高路肩利用率，保证路面行车不受干扰，路肩宽度见表 2.4（a）。高速公路、一级公路采用分离式断面时，应设置左侧硬路肩，其宽度应符合表 2.4（b）的规定。

表 2.2　车道宽度

设计速度/（km/h）	120	100	80	60	40	30	20
车道宽度/m	3.75	3.75	3.75	3.50	3.50	3.25	3.00（单车道时为 3.50）

表 2.3　中间带宽度

设计速度/（km/h）		120	100	80	60
中央分隔带宽度/m	一般值	3.00	2.00	2.00	2.00
	最小值	2.00	2.00	1.00	1.00
左侧路缘带宽度/m	一般值	0.75	0.75	0.50	0.50
	最小值	0.75	0.50	0.50	0.50
中间带宽度/m	一般值	4.50	3.50	3.00	3.00
	最小值	3.50	3.00	2.00	2.00

表 2.4（a）　路肩宽度

设计速度/（km/h）		高速公路、一级公路				二级公路、三级公路、四级公路				
		120	100	80	60	80	60	40	30	20
右侧硬路肩宽度/m	一般值	3.00 或 3.50	3.00	2.50	2.50	1.50	0.75	—	—	—
	最小值	3.00	2.50	1.50	1.50	0.75	0.25			
右侧土路肩宽度/m	一般值	0.75	0.75	0.75	0.50	0.75	0.75	0.75	0.50	0.25（双车道）
	最小值	0.75	0.75	0.75	0.50	0.50	0.50			0.50（单车道）

表 2.4（b）　分离式断面高速公路、一级公路左侧路肩宽度

设计车速/（km/h）	120	100	80	60
左侧硬路肩宽度/m	1.25	1.00	0.75	0.75
左侧土路肩宽度/m	0.75	0.75	0.75	0.50

公路路基宽度因技术等级及具体要求的不同，除上述宽度外，必要时还应包括变速车道、爬坡车道、慢车道或路用设施（如护栏、照明、绿化）等可能占用的宽度。

二、路基高度

路基高度指路基设计高程与路中线原地面高程之差，也称路基填挖高度或施工高度。路基设计高程：高速公路和一级公路为中央分隔带的外侧边缘高程，二、三、四级公路为路基边缘高程，在设超高、加宽地段为设超高、加宽前该处边缘高程。边坡高度指填方坡脚或挖方坡顶高程与路基设计高程之差。当原地面平坦时，路基两侧边坡高度相等，处于山坡地面上时，两者不等。

路基的最小填土高度，应根据临界高度，并结合路线具体条件和排水及防护措施，按照公路等级及有关的规定确定，一般保证路基处于干燥或中湿状态。

路基高度由路线纵坡确定。确定时，要综合考虑地形、地质、地貌、水文等自然条件，桥涵等构造物与交叉口的控制高度、纵向坡度的平顺，土石方工程数量的平衡，以及路基的强度与稳定性等因素，以得出合理的路基高度。因此，路线纵坡设计时，应尽量满足最小填土高度要求，使路基处于干燥或中湿状态。

沿河及受水浸淹的路基，其高度一般应根据设计洪水频率求得设计水位，再增加 0.5 m 的安全高度；如果河道因路堤压缩河床而使上游有壅水，或河面宽阔有风浪，那么还应增加壅水的高度和波浪冲上路堤的高度。沿河路堤的高度，应高出上述各值之和，保证路基不致被淹没，并据此进行路基的防护与加固。

三、路基边坡坡度

确定路基边坡坡度是路基设计的基本任务。为保证路基稳定，路基两侧应做成具有一定坡度的坡面。公路路基边坡的坡度，用高度 H 与宽度 b 之比值来表示，并取 $H=1$，如图 2.6 所示，$H:b=1:0.5$（路堑边坡）或 $1:1.5$（路堤边坡）。通常用 $1:m$ 或 $1:n$ 表示其比率（也称为边坡坡率），图中 $m=0.5$，$n=1.5$。

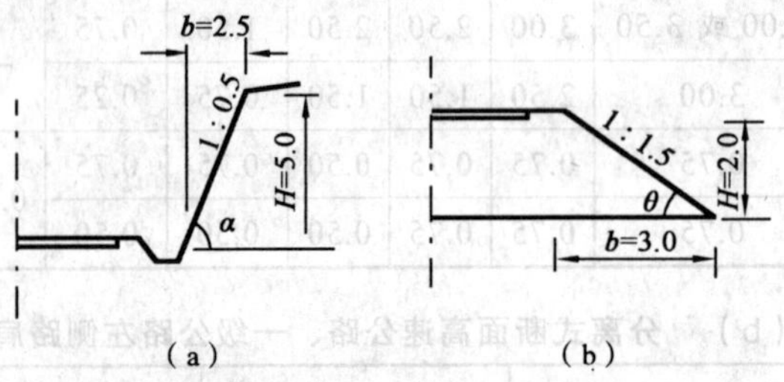

图 2.6 路基边坡坡度示意图（尺寸单位：m）

路基边坡坡度的大小，取决于边坡土质、岩石的性质及水文地质条件等自然因素和边坡的高度，并关系到路基的稳定和工程投资。如何恰当的设计边坡坡度，既使路基稳定，又节省造价，在路基横断面设计中至关重要。一般路基的边坡坡度可根据多年工程实践经验和设计规范推荐的数值采用。

（一）路堤边坡

路堤边坡坡度与路堤填料和边坡高度有关。根据路堤填料不同，分为土质和石质两种情况。

1. 土质路堤边坡

路堤边坡的形式和坡度应根据填料的物理力学性质、边坡高度和工程地质条件而定。一般土质路堤边坡，其坡度视土质和边坡高度按表 2.5 取值。当边坡高度超过表 2.5 的高度时，边坡形式宜采用阶梯形，边坡坡度通过稳定性分析计算确定，并进行个别设计。

表 2.5　土质路堤边坡坡度

填料类别	边坡坡度	
	上部高度（$H\leqslant 8$ m）	下部高度（$H\leqslant 20$ m）
细粒土	1∶1.5	1∶1.75
粗粒土	1∶1.5	1∶1.75
巨粒土	1∶1.3	1∶1.5

对于浸水路堤，设计水位以下部分视填料情况，边坡坡度采用 1∶(1.75～2)，在常水位以下部分可采用 1∶(2～3)，并视水流情况采取加固措施。

2. *石质路堤边坡*

当公路沿线有大量天然石料或开挖路堑边坡的废石方时，可以用来填筑路堤，填石路堤应由不易风化的较大（大于 25 cm）石块砌筑，边坡坡度一般可用 1∶1。但当采用易风化的岩石填筑路堤时，边坡坡度应按风化后的土质边坡设计。如风化成黏土或砂，则分别按黏性土或砂的边坡要求进行设计。当路堤基底条件良好时，填石路堤边坡坡度可根据填料情况参考表 2.6 取值。

表 2.6　填石路堤边坡坡度

填石料种类	边坡高度/m			边坡坡度	
	全部高度	上部高度	下部高度	上部	下部
硬质岩石	20	8	12	1∶1.1	1∶1.3
中硬岩石	20	8	12	1∶1.3	1∶1.5
软质岩石	20	8	12	1∶1.5	1∶1.75

陡坡上的路基填方可采用砌石，砌石应用当地不易风化的开山片石砌筑。砌石顶宽一律采用 0.8 m，基底以 1∶5 的坡度向内侧倾斜，砌石高度 H 一般为 2～15 m，墙的内外坡度依砌石高度，按表 2.7 选定。

表 2.7　砌石边坡坡度

序　号	高度/m	内侧坡度	外侧坡度
1	≤5	1∶0.3	1∶0.5
2	≤10	1∶0.5	1∶0.67
3	≤15	1∶0.6	1∶0.75

（二）路堑边坡

路堑是在天然地面上开挖后形成的路基结构形式。其边坡坡度与边坡的高度、坡体土石性质、地质构造特征、岩石的风化和破碎程度、地面水和地下水等因素有关。

1. 土质路堑边坡

土质（包括粗粒土）路堑边坡的坡度，应根据边坡高度、土的密实程度、地下水和地面水情况、土的成因及生成时代等因素确定。一般情况下，具有一定黏土质的挖方边坡坡度取值为 1∶(0.75～1.5)，个别情况下，可放缓至 1∶1.75。不同高度、不同密实度的土质挖方边坡坡度可参照表 2.8 确定。

表 2.8　土质路堑边坡坡度

土的类别		边坡坡度
黏土、粉质黏土、塑性指数大于 3 的粉土		1∶1
中密以上的中砂、粗砂、砾砂		1∶1.5
卵石土、碎石土、圆砾土、角砾土	胶结和密实	1∶0.75
	中　密	1∶1

注：① 黄土、红黏土、高液限土、膨胀土等特殊土质挖方边坡形式及坡度按特殊路基规定确定。
② 土的密实程度的划分见有关规定。

2. 岩石路堑边坡

岩石路堑边坡，一般根据地质构造与岩石特性，对照相似工程的成功经验选定边坡坡度。岩石的种类、风化和破碎程度及边坡高度是决定坡度的主要因素。

由于地表岩层和自然条件，以及路基的构造要求与形式变化极大，岩石路堑边坡坡度难以定型，运用时应结合当地的工程地质条件和水文条件，参考各地现有自然稳定山坡和人工成型稳定的山坡，加以对比选用。必要时应进行个别设计或稳定性验算，以及采取排水、护坡与加固等技术措施。

第三节　路基的附属设施

为了使路基稳定和保证行车安全畅通，与路基使用品质及其稳定性相关的附属设施，如取土坑、弃土堆、护坡道、碎落台、堆料坪以及单车道公路的错车道等，都应视为路基主体工程不可缺少的部分。

一、取土坑与弃土堆

公路土石方数量经过合理调配后，或在养护过程中，不可避免地会在公路沿线附近借土或弃土。在公路沿线挖取土方填筑路基或作为养护材料所留下的整齐土坑，称为取土坑。利用挖方路基所剩余的土或不宜筑路而废弃的土堆积而成有规则形状的土堆称为弃土堆。无论借土或弃土，首先要合理地选择地点，一般应从土质、数量、用地及运输等方面考虑；其次要结合沿线农田水利，改地造田，不毁农田，少占或不占良田，维护自然生态平衡，防止水土流失；再者，结合沿线规划，充分利用，做到“借之有利，弃而无害”。高等级公路或位于城郊附近的干线，尤应注意。

平坦地区，如果用土量较少，可以沿路两侧设取土坑，并与路基排水和农田灌溉相结合。路旁取土坑，大致如图 2.7 所示，深度约 1.0 m 或稍大一些，宽度依用土数量和用地允许而定。为防止坑内积水危害路基，路基坡脚与坑之间，当堤顶与坑底高差不足 2 m 时，需设宽度≥1 m 的护坡道，坑底设纵横排水坡及相应设施。

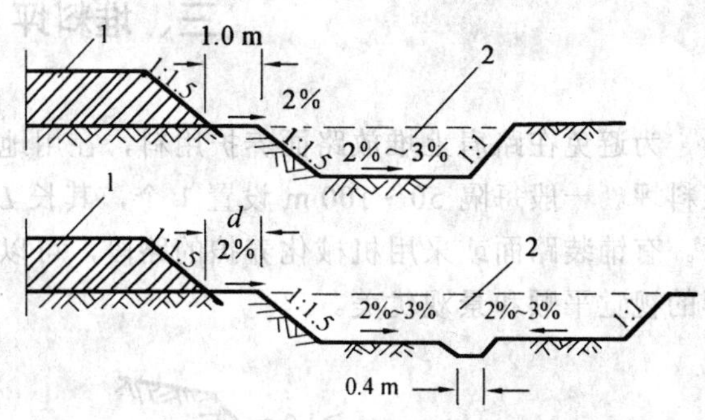

图 2.7　路旁取土坑示意图

1—路堤；2—取土坑

河流淹没地段的桥头引道两侧一般不设取土坑。如设取土坑，要距河流水位边界 10 m 以外，并与导治结构物位置相适应。此类取土坑要求水流畅通，不得长期积水及危害路基或构造物的稳定。

路基开挖的废方，应尽量加以利用，如用以加宽路基或加固路堤，填补坑洞或路旁洼地，也可兼顾农田水利或基建等所需，做到变废为用、弃而不乱。

废方一般选择路边低洼地，就近弃堆。当地面倾斜坡度小于 1∶5 时，路旁两侧均可设置弃土堆，地面较陡时，宜设在路基下方。沿河路基爆破后的废石方，往往难以选用，条件许可时可以部分占用河道，但要注意河道压缩后，不致壅水危及上游路基及附近农田等。

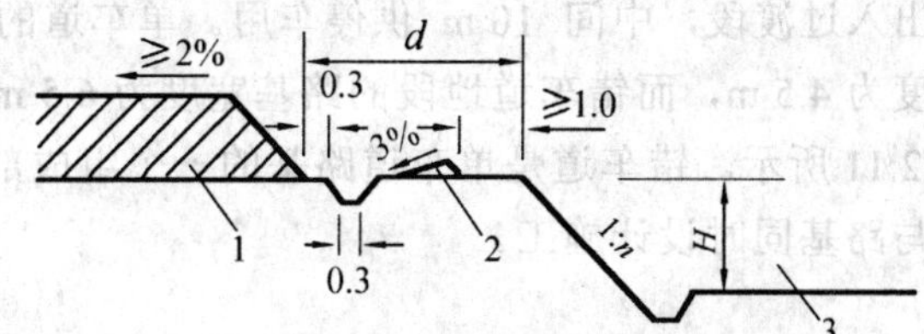

图 2.8　路旁弃土堆示意图

1—弃土堆；2—平台与三角土块；3—路堑

图 2.8 所示为路旁弃土堆一例，要求堆弃整齐，顶面有适当横坡，并设平台、三角土块及排水沟，宽度 d 与地面土质有关，最小为 3 m，最大可按路堑深度加 5.0 m，即 $d \geqslant H + 5.0$ m。积砂或积雪地段的弃土堆，宜有利于防砂、防雪，一般设在迎风一侧，并具有足够距离。

二、护坡道与碎落台

当路堤较高时，为保证边坡稳定，在取土坑与坡脚之间或在边坡坡面上，沿纵向保留或筑成有一定宽度的平台，称为护坡道。其目的是加宽边坡横距，减缓边坡平均坡度。护坡道越宽，越有利于边坡稳定，但工程量随之增加。根据实践，护坡道宽度至少为 1.0 m，并随填土高度而增大。通常，护坡道宽度 d 视边坡高度 h 而定：$h \leqslant 3.0$ m，$d = 1.0$ m；$h = 3～6$ m，$d = 2$ m；$h = 6～12$ m，$d = 2～4$ m。

碎落台通常设置在路堑边坡坡脚与边沟外侧边缘之间，有时也设置在边坡中部，如图 2.9 所示，其作用是防止零星土石碎落物落入边沟。碎落台宽度一般为 1.0～1.5 m。兼顾护坡道作用，可酌情放宽。碎落台上的堆积物应定期清理。

三、堆料坪与错车道

为避免在路肩上堆放路面养护用料，在用地条件许可时，可在路肩外缘或边坡外缘设置堆料坪。一般每隔 50～100 m 设置 1 个，其长 L 为 5～8 m，宽 b 为 2 m 左右，如图 2.10 所示。有铺装路面或采用机械化养护的路段，可以不设，或另设集中备用料场，以维护公路外形的视觉平顺和景观优美。

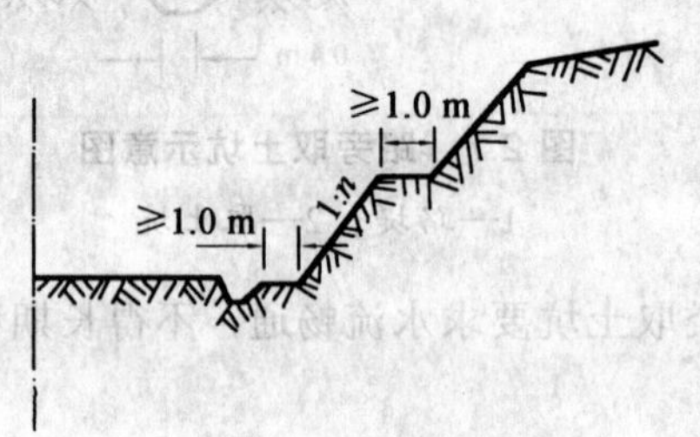

图 2.9 碎落台示意图

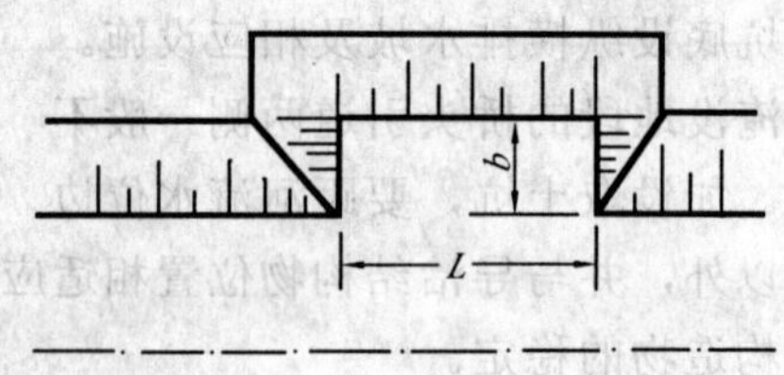

图 2.10 堆料坪示意图

单车道公路，由于双向行车会车和相互避让的需要，通常应每隔 200～500 m 设置错车道 1 处。按规定错车道的长度不得短于 30 m，两端各有长度为 10 m 的出入过渡段，中间 10 m 供停车用。单车道的路基宽度为 4.5 m，而错车道地段的路基宽度为 6.5 m，如图 2.11 所示。错车道是单车道路基的一个组成部分，应与路基同时设计施工。

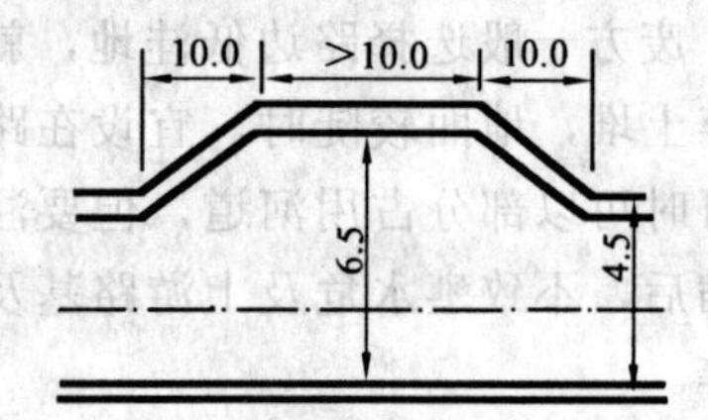

图 2.11 错车道示意图（单位：m）

思考与练习

2.1 何谓一般路基？

2.2 简述路基典型横断面形式及其设计要点。

2.3 解释路基高度与路基边坡高度。

2.4 如何确定路基边坡坡度？

2.5 路基附属设施包括哪些？

第三章　特殊路基的边坡稳定性设计

学习目标

① 会计算边坡稳定性分析的计算参数。
② 学会用直线法及圆弧法进行边坡稳定性分析。
③ 会进行陡坡路堤边坡稳定性分析。
④ 了解浸水路堤边坡稳定性验算。

一般路基设计可套用典型横断面图，不必进行边坡论证和验算，然而对于高填深挖路基、陡坡路堤、浸水路堤以及不良地质地段的路基，应进行个别分析、设计及验算，以确定安全可靠、经济合理的路基断面形式，或据以寻求相应的防护与加固措施。

路基的稳定性，除施工质量等因素外，一般取决于边坡和地基的稳定性，填筑在陡坡上的路堤，还取决于路堤在陡坡上的滑动稳定性。地基的稳定，涉及水文地质、地带类型、填土高度与经济等因素。

第一节　边坡稳定性的分析方法

一、边坡稳定性概述

路基边坡的稳定性，与岩土性质、结构、边坡高度及坡度等因素有关。根据对边坡发生滑坍现象的大量观测知，边坡滑塌破坏时，会形成一滑动面。滑动面的形状主要因土质而异，有的近似直线平面，有的呈曲面，有的则可能是不规则的折线平面。为简化计算，近似地将滑动破裂面与路基横断面的交线假设为直线、圆曲线或折线。砂性土及碎（砾）石土，因有较大的内摩擦角 φ 及较小的黏聚力 c，其破坏滑动面近似于直线平面；黏性土的黏聚力 c 较大，而其内摩擦角 φ 较小，边坡滑塌时，滑动面近似于圆曲面。

路基边坡稳定分析与验算的方法很多，归纳起来有力学验算法和工程地质法两大类。力学验算法又叫极限平衡法，是假定边坡沿某一形状滑动面破坏，按力平衡原理进行计算。因此，根据边坡滑动面形状不同，可分为直线法、圆弧法和不平衡推力传递法三种。力学验算法的基本假定是：

（1）不考虑滑动土体本身内应力的分布；

（2）认为平衡状态只在滑动面上达到，滑动土体成整体下滑。

为简化计算，用力学验算法进行边坡稳定性分析时，通常都按平面问题来处理。

工程地质比拟法是根据已成不同土类或岩体边坡的大量经验数据，拟定出路基边坡稳定值参考表，供设计采用。

一般情况下，土质边坡的设计是按力学验算法进行验算，再以工程地质比拟法予以校核。岩石或碎石土类边坡则主要采用工程地质比拟法，有条件时也以力学验算法进行校核。

二、边坡稳定性分析的计算参数

1. 土的计算参数

边坡稳定分析所需土的计算参数包括：土的重度 γ(kN/m^3)、内摩擦角 φ(°)、黏聚力 c (kPa)。对于均匀土层稳定性验算参数，通过对土（路堑或天然边坡取原状土，路堤边坡取与现场压实度一致的压实土）进行试验测定。

对于多层土体稳定性验算参数，可采用以层厚为权重的加权平均值，见式（3.1）。

$$c=\frac{c_1h_1+\cdots+c_ih_i}{\sum h_i} \tag{3.1a}$$

$$\varphi=\frac{\varphi_1h_1+\cdots+\varphi_ih_i}{\sum h_i} \tag{3.1b}$$

$$\gamma=\frac{\gamma_1h_1+\cdots+\gamma_ih_i}{\sum h_i} \tag{3.1c}$$

式中 c_i —— 各层土体的黏聚力（kPa）；

φ_i —— 各层土体的内摩擦角（°）；

γ_i —— 各层土体的重度（kN/m^3）；

h_i —— 各土层的厚度（m）。

边坡稳定性验算的精度，取决于试验资料的可靠度。因此，试验资料应据当地气候条件、季节因素，以最不利季节状况下土的物理力学性质进行调整，以确保采取与将来路基实际使用情况相符的数据。

2. 边坡稳定性分析的边坡取值

边坡稳定性分析时，对于折线形边坡或阶梯形边坡（见图 3.1），一般可取平均值。例如，图 3.1（a）取 AB 线，图 3.1（b）则取坡脚点与坡顶点的连线。

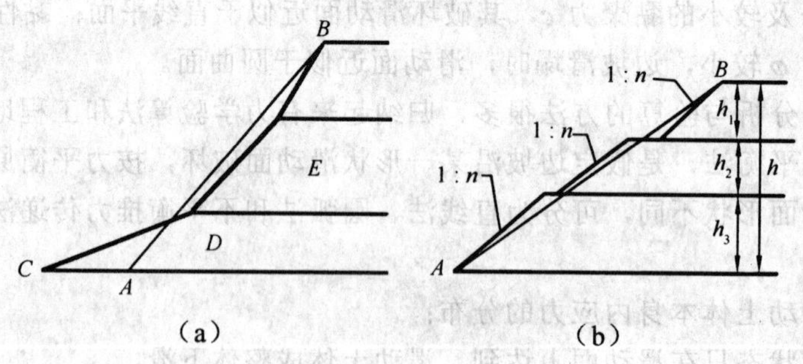

图 3.1 边坡取值示意图

3. 汽车荷载当量换算

路堤除承受自重作用外，同时还承受行车荷载的作用。在进行边坡稳定性分析时，需要将车辆按最不利情况排列，并将车辆的设计荷载换算成当量土柱高（即以相等压力的土层厚度来代替荷载），以 h_0(m) 表示，计算式为：

$$h_0=\frac{NQ}{\gamma BL} \tag{3.2}$$

式中 N—— 横向分布的车辆数；

Q—— 每一辆车的重力（kN）；

γ—— 路基填料的重度（kN/m^3）；

B—— 横向分布车辆轮胎（或履带）最外缘之间总距（m），按下式计算：

$$B = Nb + (N-1)d$$

其中 b—— 每一辆车的轮胎（或履带）外缘之间的距离（m）；

d—— 相邻两辆车轮胎（或履带）之间的净距（m）；

L—— 汽车前后轴的总距（m），公路-Ⅰ级和公路-Ⅱ级汽车荷载取 $L = 12.8$ m。

荷载分布宽度，可在行车道（路面）范围内；也可以认为路肩有可能停车（最不利的情况），则荷载分布于整个路基宽度。两者虽有所差异，但结果相差不大。

三、高填、深挖路基的边坡稳定性分析

填方边坡高度超过 20 m 和挖方边坡高度超过 20 m（土质）或 30 m（岩质）的高填、深挖路基及严重不良地质和水文地质地段的路基，应进行边坡稳定性分析。通常，边坡稳定性分析方法有直线法和圆弧法两种。前者适用于砂类土，后者适用于黏性土。圆弧法又分为圆弧条分法及改进的圆弧条分法 —— 毕肖普（A. W. Bishop）法。

（一）直线法

1. 均质砂砾类土路堤边坡

如图 3.2（a）所示，填方边坡土楔体 ABD 沿破裂面 AD 滑动，则下滑力（或切向力）T 为：

$$T = Q\sin\omega \tag{3.3}$$

式中 Q—— 土楔体 ABD 的重力，包括换算成土柱高的车辆荷载（kN/m）；

ω—— 破裂面对于水平面的倾角。

阻止土楔下滑的抗滑力 R 为：

$$R = N\tan\varphi + cL = Q\cos\omega\tan\varphi + cL \tag{3.4}$$

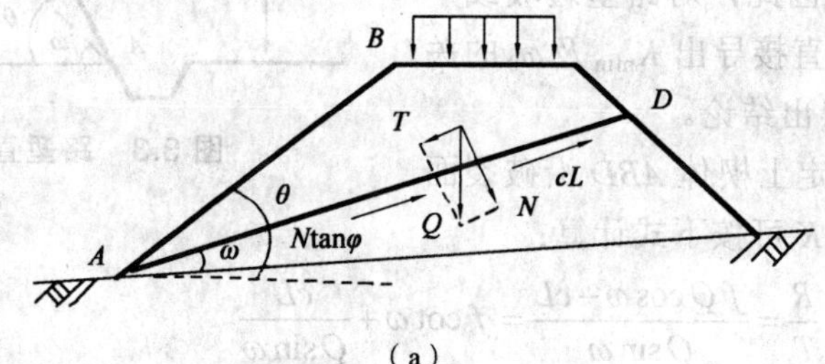

（a）

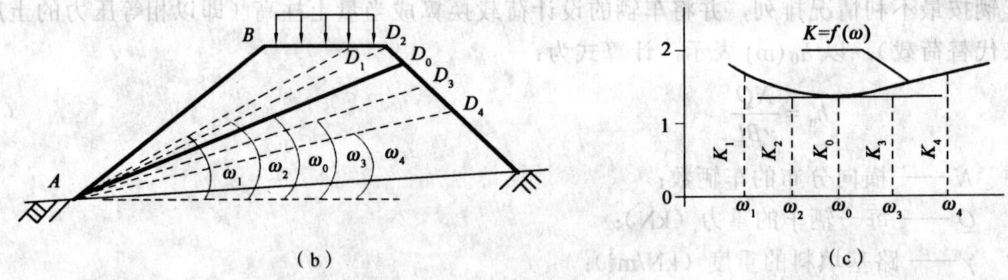

图 3.2 路堤直线法计算图

式中 N —— 作用于破裂面上的法向力（kN/m）；

φ —— 路堤土体的内摩擦角（°）；

c —— 路堤土体的单位黏聚力（kPa）；

L —— 破裂面 AD 的长度（m）。

根据静力平衡原理，$T>R$ 表示滑动力大于抗滑力，部分土体不稳定；反之，$T<R$ 表示稳定；两者相等，表示处于极限平衡状态。因此，工程中采用两力之比 K 来表示边坡的稳定性，K 称为稳定系数，也叫安全系数，即：

$$K=\frac{R}{T}=\frac{Q\cos\omega\tan\varphi+cL}{Q\sin\omega} \tag{3.5}$$

若 $K>1$，则破裂面上的土楔体稳定；

若 $K=1$，则破裂面上土楔体处于极限平衡状态；

若 $K<1$，则破裂面上土楔体不稳定，将向下滑动。

由于边坡稳定性分析方法均有一些概括的假定，土工试验所得的强度参数也有一定的局限性，施工中也不可能做到每一点都符合要求，每一点都考虑气候环境条件的影响，所以安全系数 K 一般采用 1.25～1.5，过大则认为工程不经济。

直线法验算边坡稳定性时，为找出边坡的最小稳定系数，可通过坡脚假定 3～4 个可能的破裂面，如图 3.2（b）所示。按式（3.5）求出每个破裂面相应的安全系数 K_1、K_2、K_3、K_4 等值，并绘出 $K=f(\omega)$ 曲线及曲线最低点的水平切线［见图 3.2（c）］，与曲线的切点即为边坡的最小安全系数 $K_{\min}$ 值，其对应的破裂角为最危险破裂面倾角 ω_0 值。若 $K_{\min}>[K]$（$[K]=1.25$～1.50），则边坡稳定。

2. 均质砂砾类土路堑边坡

从式（3.5）可知，$K=f(\omega)$，即 K 是关于破裂面倾角 ω 的函数。因此，对路堑边坡或不计荷载的路堤边坡，可直接导出 $K_{\min}$ 及 ω_0 的关系式，一次计算即可得出结论。

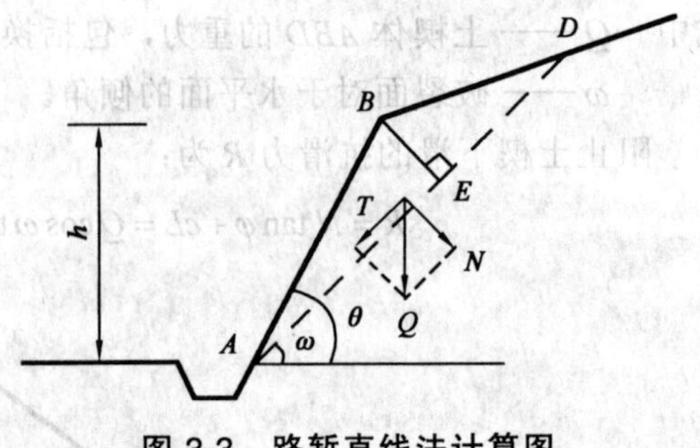

图 3.3 路堑直线法计算图

如图 3.3 所示，假定土楔体 ABD 沿破裂面 AD 滑动，其稳定系数 K 可按下式计算：

$$K=\frac{R}{T}=\frac{fQ\cos\omega+cL}{Q\sin\omega}=f\cot\omega+\frac{cL}{Q\sin\omega}$$

$$= f\cot\omega + \frac{cL}{\frac{1}{2}\gamma hL\frac{\sin(\theta-\omega)\sin\omega}{\sin\theta}}$$

$$= f\cot\omega + a_0[\cot\omega + \cot(\theta-\omega)]$$

$$= (f + a_0)\cot\omega + a_0\cot(\theta-\omega) \tag{3.6}$$

式中　Q——土楔体 ABD 的重力（kN），按 1 m 长度计；

ω——破裂面的倾角（°）；

θ——边坡的坡度角（°）；

γ——边坡土体的重度（kN/m^3）；

h——边坡的垂直高度（m）；

f——边坡土体的内摩擦系数，$f = \tan\varphi$；

c——边坡土体的单位黏聚力（kPa）；

L——破裂面 AD 的长度（m）；

a_0——参数，$a_0 = 2c/\gamma h$。

由微分学可知，为求得最小稳定系数，可令 $\frac{\mathrm{d}K}{\mathrm{d}\omega} = 0$，即可求得 K 为最小时的破裂面倾角 ω_0 值，由此得：

$$\cot\omega_0 = \cot\theta + \sqrt{\frac{a_0}{f + a_0}}\cdot\csc\theta \tag{3.7}$$

将式（3.7）代入式（3.6），得最小稳定系数为：

$$K_{\min} = (2a_0 + f)\cot\theta + 2\sqrt{a_0(f + a_0)}\cdot\csc\theta \tag{3.8}$$

式（3.8）中涉及的γ、c、φ、h 及 θ 在计算前可以确定，因此，用式（3.8）可以一次求得边坡的最小安全系数，从而大大简化了边坡稳定性验算工作。

对于松散的砂砾类土，可取 $c = 0$，由式（3.5）可得：

$$K = \frac{\tan\varphi}{\tan\omega} \tag{3.9}$$

处于极限平衡状态时，$K = 1$，则 $\tan\omega = \tan\varphi$ 或 $\omega = \varphi$，即砂砾类土的极限坡角等于内摩擦角，这个角也称为天然休止角，对于砂砾类土是一个常数。

【例 3.1】某挖方边坡，已知 $\varphi = 25°$，$c = 14.7$ kPa，$\gamma = 17.64$ kN/m^3，$h = 6.0$ m。现拟采用 1∶0.5 的边坡，试验算其稳定性。

【解】由 $\cot\theta = 0.5 \Rightarrow \theta = 63°26' \Rightarrow \csc\theta = 1.118\,1$。又：

$$f = \tan\varphi = \tan 25° = 0.466\,3\text{，}\quad a_0 = \frac{2c}{\gamma h} = 0.277\,8$$

将以上各值代入式（3.8）得：

$$K_{\min} = 1.53$$

因为 $K_{\min} > 1.25$，所以该路基稳定。

【例 3.2】已知数据同上例，考虑到稳定系数偏高，试求允许的边坡坡度。

【解】令 $K_{\min}=1.25$，并将各值代入式（3.8）得：

$$1.25=1.02\cot\theta+0.9\frac{1}{\sin\theta}$$

公式两边同乘 sin θ，且将 $\cos\theta=\sqrt{1-\sin^2\theta}$ 代入，整理得：

$$\sin^2\theta-0.86\sin\theta-0.09=0$$

解方程得：

$$\sin\theta=0.954\ \Rightarrow\ \theta\approx73°\ \Rightarrow\ \cot\theta\approx0.3$$

所以边坡可以改陡，采用 1∶0.3。

【例 3.3】例 3.1 数据不变，求允许的路基最大高度。

【解】由式（3.8）得：

$$1.25=(2a_0+0.466\,3)\times0.5+2\sqrt{[a_0(a_0+0.466\,3)]}\times1.118\,1$$

$$\Rightarrow\ a_0=0.20$$

$$a_0=\frac{2c}{\gamma h}\Rightarrow h=\frac{2c}{a_0\gamma}=\frac{2\times14.7}{0.20\times17.64}=8.33\text{ m}=h_{\max}$$

所以允许路基最大高度为 8.33 m。

（二）圆弧法

圆弧法适用于一般黏性土组成的路堤或路堑边坡的稳定性验算。

1. 圆弧条分法

圆弧条分法又叫瑞典法，它是由瑞典工程师费伦纽斯（Fellenius）首先提出的边坡稳定性验算方法，因此也叫费伦纽斯法。用圆弧条分法验算边坡稳定性时，有以下假定：

（1）土体均质和各向同性；

（2）滑动面通过坡脚；

（3）不考虑滑动土体内部的应力分布及各土条之间相互作用力的影响。

1）圆弧条分法的基本方法

圆弧条分法是先假定一圆弧滑动面，将圆弧滑动面上的土体分成若干竖向土条，依次计算每个土条沿滑动面的抗滑力与下滑力，然后叠加求出整个滑动土体的稳定系数，再假定几个可能圆弧滑动面，用相同的方法求出其对应的稳定系数，最后以最小稳定系数的大小来判别边坡稳定性。

圆弧条分法的具体步骤如下所述。

（1）通过坡脚任意选定一个可能的圆弧滑动面 AB，其半径为 R。将滑动土体分成若干相等宽度的垂直土条，其宽度一般为 2～4 m，边坡沿纵向取单位长度，如图 3.4 所示。

（2）计算每个土条的土体重 Q_i，引致滑动面上并分解为：

切向分力　$T_i=Q_i\cdot\sin\alpha_i$

法向分力　$N_i=Q_i\cdot\cos\alpha_i$

式中：α_i 为第 i 条土体弧段中心点的半径线与通过圆心的铅垂线之间的夹角。

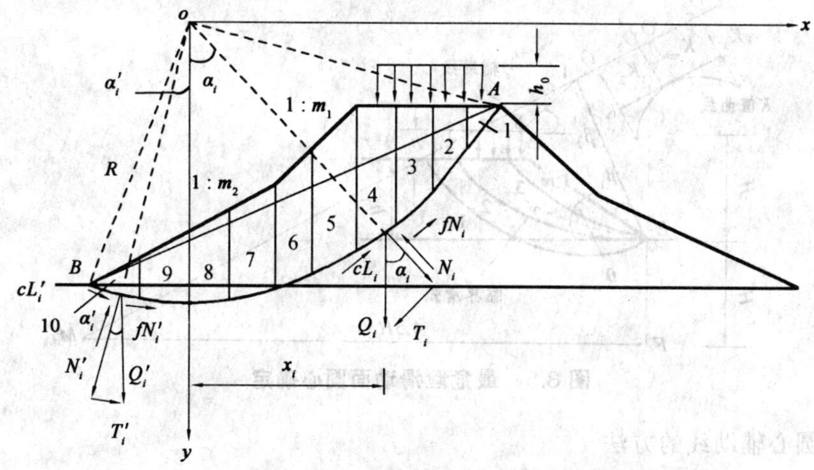

图 3.4 圆弧条分法（瑞典法）验算边坡稳定性示意图

$$\alpha_i = \arcsin\frac{x_i}{R}$$

式中：x_i为第 i 条土体弧段中心点距圆铅垂线之间的距离。

（3）以圆心 O 为中心，半径 R 为力臂，计算滑动面上各力对 O 点的滑动力矩，但应注意在通过 O 点铅垂线右侧的 T_i为正，是促使土楔体滑动的力；而在铅垂线左侧的T_i'，方向相反，其值为负，是抵抗土楔体滑动的力，其产生的力矩应在滑动力矩中扣除。因此，滑动力矩为 $M_S = R\left(\sum T_i - \sum T_i'\right)$。计算土条重时，行车荷载换算的土柱应计算在相应的土条重 Q_i 中。

（4）以 O 点为中心，计算滑动面上各力对 O 点的抗滑力矩，$M_R = R\left(\sum N_i f + \sum cl_i\right)$。

（5）求稳定系数 K。按下式计算：

$$K = \frac{M_R}{M_S} = \frac{R\left(\sum N_i f + \sum cl_i\right)}{R\left(\sum T_i - \sum T_i'\right)} = \frac{f\sum Q_i \cos\alpha_i + cL}{\sum Q_i \sin\alpha_i - \sum Q_i \sin\alpha_i'} \tag{3.10}$$

式中 f——摩擦系数，$f = \tan\varphi$；

c——黏聚力（kPa）；

L——滑动圆弧的总长度（m）。

（6）依上述方法，绘制若干个可能的滑动圆弧，分别求各个滑动面的稳定系数 K，从中得出最小的稳定系数 $K_{\min}$，与 $K_{\min}$ 对应的滑动面就是最危险的滑动面。

最危险滑动面的求法是在圆心辅助线 MI 上，选定 O_1，O_2，…，O_n为圆心，通过坡脚作对应的圆弧，计算各滑动面的稳定系数 K_1，K_2，…，K_n，通过 O_1，O_2，…，O_n 分别作 MI 的垂线，并按一定比例表示各点 K_i的数值，绘出 $K = f(O)$ 的关系曲线，找到 $K_{\min}$，其所对应的就是最危险滑动圆心及最危险滑动面，如图 3.5 所示。

一般地，容许稳定系数 $[K] = 1.25 \sim 1.50$。取值时，可根据土的特性、抗剪强度指标的可靠程度、公路等级和地区气候特点及经验综合考虑。当 $K_{\min} < [K]$ 时，可采取相应的措施如放缓边坡、更换填料等，重新按上述方法进行稳定性验算。

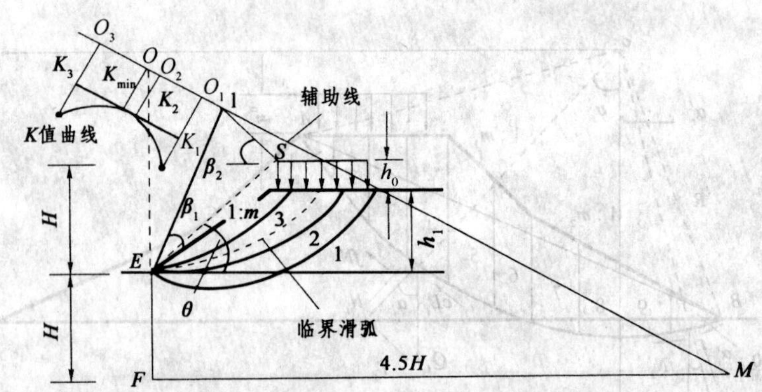

图 3.5 最危险滑动面圆心确定

2）确定圆心辅助线的方法

为了迅速地找到最危险滑动圆心，减少试算工作量，根据经验可知，最危险滑动圆心在一条辅助线上。确定圆心辅助线的方法有 4.5*H* 法和 36° 法。

（1）4.5*H* 法。

如图 3.5 所示，具体步骤如下：

① 自坡脚 *E* 点向下作垂直线得 *F* 点，垂直线长度 $H = h_1 + h_0$（若不考虑荷载则 $H = h_1$）。

② 自 *F* 点向右作水平线，在水平线上量取 4.5*H* 得 *M* 点，*M* 点为圆心辅助线上一点。

③ 计算平均坡度 i_0，并连接 *E*、*S* 虚线（不考虑荷载时，*S* 点为路肩外边缘点，$H = h_1$）。根据 i_0 值查表 3.1 中的 β_1 和 β_2 值。

表 3.1 辅助线作图角值表

边坡坡比	边坡倾角	β_1	β_2
1∶0.5	63°26′	29°30′	40°
1∶0.75	53°18′	29°	39°
1∶1	45°00′	28°	37°
1∶1.25	38°40′	27°	35°30′
1∶1.5	33°41′	26°	35°
1∶1.75	29°45′	26°	35°
1∶2	26°34′	25°	35°
1∶2.25	23°58′	25°	35°
1∶2.5	21°48′	25°	35°
1∶3	18°26′	25°	35°
1∶4	14°03′	25°	36°
1∶5	11°19′	25°	37°

④ 自 *E* 点以 *ES* 线为一边，逆时针转 β_1 角得一边线；自 *S* 点以水平线为边线，顺时针转 β_2 角得另一边线。两边线的延长线相交于 *I* 点，*I* 点即为圆心辅助线上的另一点。

⑤ 连接 *M*、*I* 点，并向左上方延长，即得辅助线。

⑥ 如土仅有黏聚力，而 $\varphi = 0$，则最危险滑动圆弧的圆心就是 *I* 点；如土除黏聚力外还

具有摩擦力，则最危险滑动面的圆心将随 φ 值的增加在辅助线上向外移动。

（2）36° 法。

为简化计算，圆心辅助线可通过路基边缘 S 点或荷载当量高度边缘 S 点作一水平线，顺时针转动 36° 得射线，该射线即为圆心辅助线，如图 3.6 所示。

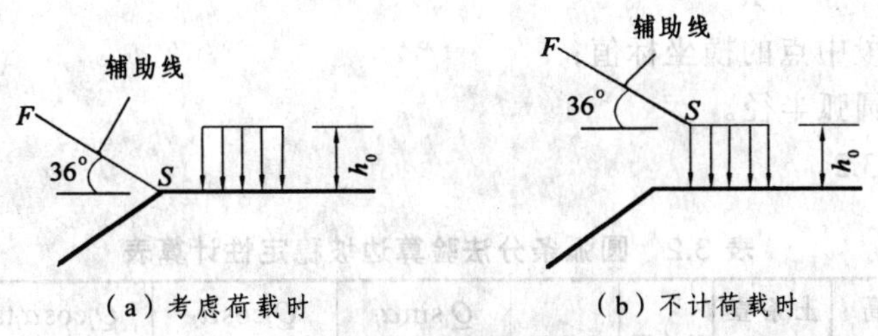

图 1.3.6 36° 法绘辅助线

上述两种方法，36° 法较简便，但精度较 4.5H 法差些，不过对于 1∶(1～1.75) 的边坡及滑动面通过坡脚者均适用。两种方法均可以不计车辆荷载换算的土层厚度，计算结果出入不大。

【例 3.4】有一高路堤，顶宽 8.5 m，高 25 m，初步拟订横断面如图 3.7 所示。折线性边坡，上段坡高 8 m，坡比 1∶1.5，下段坡高 17 m，坡比 1∶1.75。填料重度 $\gamma = 19.2\ \text{kN/m}^3$，单位黏聚力 $c = 42.5$ kPa，内摩阻角 $\varphi = 15°$，设计荷载为公路-Ⅱ级汽车荷载。试验算其稳定性。

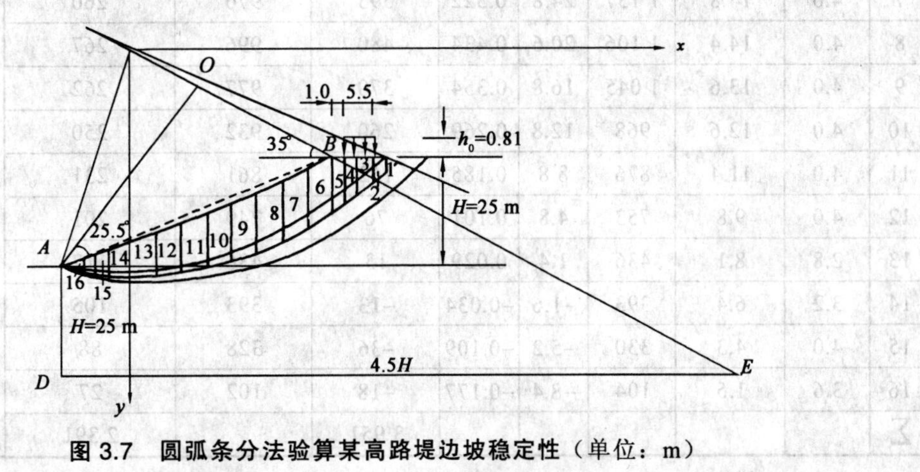

图 3.7 圆弧条分法验算某高路堤边坡稳定性（单位：m）

【解】(1) 用坐标纸以 1∶50 的比例尺绘制出路堤横断面。

(2) 将公路-Ⅱ级汽车荷载换算成当量土柱高。路基宽度内能并排两辆重车，据式 (3.2)，则车辆荷载（公路-Ⅱ级荷载的重车为 550 kN）换算土柱高为：

$$h_0 = \frac{\sum G}{\gamma BL} = \frac{2\times 550}{19.2\times 5.5\times 12.8} = 0.81\ \text{m}$$

(3) 用 4.5H 法确定圆心辅助线。将坡顶和坡脚连成一直线，如图 3.7 中虚线所示。根据该连线的坡比，从表 3.1 查得辅助角 $\beta_1 = 25.5°$，$\beta_2 = 35°$，分别自坡脚作 β_1 和坡顶点作 β_2，两直线相交于 O 点；在坡脚 A 点作垂线 $AD = H = 25$ m，过 D 作水平线 $DE = 4.5H = 112.5$ m；连接 OE，滑动曲线圆心即在 EO 的延长线上。

（4）绘出不同位置的过坡脚的滑动曲线。本计算以第 1 条滑动曲线为例，$R = 47.5$ m。

（5）将圆弧土体分段。本例第 1 条滑动曲线分为 16 段。

（6）算出滑动曲线每一分段中点与圆心连线对 y 轴的夹角 α_i，然后得：

$$\sin\alpha_i = \frac{x_i}{R} \tag{3.11}$$

式中 x_i —— 各分段中点的横坐标值；

R —— 滑动圆弧半径。

计算结果见表 3.2。

表 3.2 圆弧条分法验算边坡稳定性计算表

土条号	土条宽 b_i / m	土条高 h_i / m	土条重 Q_i / kN	x_i / m	$\sin\alpha_i$	$Q_i\sin\alpha_i$ /kN	$Q_i\cos\alpha_i$ /kN	$Q_i\cos\alpha_i\tan\varphi$ /kN	L / m	cL / kN
1	2.16	2.6	108	40.0	0.842	91	58	16	61.65	2 620
2	2.0	6.4	246	38.3	0.806	198	146	39		
3	2.75	9.5+0.81	554	35.9	0.756	419	363	97		
4	2.75	12.4+0.81	698	33.2	0.699	488	499	134		
5	1.0	14.1	271	31.3	0.659	179	204	55		
6	4.0	14.8	1 137	28.8	0.606	689	904	242		
7	4.0	14.8	1 137	24.8	0.522	593	970	260		
8	4.0	14.4	1 106	20.6	0.434	480	996	267		
9	4.0	13.6	1 045	16.8	0.354	370	977	262		
10	4.0	12.6	968	12.8	0.269	260	932	250		
11	4.0	11.4	876	8.8	0.185	162	861	231		
12	4.0	9.8	753	4.8	0.101	76	749	201		
13	2.8	8.1	436	1.4	0.029	13	436	117		
14	3.2	6.4	393	−1.6	−0.034	−13	393	105		
15	4.0	4.3	330	−5.2	−0.109	−36	328	88		
16	3.6	1.5	104	−8.4	−0.177	−18	102	27		
$\sum$						3 951		2 391		

（7）计算每一分段面积。将曲线形底部近似取直线，各分段图形简化成矩形、梯形或三角形，求出其面积，其中包括换算土柱部分的面积。

（8）计算各分段的重力 Q_i。以路堤 1 m 长计算，得 $Q_i = \gamma A_i$。

（9）将每一分段的重力分解为两个分力。

滑动曲线的法向分力：$N_i = Q_i \cos\alpha_i$

滑动曲线的切向分力：$T_i = Q_i \sin\alpha_i$

分别求出两者的总和 $\sum N$ 和 $\sum T$，见表 3.2。

（10）算出滑动曲线总长 L。

（11）计算稳定系数。

$$K=\frac{f\sum N+cL}{\sum T}=\frac{\sum(Q_i\cos\alpha_i\tan\varphi+cl_i)}{\sum Q_i\sin\alpha_i}=\frac{2\,391+2\,620}{3\,951}=1.268$$

用同样方法可以求得另外 3 条滑动曲线的稳定系数：$K_2=1.318$，$K_3=1.283$，$K_4=1.335$。比较 4 个圆心位置可知，O_1 点的 K 值最小，即 $K_{\min}=1.268>1.25$，因此所拟边坡稳定。

2. *改进的圆弧条分法——毕肖普法*

由于圆弧条分法略去了土条间力的作用，因此严格地说，对每一土条力的平衡是不满足的，对土条本身的力矩平衡也不满足，只满足整个土体的力矩平衡条件。由此产生的误差，一般使求得的安全系数偏低 10%～20%，这种误差随着破裂面圆心角和孔隙压力的增大而增大。

为克服前述圆弧条分法存在的不足，毕肖普考虑了土条间力的作用，提出了新的稳定系数计算公式。如图 3.8 所示土坡，土条 i 上的作用力有 5 个未知，故属二次超静定问题。毕肖普在求解时补充了 2 个假想条件：忽略土条间竖向剪力 X_i 及 X_{i+1} 的作用，对滑动面上切向力的大小作了规定。

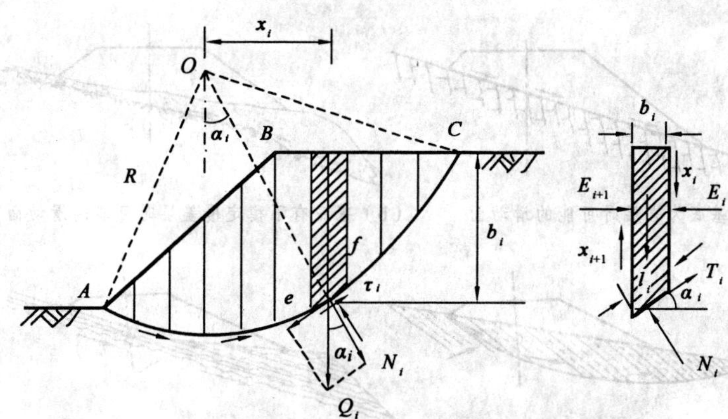

图 3.8　毕肖普法验算边坡稳定性示意图

第二节　陡坡路堤稳定性分析

路堤沿斜坡或软弱层带的滑动稳定性可采用不平衡推力法进行分析计算。

一、陡坡路堤的概念及其滑动面特点

填筑在原地面横坡陡于 1∶2.5（土质路堤）或陡于 1∶2（不易风化的岩石基底）及不稳固山坡上的路堤称为陡坡路堤。陡坡路堤除保证边坡稳定外，还要分析路堤沿地面陡坡下滑的整体稳定性。

如图 3.9 所示，陡坡路堤的滑动面，可能发生在以下几种位置：

（1）路堤整体沿基底接触面产生滑动，此类情况多发生在岩石基底或稳定山坡基底，如图 3.9（a）所示。

（2）路堤随同基底覆盖层沿倾斜基岩滑动。若基底为不稳定的坡积覆盖层，而且下卧基岩层面陡峭，多发生此类滑动破坏，如图 3.9（b）所示。

（3）路堤连同其下的软弱土层沿某一圆弧滑动面滑动。此类情况多发生在基底为较厚的软弱土层时，如图 3.9（c）所示。

（4）路堤连同其下的岩层沿某一最弱的层面滑动。此类情况是因基底的岩层倾向与山坡一致，填土后加大了下滑力而发生，如图 3.9（d）所示。

出现上述滑动面的原因，除原地面横坡较陡、基底情况不佳外，主要是地面水或地下水单独作用或两者共同作用，导致路堤下滑力增大，接触面或软弱面土体抗剪强度显著降低。

稳定性验算时所采用的数据，有条件的都应以图 3.9 所示陡坡路堤可能的滑动面附近的土质试验为依据，考虑最不利情况后经论证确定。当滑动面上、下层土的性质不一致时，φ、c 值一般取两者当中的较小值一组。设计时应估计到未来可能发生的情况，对各个可能的危险滑动面分别计算。

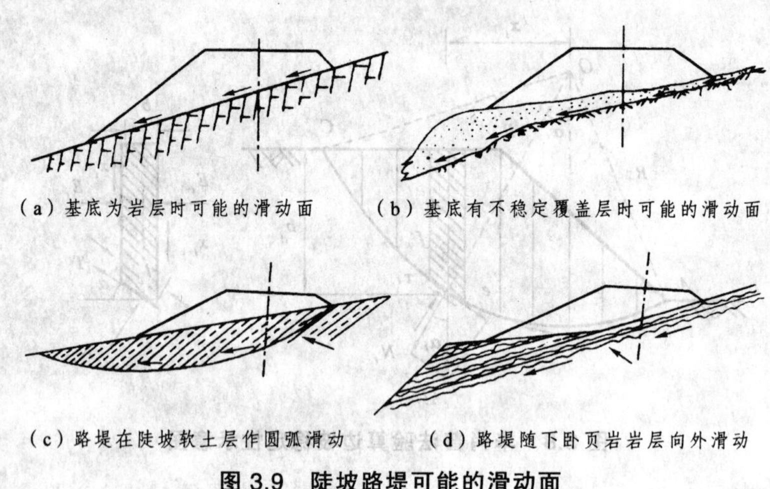

（a）基底为岩层时可能的滑动面　（b）基底有不稳定覆盖层时可能的滑动面

（c）路堤在陡坡软土层作圆弧滑动　（d）路堤随下卧页岩岩层向外滑动

图 3.9　陡坡路堤可能的滑动面

二、陡坡路堤稳定性验算

这里仅讨论路堤沿直线或折线滑动面滑动的情况。若滑动面为圆弧面，可参照前面圆弧法进行计算。

1. 直线滑动面稳定性验算

如图 3.10 所示，滑动面为单一坡度的倾斜面。滑动面以上土体的滑动稳定系数按下式计算：

$$E = T - \frac{1}{K}(N\tan\varphi + cL) \tag{3.12}$$

式中 E——下滑力（kN）；

T——切向力（kN），$T = Q\sin\alpha$；

N —— 法向力（kN），$N = Q\cos\alpha$；

其中　Q —— 基底上部路基自重加换算土层重（kN）；

α —— 基底与水平面的倾角（°）；

φ —— 基底接触面的内摩擦角（°）；

c —— 土的黏聚力（kPa）；

L —— 基底滑动面长度（m）；

K —— 安全系数，一般 $K = 1.25$。

若 E 为负值或零时，则路堤稳定。

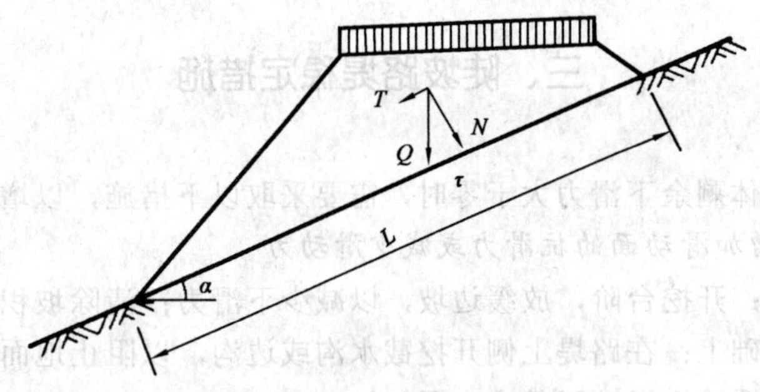

图 3.10　陡坡路堤单坡直线滑动面

2. 折线滑动面稳定性验算

如图 3.11 所示，当滑动面为多个坡度的折线倾斜面时，可将滑动面上土体按折线段垂直划分为若干土块，自上而下依次计算各块的剩余下滑力，由最后一条土块的剩余下滑力判断路基的稳定性。

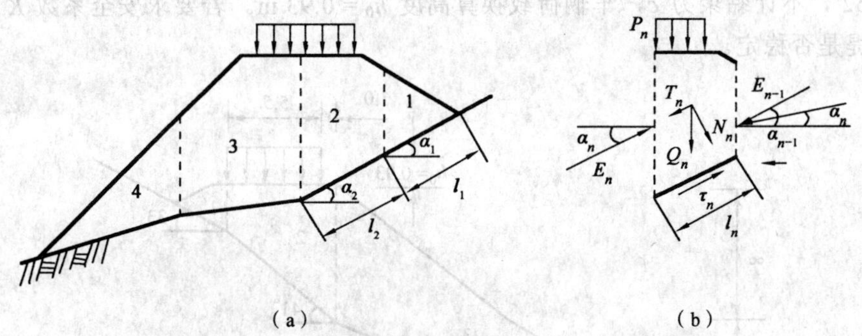

图 3.11　陡坡路堤折线形滑动面稳定性分析示意图

其计算公式为：

$$E_n = [T_n + E_{n-1}\cos(\alpha_{n-1} - \alpha_n)] - \frac{1}{K}\{[N_n + E_{n-1}\sin(\alpha_{n-1} - \alpha_n)]\tan\varphi_n + c_n L_n\} \tag{3.13}$$

式中　E_n —— 第 n 个条块的剩余下滑力（kN）；

T_n —— 第 n 个条块的自重 Q_n 与荷载 P_n 的切向下滑力（kN），$T_n = (Q_n + P_n)\sin\alpha_n$；

N_n —— 第 n 个条块的自重 Q_n 与荷载 P_n 的法向分力（kN），$N_n = (Q_n + P_n)\cos\alpha_n$；

α_n —— 第 n 个条块滑动面分段的倾斜角（°）；

φ_n —— 第 n 个条块滑动面上软弱土的内摩擦角（°）；

c_n —— 第 n 个条块滑动面上软弱土的黏聚力（kPa）；

L_n —— 第 n 个条块滑动面分段的长度（m）；

E_{n-1} —— 上一个（第 $n-1$）条块传递而来的剩余下滑力（kN）；

α_{n-1} —— 上一个（第 $n-1$）条块滑动面分段的倾斜角（°）。

计算时，若第 i 块的 $E_i \leqslant 0$，说明无剩余下滑力向下一块传递，不计入下一块土体。当最后一块的剩余下滑力 E_n 为零或负值，则整个路基不会沿该滑动面整体下滑；反之，则应采取稳定或加固措施。

三、陡坡路堤稳定措施

验算最后一块土体剩余下滑力大于零时，需要采取以下措施，以增加陡坡路堤稳定性。

1. 改善基底，增加滑动面的抗滑力或减少滑动力

常使用的方法有：开挖台阶，放缓边坡，以减少下滑力；清除坡积层，夯实基底，使路堤置于密实的稳定基础上；在路堤上侧开挖截水沟或边沟，以阻止地面水流浸湿滑动面；受地下水影响时，则设置渗沟以疏干基底土层。

2. 选择填料

常选择大颗粒填料嵌入地面，以增加接触面的摩擦系数。

3. 设置支挡结构物

当填土坡脚伸得过长且过薄时，可设置石砌护脚、干砌或浆砌挡土墙等。

【例 3.5】一陡坡路堤，其横断面如图 3.12 所示。已知填料重度 $\gamma = 18.7\ \text{kN/m}^3$，内摩阻角 $\varphi = 20°52'$，不计黏聚力 c，车辆荷载换算高度 $h_0 = 0.93$ m。若要求安全系数 $K = 1.25$，试验算该路堤是否稳定。

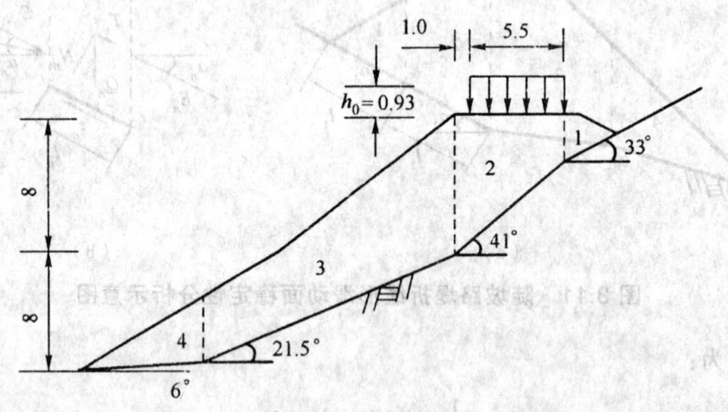

图 3.12　某折线形滑动面的陡坡路堤

【解】根据路堤边坡和堤底原地面形状，将路堤划分为 4 块。按式（3.13）计算各块土体剩余下滑力，计算过程及结果见表 3.3。

由计算结果可知，最后一块土体的剩余下滑力 $E_4 = 320.79\ \text{kN} > 0$，路堤不稳定，需采取措施加以处理。

表 3.3　按不平衡推力传递法验算边坡稳定性计算表

土块号	面积 A_n / m^2	$Q_n=\gamma A_n$ / kN	α_n	$\alpha_{n-1}-\alpha_n$	$Q_n\sin\alpha_n$ / kN
1	3.18	59.47	33°	—	32.39
2	31.9 + 5.09	692.18	41°	−8°	454.11
3	105.58	1 974.35	21.5°	19.5°	723.60
4	14.82	277.13	6°	15.5°	28.97

土块号	$\dfrac{Q_n\cos\alpha_n\tan\varphi}{K}$ / kN	$E_{n-1}\cos(\alpha_{n-1}-\alpha_n)$/ kN	$\dfrac{E_{n-1}\sin(\alpha_{n-1}-\alpha_n)\tan\varphi}{K}$ / kN	E_n / kN
1	15.21	—	—	17.18
2	159.31	17.01	−0.73	312.54
3	560.20	294.51	31.81	426.10
4	84.05	410.60	34.73	320.79

第三节　浸水路堤边坡稳定性分析

一、浸水路堤的特点

修筑在桥头引道、河滩及河流沿岸，受季节性或长期浸水的路堤，称为浸水路堤。这种路堤具有以下特点。

1. 稳定性受水位降落的影响

浸水路堤除承受普通路堤所承受的外力和自重外，还要承受水的浮力和渗透动水压力的作用。当河中水位上升时，水从边坡的一侧或两侧渗入路堤内，如图 3.13 中 A 所示；当水位降落时，水又从堤身向外流出，如图 3.13 中 B 所示。由于土体内的渗水速度和水位升降速度比堤外水位的涨落慢，所以在堤外水位升高时，堤内水位比降曲线（浸润曲线）呈凹形，而当堤外水位下降时，堤内水位比降曲线则呈凸形，渗透速度随土的性质不同而改变。

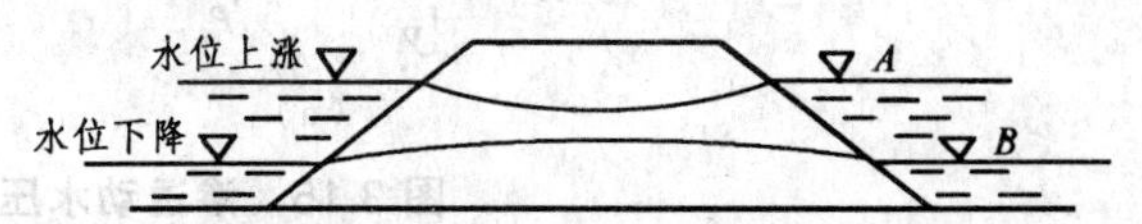

图 3.13　水位上涨时土体内的浸润曲线

A—水位上涨时；B—水位下降时

因此，当水位上涨时，土体内渗透浸润曲线比边坡外面水位低。土体除承受向上的浮力外，土粒还受到指向土体内部的动水压力作用，增加了路堤的稳定性。

当水位下降时，土体内部水向外流出需要较长时间。由于水位差异，其动水压力方向指向土体外面，剧烈地破坏边坡的稳定性，并可能产生边坡凸起和滑坡现象。堤外水位下降速度越快，边坡稳定性越低。另外，渗透水流能带走堤内的细小颗粒，从而引起路堤变形。

在河滩路堤和桥头引道外，路堤上游与下游的水位有时并不一致，可能产生横穿路堤的渗透，因此，即使上、下游水位相差不大，也需予以考虑（见图 3.14）。

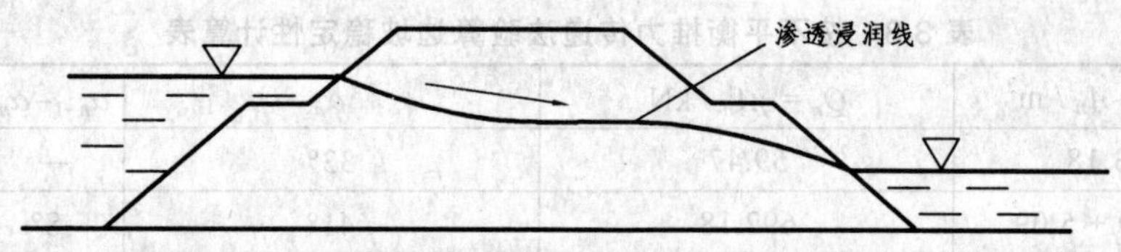

图 3.14　两侧水位出现高差时堤身内的渗透浸润曲线

2. 稳定性与路堤填料透水性有关

以黏性土填筑的路堤达到最佳密实度后，透水性很弱；以砂砾石土填筑的路堤，由于空隙大，透水性强。因此，水位涨落对这两种土的边坡稳定性的影响一般不大。属于中等透水性的土如亚砂土、亚黏土等路堤填料，在水位降落时，对边坡稳定性影响较大，需考虑动水压力的作用。因此，浸水路堤最好选用渗水性强的材料，如石质坚硬不易风化的块石、片石、碎石及砂砾等。若附近无此类材料或从远处运来不经济时，可采用黏土，但必须夯实，严格掌握压实标准。对浸水易崩解、风化的岩石，如页岩、千枚岩等，禁止使用。

二、浸水路堤渗透动水压力的计算

凡用黏性土填筑的浸水路堤（不包括透水性极小的纯黏土），必须进行渗透动水压力计算，如图 3.15 所示。

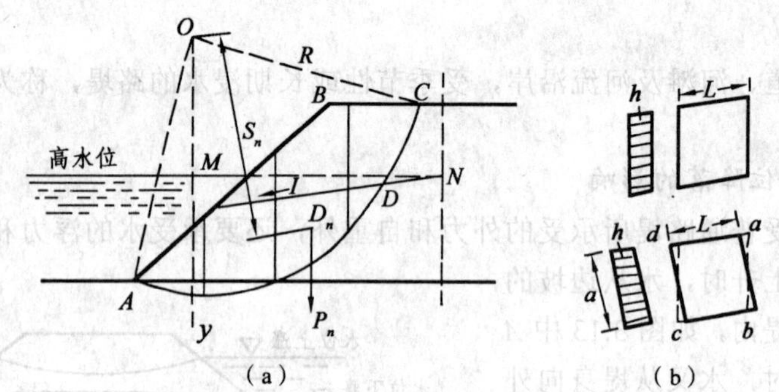

图 3.15　渗透动水压力计算示意图

渗透动水压力 D 可按下式计算：

$$D = I\Omega_{\mathrm{B}}\gamma_0 \tag{3.14}$$

式中　I —— 渗流水力坡降（取用浸润曲线的平均坡降）；

Ω_{B} —— 浸润线与滑动面之间的面积（m^2）；

γ_0 —— 水的重度，为计算方便，取 10 kN/m³。

三、浸水路堤边坡稳定性验算

河滩路堤的稳定性，应假定路堤处于最不利的情况下进行验算。其破坏一般发生在洪水位骤然降落的时候，验算方法与普通路堤稳定性验算无大差异，但需考虑浮力和动水压力作用。

1．验算方法

浸水路堤稳定性验算通常采用圆弧条分法，其稳定系数计算公式为：

$$K=\frac{M_R}{M_S}=\frac{\left(f_C\sum N_C+f_B\sum N_B+c_C L_C+c_B L_B\right)R}{\left(\sum T_C+\sum T_B\right)R+\sum D_n\cdot S_n}$$

$$=\frac{\left(f_C\sum N_C+f_B\sum N_B+c_C L_C+c_B L_B\right)}{\sum T_C+\sum T_B+\frac{\sum D_n\cdot S_n}{R}}$$

由于渗透动水压力一般很小，为了简化计算，分母第 3 项可用 D 代替，即：

$$K=\frac{f_C\sum N_C+f_B\sum N_B+c_C L_C+c_B L_B}{\sum T_C+\sum T_B+D} \tag{3.15}$$

式中 K——稳定系数（或安全系数），取 1.25～1.5；

M_R——抗滑力矩；

M_S——滑动力矩；

$f\sum N_C$——浸润线以上部分沿滑动面的内摩阻力，$f=\tan\varphi_C$；

$f\sum N_B$——浸润线以下部分沿滑动面的内摩阻力，$f=\tan\varphi_B$；

c_C，L_C——非浸水部分土体单位黏聚力和弧长；

c_B，L_B——浸水土体的单位黏聚力和浸水部分的弧长；

$\sum T_C$——浸润线以上部分沿滑动面的下滑力；

$\sum T_B$——浸润线以下部分沿滑动面的下滑力；

D——渗透动水压力；

D_n——分段渗透动水压力；

S_n——分段渗透动水压力作用线距圆心的垂直距离。

计算水位线以下土的浸水重度 γ_B 可按下式（考虑了水的浮力）计算：

$$\gamma_B=(\Delta-\Delta_0)(1-n)\gamma_0=\frac{\Delta-\Delta_0\gamma_0}{1+e} \tag{3.16}$$

式中 Δ——土的比重（即固体土粒重度对水重度之比），$\Delta=\gamma_s/\gamma_0$；

Δ_0——水的比重，一般可取 $\Delta_0=1$；

n——土的孔隙率，按下式计算：

$$n=\frac{e}{1+e}$$

e——土的孔隙比。

2．不同条件下的浸水路堤稳定性验算

1）浸水黏性土路堤边坡的稳定性验算

用黏土填筑的路堤几乎是不透水的，堤外水位涨落对土体内部影响较小，可以认为不发生渗流动水压力，其验算与一般路堤边坡稳定性验算相同。

2）路堤左、右两侧水位不同时边坡的稳定性验算

河滩路堤常由于桥前积水或河水猛涨，使路堤左、右侧产生水位差。若路堤用透水性较强的土填筑，则会发生横穿路堤的渗透，这个作用力一般较小，可以不计。如果路堤采用不透水材料填筑，则不会发生横穿渗透现象，故也不计算。当路堤用普通土（如亚砂土或亚黏土）填筑，浸水后土体内产生动水压力，则须绘出土体内浸润曲线，然后用前述方法进行验算。

3）混合断面的边坡稳定性验算

混合断面的边坡稳定性验算方法仍与前同。如下面填的是透水材料，在验算时依滑动面穿过的不同土层，分别采用各层土的不同物理力学数据（即各层不同的 c、φ、γ 值）进行验算。

思考与练习

3.1 直线滑动面法和圆弧滑动面法各自的适应条件是什么？

3.2 在路基稳定性验算中，已求得某个滑动面上的稳定系数 $K=1.5$，试问该路堤边坡是否稳定？为什么？

3.3 什么叫浸水路堤？哪种情况下需计入渗透动水压力的影响？

3.4 在路基边坡稳定性验算中，浸水路堤与普通路堤有何区别？

3.5 什么是陡坡路堤？增强陡坡路堤稳定性的措施有哪些？

3.6 已知某路堤由双层土组成：上层边坡坡率为 1∶1.5，土层高度为 8 m，上层土体的重度为 17.5 kN/m^3，内摩擦角为 30°，黏聚力为 5.0 kPa；下层边坡坡率为 1∶1.75，土层高为 7 m，下层土体的重度为 19.0 kN/m^3，内摩擦角为 40°，黏聚力为 2.0 kPa。试确定边坡稳定性验算参数。

3.7 图 3.16 为一路堤横断面，已知填料为砂性土，重度 $\gamma=18.62$ kN/m^3，内摩擦角 $\varphi=35°$，黏聚力 $c=0.98$ kPa。试问该路堤边坡会不会沿滑动面 AB 产生滑动？

3.8 图 3.17 所示为一高路堤横断面，设填土重度 $\gamma=18.13$ kN/m^3，黏聚力 $c=1.47$ kPa，内摩擦角 $\varphi=20°30'$，$R=40$ m，$\theta=85°$，滑动土体各分条的面积分别为 $A_1=15$ m^2，$A_2=24.25$ m^2，$A_3=40$ m^2，$A_4=15$ m^2，其余条件如图所示。试计算该滑动面稳定系数 K。

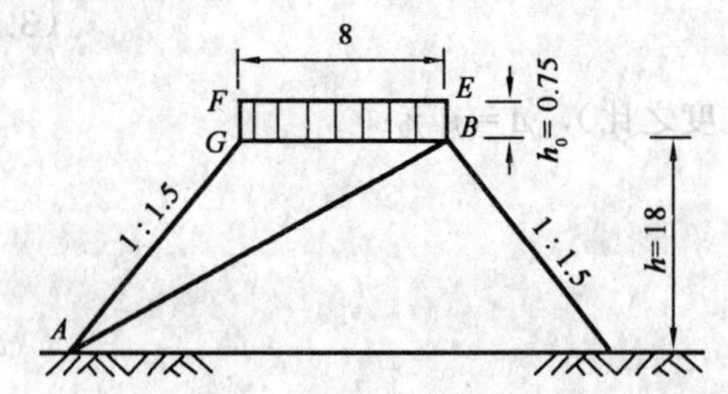

图 3.16 思考与练习题 3.7 图（尺寸单位：m）

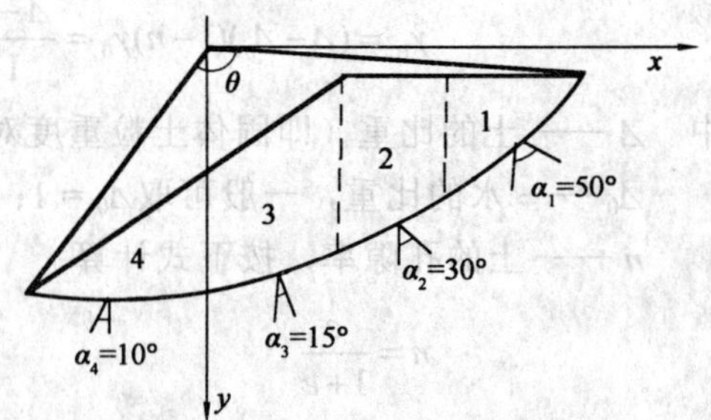

图 3.17 思考与练习题 3.8 图

第四章 路基排水设计

学习目标

① 了解路基排水的目的及一般设计原则。

② 熟悉地面及地下排水设施的构造及布置。

③ 明确排水系统综合设计的意义及基本要求。

第一节 路基排水的目的及设计一般原则

一、路基排水的目的与要求

路基的强度和稳定性与水的关系十分密切。路基的病害有多种，形成病害的原因也很多，但水的作用是主要因素之一，因此，路基设计、施工和养护中，必须十分重视路基排水工程。根据水源的不同，影响路基的水流可分为地面水和地下水两大类，与此相适应的路基排水工程可分为地面排水和地下排水。

地面水包括大气降水（雨和雪）以及海、河、湖、水渠、水库水等。地面水对路基产生冲刷和渗透，冲刷可能导致路基整体稳定性受损害，造成水毁。渗入路基土体的水分，使土体过湿而降低土基强度。

地下水包括上层滞水、潜水、层间水等。它们对路基的危害程度，因条件不同而异。轻者使路基湿软，降低路基强度；重者会引起冻胀、翻浆或边坡坍滑，甚至整个路基沿倾斜基底滑动。

路基设计时，必须将影响路基稳定性的地面水排除和拦截在路基用地范围以外，并防止地面水漫流、滞积或下渗。

对影响路基稳定性的地下水，则应予以隔断、疏干、降低，并引到路基范围以外适当的地点，将土基湿度降低到一定范围内，保持路基常年处于干燥状态，确保路基、路面具有足够的强度和稳定性。

路基施工中，首先应校核全线排水系统的设计是否完备和妥善，必要时予以补充或修改，应重视排水工程的质量和使用效果。

此外，应根据实际情况，设置施工现场的临时性排水措施，保证路基土石方及附属结构在正确条件下进行施工作业，消除路基基底和土体内与水有关的隐患，保证路基工程质量。

路基养护中，对排水设施应定期检查与维修，保持排水设施的正常使用，水流要畅通，并根据实际情况不断改善路基排水条件。

二、路基排水设计的一般原则

（1）排水设计要因地制宜、全面规划，因势利导、综合整治，讲求实效、注意经济，充分利用有利地形和自然水系。一般情况下，地面和地下设置的排水沟渠宜短不宜长，以使水流不过于汇集，做到及时疏散，就近分流。

（2）各种路基排水沟渠的设置，应注意与农田水利相配合，必要时可适当增设涵管或加大涵管孔径，以防农业用水影响路基的稳定性，并做到路基排水有利于农田灌溉。路基边沟一般不用做农田灌溉渠道，两者必须合作并使用时，边沟的断面应加大，并予加固，以防止水流危害路基。

（3）设计前必须进行调查研究，查明水源与地质条件，重点路段要进行排水系统的全面规划，考虑路基排水与桥涵布置相配合，地面排水与地下排水相配合，各种排水沟渠的平面布置与竖向布置相配合，做到综合整治、分期修建。对于排水困难和地质不良的路段，还应同路基防护与加固相配合，并进行特殊设计。

（4）路基排水要注意防止附近山坡的水土流失，尽量不破坏天然水系。不轻易合并自然沟溪和改变水流性质，尽量选择有利地质条件布设人工沟渠，减少排水沟渠的防护与加固工程。对于重点路段的重要排水设施，以及土质松软和纵坡较陡地段的排水沟渠，应进行必要的防护与加固。

（5）路基排水要结合当地水文条件和道路等级等具体情况，注意就地取材，以防为主，既要稳固适用，又必须讲求经济效益。

第二节　地面排水设施的构造与布置

常用的路基地面排水设施有：边沟、截水沟、排水沟、跌水、急流槽、倒虹吸、渡水槽及蒸发池等。这些排水设施分别设在路基的不同部位，它们各自的排水功能和构造形式分述如下。

一、边　沟

边沟的排水量不大，一般不需要进行水文、水力计算，依沿线具体条件，选用标准横断面形式。边沟紧靠路基，通常不允许其他排水沟渠的水流引入，也不能与其他人工沟渠合并使用。

1. 边沟的纵坡及坡长

边沟设置在挖方路基的路肩外侧或低路堤坡脚外侧，多与路中线平行，用以汇集和排除路基范围内和流向路基的少量地面水。

边沟不宜过长。尽量使沟内水流就近排到路旁自然水沟或低洼地带，必要时增设涵洞，将边沟水引入路基另一侧排出。边沟的纵坡（出水口附近除外）一般与路线纵坡一致，平坡路段，边沟仍应保持 0.3%～0.5%的最小纵坡。边沟出水口附近，以及排水困难路段（如回头曲线和路基超高较大的平曲线等处），应进行特殊设计。

2. 边沟的横断面形式及尺寸

边沟的横断面形式有梯形、矩形、三角形及流线型等，如图 4.1 所示。

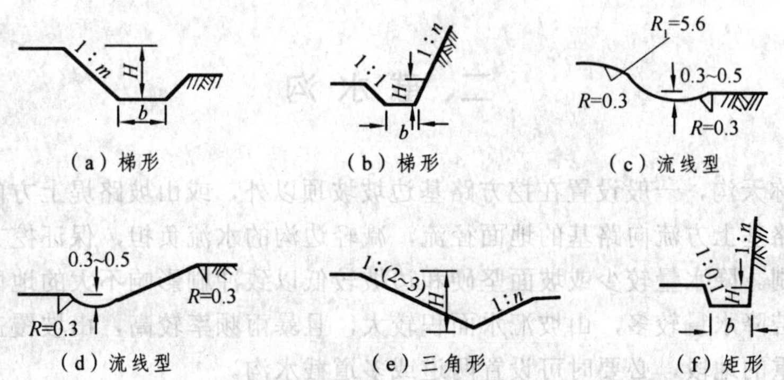

图 4.1 边沟的横断面形式（尺寸单位：m）

土质或软弱石质边沟，一般用梯形，其底宽与深度为 0.4～0.6 m，干旱地区或水流少的路段，取低限但不得小于 0.3 m，降水量集中或地势低洼路段取高限或更大。梯形边沟内侧边坡一般为 1∶(1～1.5)，石质或铺砌加固可取直坡，外侧边坡通常与挖方边坡一致。

石质或铺砌式边沟，常用矩形或近似梯形，以减少沟顶宽度。少雨浅挖地段土质边沟可采用三角形断面，其内侧边坡宜采用 1∶(2～3)，外侧边坡坡度与挖方边坡坡度相同。三角形边沟的水流条件较差、流量较大时，沟深宜适当加大。流线型边沟，是将路堤横断面的边角修整圆滑，可以防止路基旁侧积沙或堆雪，适用于沙漠或积雪地区的路基。

3. 边沟出水口处理

边沟的出水口附近，水流冲刷比较严重，必须慎重布置和采取相应措施。图 4.2 是路堑与高路堤衔接处的边沟排水布置图。由于边沟泄出水流流向路基坡脚，两者高差大，必须因地制宜，根据地形、地质等具体条件，将出水口延伸至坡脚以外，以免边沟水冲刷填方坡脚。

边沟水流向桥涵进水口时，为避免边沟流水产生冲刷，应作适当处治，图 4.3 所示为在

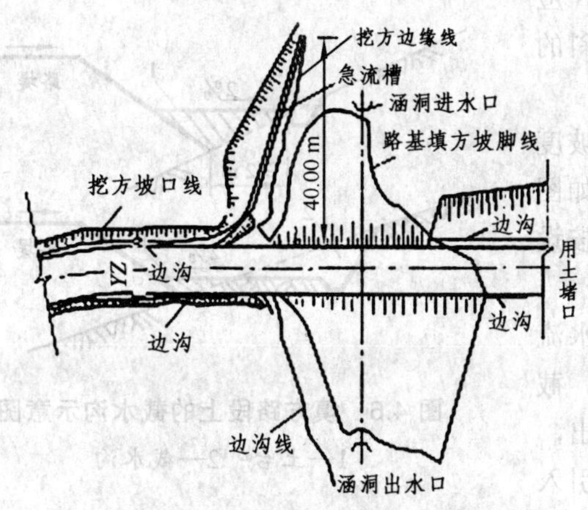

图 4.2 路堑与高路堤的边沟出口布置图

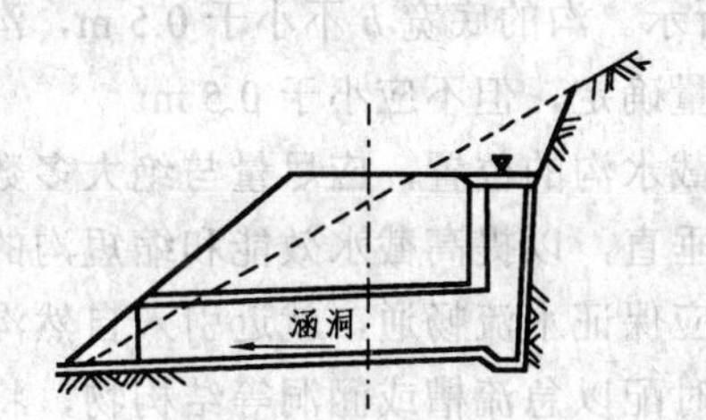

图 4.3 涵洞进口处所设窨井的剖面图

涵洞进口设置窨井。此外，还应根据地形等条件，在桥涵进口前或其他水流落差较大处，设置跌水或急流槽等结构物，将水流引入桥涵或其他指定地点。

当边沟水流流至回头曲线处，一般边沟水较满，流速较大，此时宜顺着边沟方向沿山坡设置引水沟，将水引到路基范围以外的自然沟中，或设急流槽、涵洞等结构物，将水引下山坡或路基另一侧，以免对回头曲线路段冲刷。

二、截水沟

截水沟又称天沟，一般设置在挖方路基边坡坡顶以外，或山坡路堤上方的适当地点，用以拦截并排除路基上方流向路基的地面径流，减轻边沟的水流负担，保证挖方边坡和填方坡脚不受水流冲刷。降水量较少或坡面坚硬和边坡较低以致冲刷影响不大的地段，可以不设截水沟；反之，若降水量较多，山坡汇水面积较大，且暴雨频率较高，山坡覆盖层较松软，水土流失比较严重的地段，必要时可设置两道或多道截水沟。

图 4.4 所示为设置在路堑边坡上方的截水沟。图中距离 d 一般为 5.0 m，土质不良地段可取 10.0 m 或更大。截水沟下方一侧，可堆置挖沟的土方，要求做成顶部向沟倾斜 2%的土台。路堑上方设置弃土堆时，截水沟位置及尺寸如图 4.5 所示。

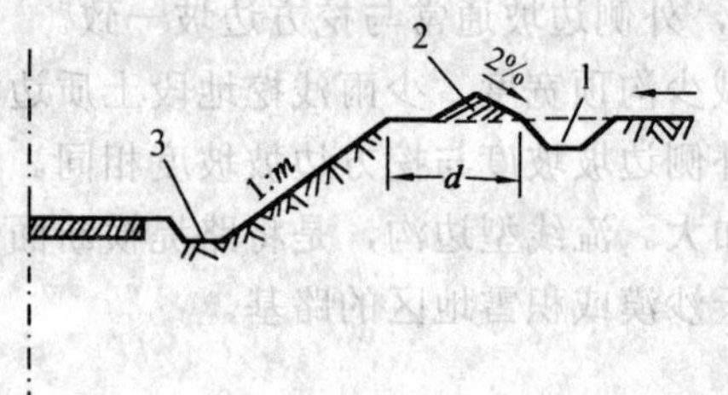

图 4.4 挖方路段（路堑）截水沟示意图

1—截水沟；2—土台；3—边沟

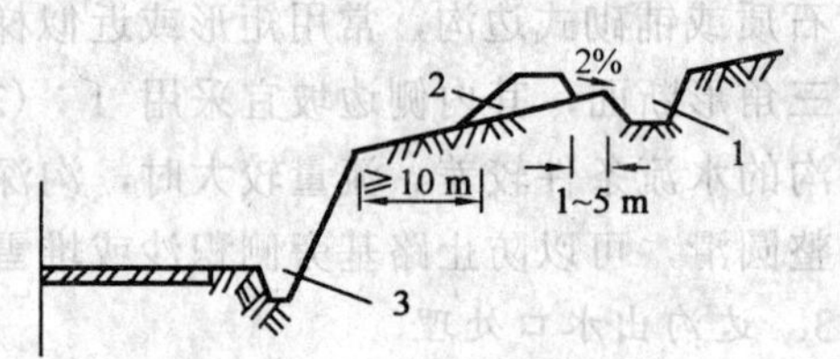

图 4.5 挖方路段（路堑）弃土堆与截水沟的关系

1—截水沟；2—弃土堆；3—边沟

山坡填方路段可能遭到上方水流的破坏作用，此时必须设置截水沟，拦截山坡水流，保护路堤。如图 4.6 所示，截水沟与坡脚之间，应有不小于 2.0 m 的间距，并做成 2%向沟倾斜的横坡，确保路堤不受水害。

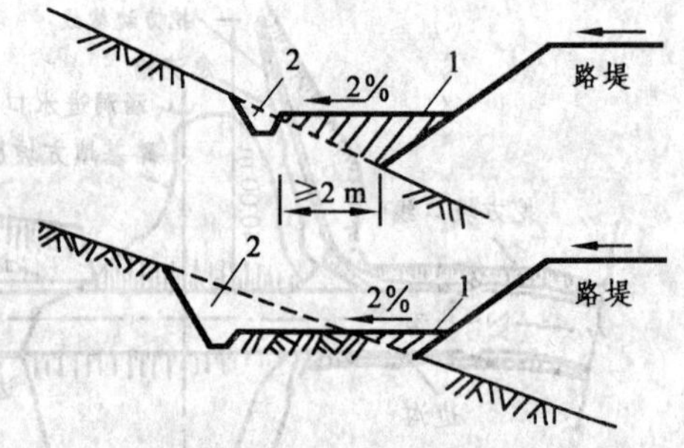

图 4.6 填方路段上的截水沟示意图

1—土台；2—截水沟

截水沟的横断面形式一般为梯形，边坡坡度因土质条件而定，一般采用 1∶(1.0～1.5)，如图 4.7 所示。沟的底宽 b 不小于 0.5 m，沟深 h 按设计流量确定，但不应小于 0.5 m。

截水沟的位置，应尽量与绝大多数地面水流方向垂直，以提高截水效能和缩短沟的长度。截水沟应保证水流畅通，就近引入自然沟内排出，必要时配以急流槽或涵洞等结构物，将水流引入指定地点。

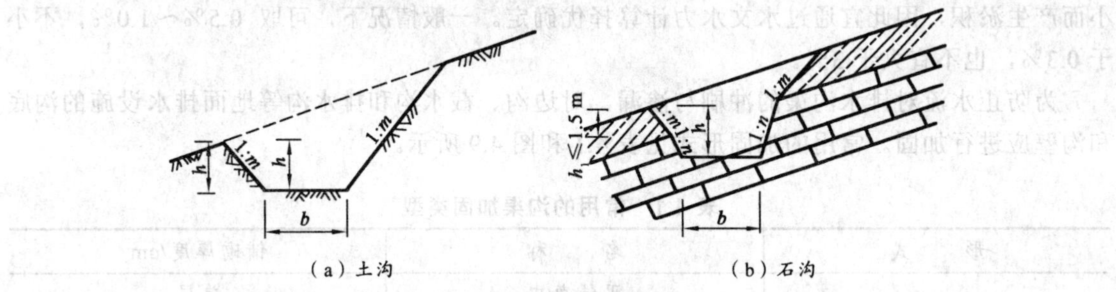

图 4.7　截水沟的横断面

截水沟的沟底应具有不小于 0.3%以上的纵坡，沟底和沟壁要求平整密实、不渗水、不滞水，必要时予以加固和铺砌。截水沟长度一般以 200～500 m 为宜。

三、排水沟

排水沟的主要用途在于引水，将路基范围内各种水源的水流（如边沟、截水沟、取土坑、边坡和路基附近积水）引至桥涵或路基范围以外的指定地点。当路线受到多段沟渠或水道影响时，为保护路基不受水害，可设置排水沟，或改移渠道，以调节水流，整治水道。

排水沟的横断面形式一般采用梯形，尺寸大小应经水力水文计算确定。用于边沟、截水沟及取土坑出水口的排水沟，由于流量较小，不需特殊计算，但底宽和深度不宜小于 0.5 m，土沟的边坡坡度为 1∶(1～1.5)。

排水沟的位置，可根据需要并结合当地地形条件而定，离路基尽可能远些，距离路基坡脚不宜小于 2 m，平面上力求直接，需转弯时也尽量圆顺，做成弧形，其半径不小于 10～20 m。连续长度宜短，一般不超过 500 m。

排水沟水流进入其他沟渠或水道时，应使原水道不冲刷或淤积。一般应使排水沟与原水道两者呈锐角相交，交角不大于 45°，有条件时可用半径 $R = 10b$（b 为沟顶宽）的圆曲线向下游与其他水道相接，如图 4.8 所示。

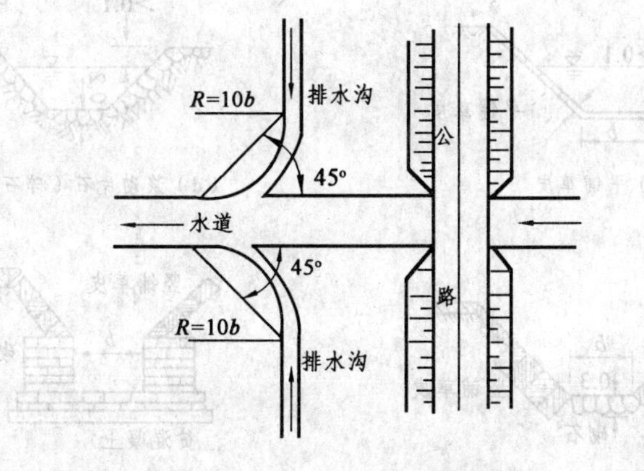

图 4.8　排水沟与水道的衔接

排水沟应具有合适的纵坡，以保证水流畅通，不致流速太大而产生冲刷，也不可流速太小而产生淤积，因此宜通过水文水力计算择优确定。一般情况下，可取 0.5%～1.0%，不小于 0.3%，也不宜大于 3%。

为防止水流对排水沟渠的冲刷与渗漏，对边沟、截水沟和排水沟等地面排水设施的沟底和沟壁应进行加固。常用的加固形式见表 4.1 和图 4.9 所示。

表 4.1　常用的沟渠加固类型

形　式	名　称	铺砌厚度/cm
简易式	平铺草皮	单层
	竖铺草皮	叠铺
	水泥砂浆抹平层	2～3
	石灰三合土抹平层	3～5
	黏土碎（砾）石加固层	10～15
	石灰三合土碎（砾）石加固层	10～15
干砌式	干砌片石	15～25
	干砌片石砂浆勾缝	15～25
	干砌片石砂浆抹平	20～25
浆砌式	浆砌片石	20～25
	混凝土预制块	6～8
	砖砌水槽	沟底砌两层砖

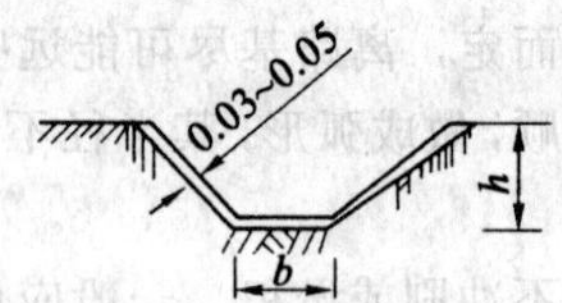

(a) 石灰三合土抹平层

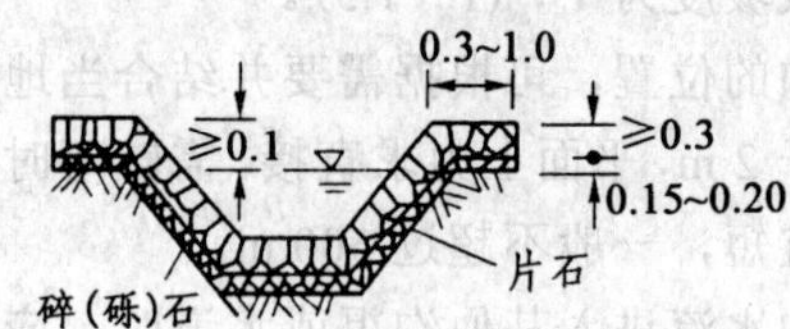

(b) 干砌片石（碎石垫平）

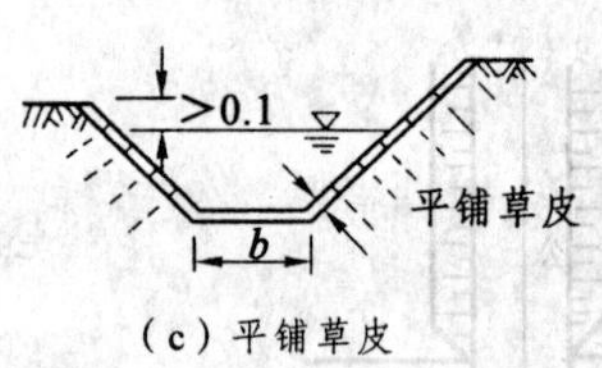

(c) 平铺草皮

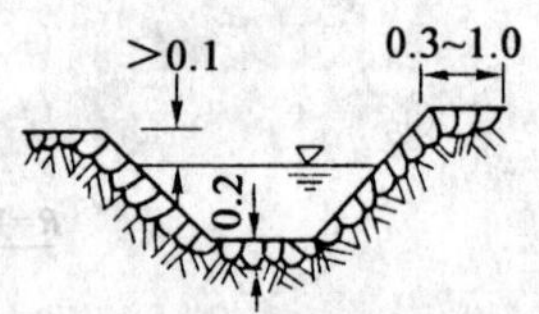

(d) 浆砌片石（碎石垫平）

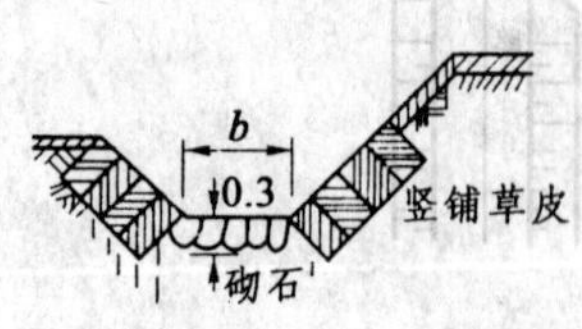

(e) 竖铺草皮，砌石底

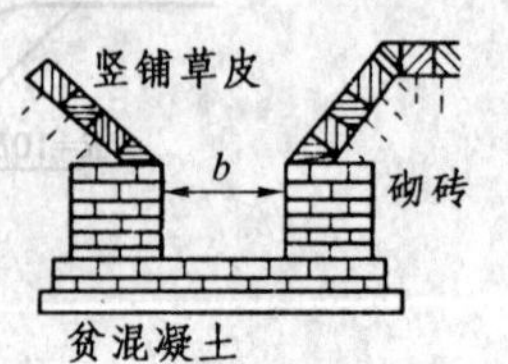

(f) 砖砌水槽

图 4.9　沟渠加固断面图（尺寸单位：m）

四、跌水与急流槽

跌水与急流槽是路基地面排水沟渠的特殊形式，用于陡坡地段排水，沟底纵坡可达45°。由于纵坡陡，水流速快，冲刷力强，要求跌水与急流槽的结构必须稳固耐久，一般宜采用浆砌块石或混凝土预制块砌筑，并具有相应的防护与加固措施。

1. 跌　水

跌水的构造有单级和多级之分，沟底也有等宽和变宽两种。单级跌水适用于排水沟渠连接处，由于水位落差较大，主要可消能或改变水流方向。如路基边沟水通过涵洞排泄时，在涵洞的进口设置单级跌水，如图4.10所示。较长陡坡地段的沟渠，为减小水流速度和消能，可采用多级跌水，如图4.11所示。多级跌水底宽和每级长度可根据实地需要，采用各自相等的对称形，也可做成变宽或不等长度与高度。

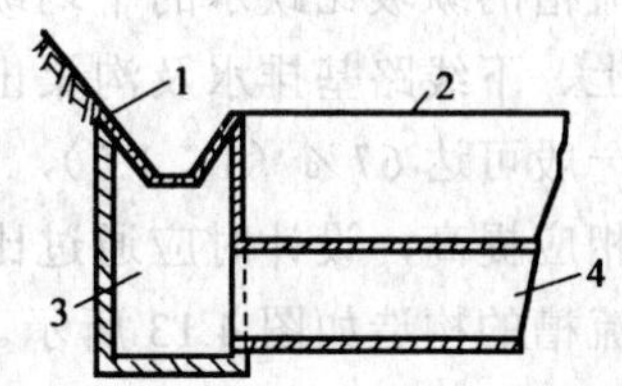

图4.10　边沟与涵洞单级跌水连接

1—边沟；2—路基；3—跌水井；4—涵洞

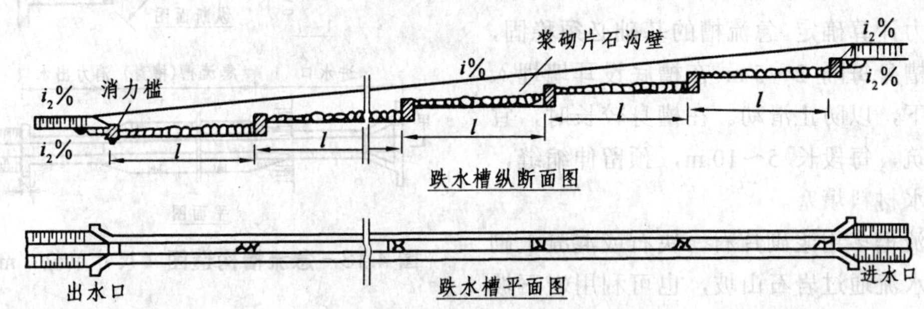

图4.11　固定底宽的多级跌水结构图

根据水力计算特点，跌水由进水口、跌水槽和出水口三部分组成，各组成部分的尺寸由水力计算而定。其中跌水槽部分由跌水墙、平台和消能设备组成，如图4.12所示。一般情况

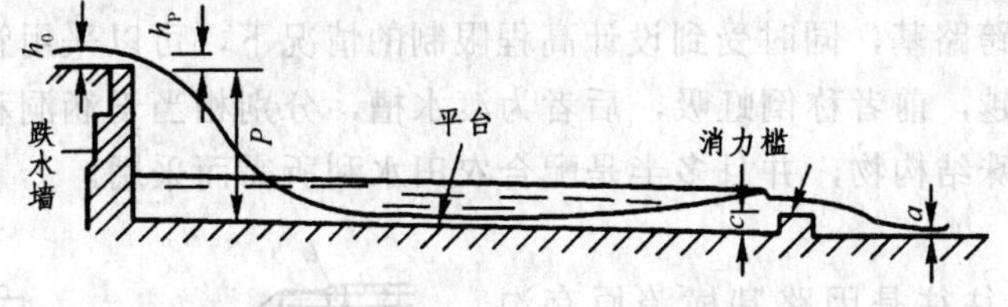

图4.12　跌水槽构造图（尺寸单位：m）

下，若地质条件良好，地下水位较低，设计流量小于1.0～2.0 m^3/s，跌水台阶（跌水墙）高度 P 最大不超过2.0 m。常用的简易多级跌水，台高0.4～0.5 m，跌水墙用石砌或混凝土结构，墙基埋深为水深 a 的1.0～1.2倍，且不小于1.0 m，冰冻地区应深入冻结线以下，石砌墙厚0.25～0.30 m。消力池起消能作用，要求坚固稳定，底部有1%～2%的纵坡，底厚0.35～0.40 m，

壁高至少应比计算水深大 0.2 m，壁厚与跌水墙厚度相仿。消力池末端设有消力槛，槛高 c 依计算而定，要求低于池内水深，约为跌水墙高度的 1/5～1/4，即 $c=(0.2\sim0.25)P$，一般取 $c=15\sim20$ cm。消力槛顶部厚度为 0.3～0.4 m，底部预留孔径为 5～10 cm 的泄水孔，以利于水流中断时排泄池内的积水。

跌水两端的土质沟渠，应注意加固，保持水流畅通，不致产生水流冲刷和淤积，以充分发挥跌水的排水效能。

2. 急流槽

急流槽的纵坡比跌水的平均纵坡更陡，结构的坚固稳定性要求更高，是山区公路回头曲线沟通上、下线路基排水及沟渠出水口的一种常见排水设施。急流槽主体部分的纵坡依地形而定，一般可达 67%（1∶1.5），如果地质条件良好，需要时还可以更陡，但结构要求更严，造价也相应提高，设计时应通过比较确定。

急流槽的构造如图 4.13 所示。按水力计算特点，也由进水口、急流槽（槽身）和出水口三部分组成。

急流槽的进、出水口与槽身连接处，若沟槽横断面不同，为了能平顺衔接，可设过渡段，出水口部分设消力池。各部分的尺寸，根据水力计算确定。急流槽的基础必须稳固，端部及槽身每隔 2～5 m 在槽底设耳墙埋入地面以下，以防止滑动。在槽身较长时，宜分段砌筑，每段长 5～10 m，预留伸缩缝，并用防水材料填塞。

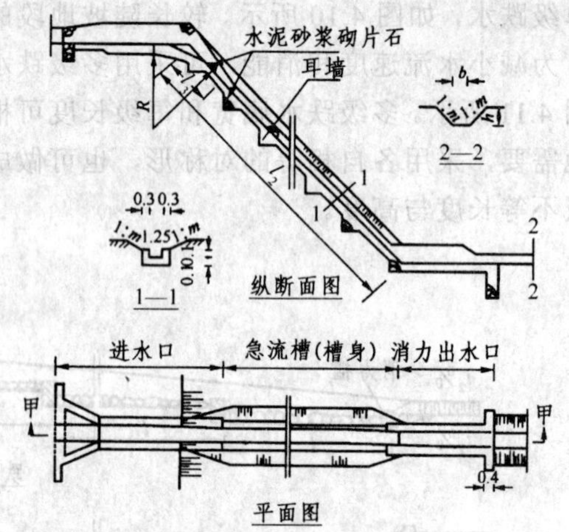

图 4.13　急流槽构造图（尺寸单位：m）

急流槽多用浆砌片石、块石或混凝土砌筑。若水流通过岩石山坡，也可利用岩石坡面挖槽。如果工程临时急需，可就近取材，采用木槽。

五、倒虹吸与渡水槽

当水流需要横跨路基，同时受到设计高程限制的情况下，可以采用管道或沟槽，从路基底部或上部架空跨越，前者称倒虹吸，后者为渡水槽，分别相当于涵洞和渡水桥，两者属于路基地面排水的特殊结构物，并且多半是配合农田水利所需而采用。

1. 倒虹吸

倒虹吸的设置往往是因路基横跨原有沟渠，且沟渠水位高于路基设计高程，不能按正常条件下设置涵洞，此时采用倒虹吸是可行的方案之一，图 4.14 为一倒虹吸布置方案。

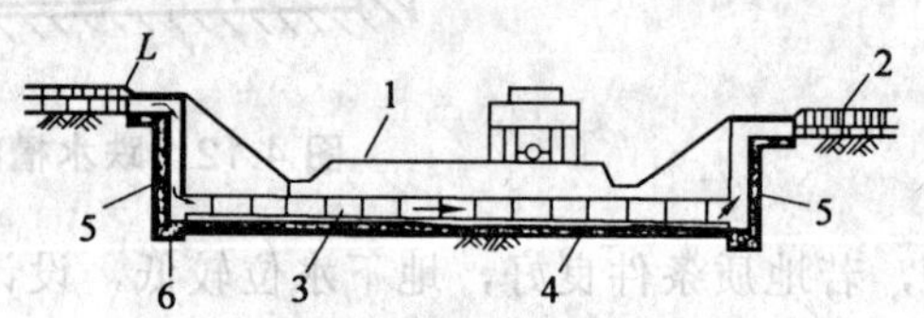

图 4.14　竖井式倒虹吸布置图

1—路基；2—原沟渠；3—洞身；4—垫层；5—竖井；6—沉淀池

倒虹吸借助上、下游沟渠水位差，采用势能迫使水流降落，经路基下部管道流向路基另一侧，再复升流入下游沟渠。由于所设管道为有压管道，竖井式倒虹吸的水流要多次垂直改变方向，水流条件较差，结构要求高，容易漏水和淤塞，清理和修复困难。因此，应尽量不用或少用，若用则需合理设计，进行水力计算，选择最佳设计方案，保证施工质量，使用过程中经常检查维修。

倒虹吸管道有箱形和圆形两种，以混凝土和钢筋混凝土结构为主，临时性简易管道可用砖石结构，永久性或急需时也可改用钢铁管道。管道孔径为 0.5～1.5 m，管道附近的路基填土厚度一般不小于 1.0 m，以免行车荷载压力过于集中，严寒地区也可赖以防冻。由于倒虹吸泄水能力有限，为便于施工和养护，管道也不宜埋置过深，以填土高度不超过 3.0 m 为宜。

倒虹吸管两端设竖井，井底高程低于管道，起沉淀泥沙和杂物的作用。也可改用斜管式或缓坡式，以代替竖井式升降管，此时水流条件有所改善，但路基用地宽度增大，管道长度增加。为减少堵塞现象，设计时要求管道内的水流速度不小于 1.5 m/s，并在进口处设置沉淀池和拦泥栅，如图 4.15 所示。

倒虹吸管进口处所设的沉沙池位于原沟渠与管道之间的过渡段，池底和池壁采用砌石抹面或混凝土，厚度为 0.3～0.4 m（砌石）或 0.25～0.30 m（混凝土），池的容量以不溢水为度。水流经过沉沙池后，水中仍含有细粒泥沙或轻质漂浮物，可设网状拦泥栅予以清除，确保虹吸管道不致堵塞，但拦泥栅本身容易被堵塞，需经常清理，以保证水流畅通，避免沉沙池和沟渠溢水而危害路基。倒虹吸的出口，也应设过渡段与下游沟渠平顺衔接，对原土质沟渠应进行适当加固。

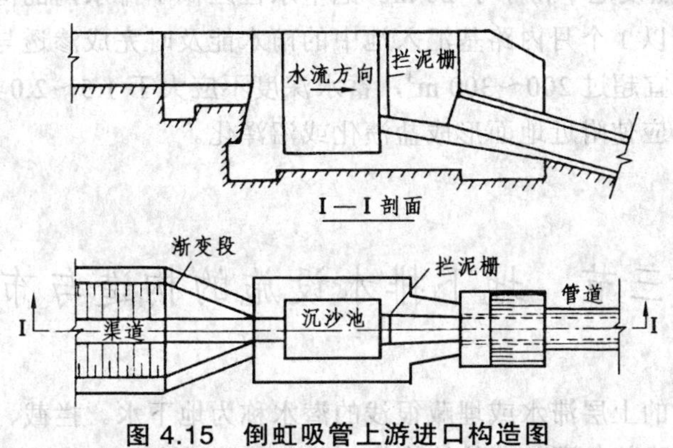

图 4.15　倒虹吸管上游进口构造图

2. 渡水槽

渡水槽相当于渡水桥，如图 4.16 所示。其作用是在路基上空将两侧沟渠连接起来，以保证水流畅通。当原水道与路基设计高程相差较大，且路基两侧地形有利，或当地确有必要，可采用架设渡水槽或管道方案，沟通路基两侧的水流。

渡水槽的受力特点与桥梁相似，故其设计方法也与桥梁相近。但由于其主要作用是输水，所以除在结构上应具有足够强度外，还必须考虑输水能力，进、出口水流的衔接，以及防止冲刷和渗漏等。此外，渡水槽的架设应满足道路对净空和美化的要求。

渡水槽由进（出）水口、槽身和下部支承三部分组成，其中进（出）口段的构造如图 4.17 所示。为节省工程造价，槽身横断面一般均较两端沟渠的横断面小，槽中水流速度相应有所提高，因此，进、出口段应注意防止冲刷和渗漏。进、出水口处设置过渡段，并根据土质情况，分别将槽身伸入路基两侧地面 2～5 m，且出水口过渡宜长一些，以防淤积。如果主槽较短，可不设过渡段，取槽身与沟渠断面相同，沟槽直接衔接。水流断面不同时，过渡段的平面收缩角为 10°～15°，据此确定过渡段的有关尺寸。与槽身连接的土质沟渠，应予以防护加固，其长度至少是沟渠水深的 4 倍。

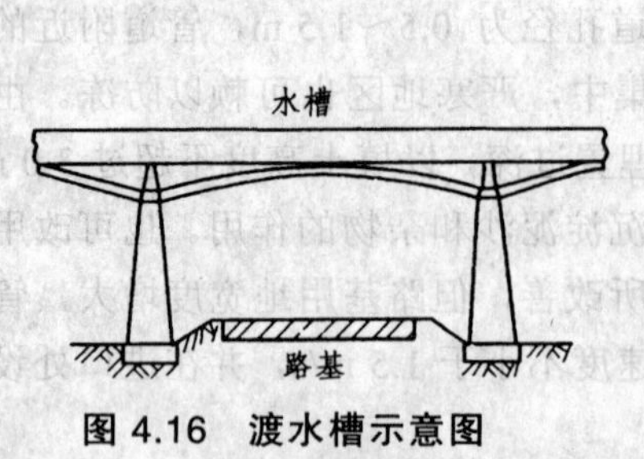

图 4.16　渡水槽示意图

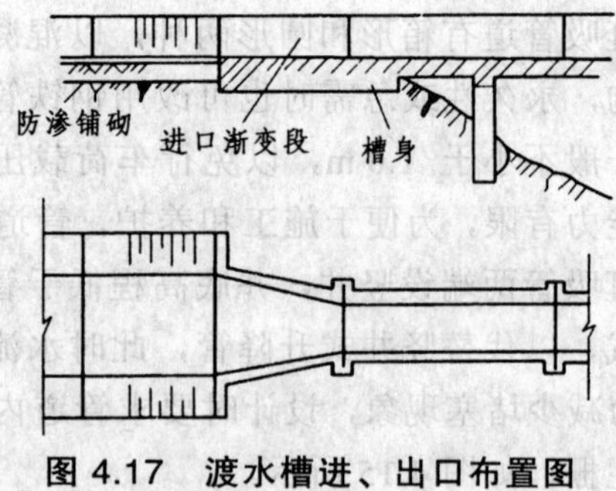

图 4.17　渡水槽进、出口布置图

六、蒸发池

气候干旱、排水困难地段，可利用沿线的集中取土坑或专门设置蒸发池排除地表水。

蒸发池与路基边沟（或排水沟）间应设排水沟连接。蒸发池边缘与路基边沟距离不应小于 5 m，面积较大的蒸发池不得小于 20 m。池中水位应低于排水沟的沟底。

蒸发池的容量应以 1 个月内路基汇入池中的雨水能及时完成渗透与蒸发为设计依据。每个蒸发池的容水量不宜超过 200～300 m^3，蓄水深度不应大于 1.5～2.0 m。

蒸发池的设置不应使附近地面形成盐渍化或沼泽化。

第三节　地下排水设施的构造与布置

路基边坡土体中的上层滞水或埋藏很浅的潜水称为地下水。拦截、汇集和排除地下水，或降低地下水位，使路基免遭破坏的结构物，称为地下排水结构物。公路上常用的地下排水结构物有盲沟、渗沟和渗井等，其特点是排水量不大，主要以渗流方式汇集水流，并就近排出路基范围以外。对于流量较大的地下水，应设置专用地下管道予以排除。

由于地下排水设施埋置于地面以下，维修困难，投资大，因此要求地下排水设施牢固有效。

一、暗沟（盲沟）

相对于地面排水的明沟而言，暗沟又称盲沟。根据构造特点，由于沟内分层填以大小不同的颗粒材料，利用渗水材料透水性将地下水汇集于沟内，并沿沟排泄至指定地点，此种构造相对于管道流水而言，习惯上称之为盲沟，在水力特性上属于紊流。

图 4.18 所示为埋置于一侧边沟下的盲沟。它用以拦截流向路基的层间水，防止路基边坡滑坍和毛细水上升危及路基的强度与稳定性。

图 4.19 所示为路基两侧边沟下设置的盲沟。它用以降低地下水位，防止毛细水上升至路基工作区范围内，形成水分积聚而造成冻胀和翻浆，或土基过湿而降低强度。

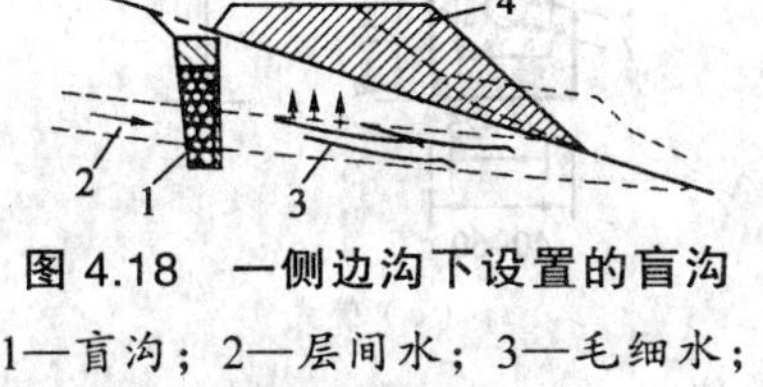

图 4.18　一侧边沟下设置的盲沟

1—盲沟；2—层间水；3—毛细水；4—可能滑坡线

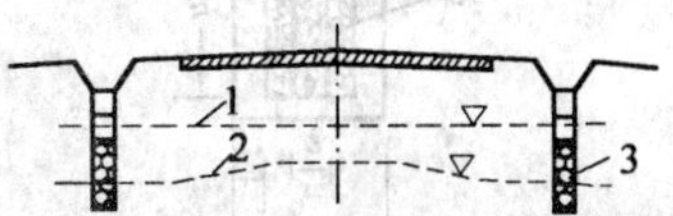

图 4.19　两侧边沟下设置的盲沟

1—原地下水位；2—降低后的地下水位；3—盲沟

图 4.20 所示为设在路基挖方与填方交界处的横向盲沟。它用以拦截和排除路堑下面层间水或小股泉水，使路堤填土不受水害。

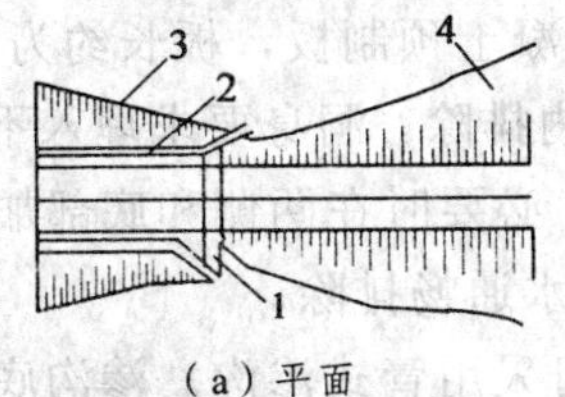

（a）平面

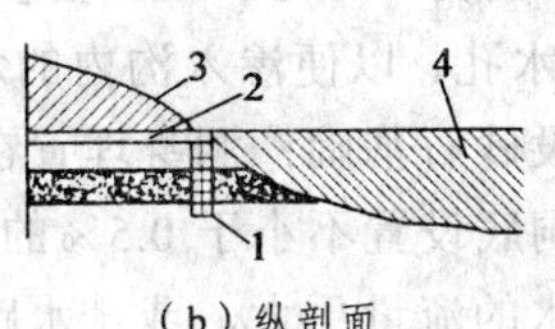

（b）纵剖面

图 4.20　挖填方交界处的横向盲沟

1—盲沟；2—边沟；3—路堤；4—路堑

简易盲沟的沟槽内全部填满颗粒材料，沟的横断面为矩形，也可做成上宽下窄的梯形，沟壁倾斜度约为 1∶0.2，底宽 b 与深度 h 大致为 1∶3，h 为 1.0～1.5 m，b 为 0.3～0.5 m。盲沟的底部和中间填以粒径较大（3～5 cm）的碎石，其空隙较大，水可在空隙中流动。粗粒碎石两侧和上部按一定比例分层（层厚约 10 cm）填以较细粒径的粒料，逐层粒径大致按 6 倍递减。盲沟顶部和底面，一般设有厚 30 cm 以上的不透水层，或顶部设有双层反铺草皮。

简易盲沟的排水能力较小，不宜过长，沟底具有 1%～2% 的纵坡，出水底面高程应高出沟外最高水位 20 cm，以防水流倒渗。

寒冷地区的暗沟，应作防冻保温处理或将暗沟设在冻结线以下。

二、渗　　沟

采用渗透方式将地下水汇集于沟内，并通过沟底通道将水排至指定地点，这种地下排水设施统称渗沟。它的作用是降低地下水位或拦截地下水，其构造与简易盲沟有所不同。

渗沟有 3 种结构形式，如图 4.21 所示。盲沟式渗沟与简易盲沟相似，但构造更完善。当地下水流量较大，要求埋置更深时，可在沟底设洞或管，前者称为洞式渗沟，后者称为管式渗沟。

渗沟的设置位置与作用视地下排水的需要而定，大致与前述几种简易盲沟相似，但沟的尺寸更大，埋置更深，而且要进行水力计算确定尺寸。公路路基中，浅埋的渗沟在 2～3 m 以内，深埋时可达 6 m 以上。

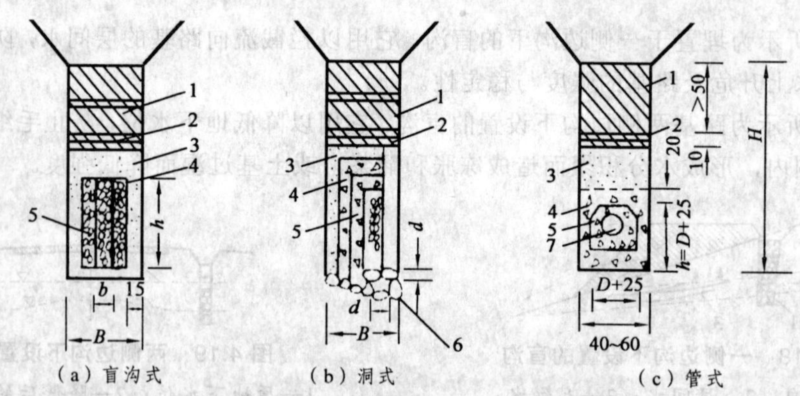

图 4.21 渗沟结构形式（单位：cm）

1—黏土夯实；2—双层反铺草皮；3—粗砂；4—石屑；
5—碎石；6—浆砌片石沟洞；7—预制混凝土管

渗沟底部设洞或管，底部结构相当于顶部可以渗水的涵洞，其结构如图 4.22 所示，其洞宽 b 约为 20 cm，高为 20～30 cm；盖板用条石或混凝土预制板，板长约为 $2b$，板厚不小于 15 cm，并预留渗水孔，以便渗入沟内的水汇集于洞内排除。洞身要求埋入不透水层内，如果地基软弱还应铺设砂石基础；洞身埋置在透水层中，必要时在两侧和底部加设隔水层，以达到排水的目的。洞底设置不小于 0.5% 的纵坡，使集水通畅排除。

当排除地下水的流量更大，或排水距离较长，可采用管式渗沟。渗沟底部埋设的管道，一般为陶土或混凝土预制管，管壁上半部留有渗水孔，渗水孔交错排列。图 4.23 所示为设于边沟下的管式渗沟。管的内径 D 由水力计算确定，一般为 0.4～0.6 m，管底设基座。在冰冻地区，为防止冻结阻塞，除管道埋在冰冻线以下外，必要时需采取保温措施，适当增大管径。

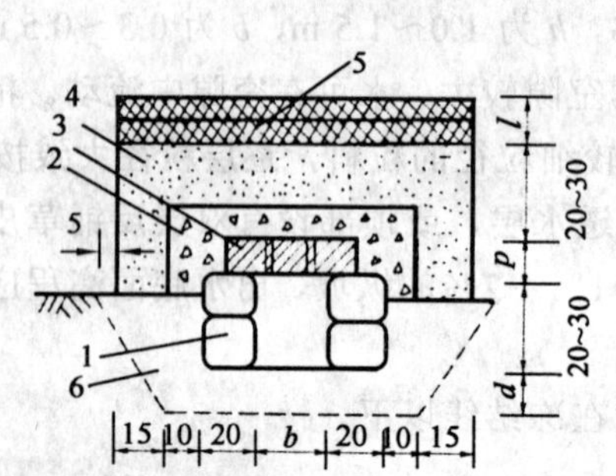

图 4.22 洞式渗沟结构（尺寸单位：cm）

1—浆砌块石；2—碎砾石；3—盖板；4—砂；
5—双层反铺草皮或土工布；6—基础

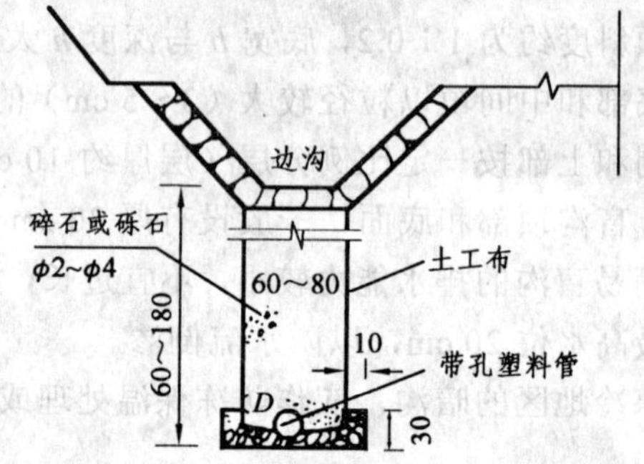

图 4.23 管式渗沟结构（尺寸单位：cm）

三、渗　井

渗井的作用是汇集离地面不深处含水层中的地下水，使其渗入更深的含水层中，以降低上层的地下水位或全部予以排除，疏干路基。因此，采用渗井排水措施前必须探明路基下层是否存在透水层，能否排走汇集的地下水流。

图 4.24 所示为圆形渗井的结构与布置。

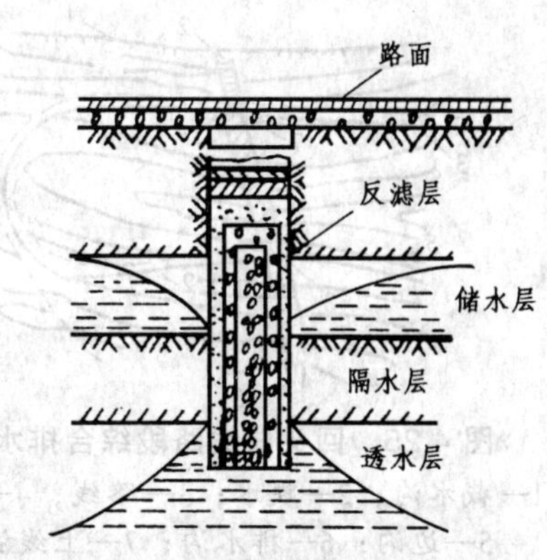

图 4.24 圆形渗井的结构与布置

渗井的平面布置及孔径与渗水量按水力计算确定，一般为直径 1.0～1.5 m 的圆柱形，也可是边长为 1.0～1.5 m 的方形。井深视地层构造情况而定，井内由中心向四周按层次分别填入由粗至细的砂石材料，粗料渗水，细料反滤。填充料要求筛分冲洗，施工时需用铁皮套筒分隔填入不同粒径的材料，要求层次分明，不得粗细材料混杂，以保证渗井达到预期的排水效果。

鉴于渗井施工难度较大，单位渗水面积的造价高于渗沟，一般尽量少用。当路基含水量过大，路面翻浆，其他地下排水设施不易布置，或其他技术措施造价较高时，渗井可作为方案之一，设计时应进行分析比较，有条件地选用。

第四节 排水系统的综合设计

一、排水综合设计的意义

前述各类排水设施，均针对某一水源，为满足某一方面的要求而设置。在实际工程中，由于自然条件、路线布置及其他人为因素的不同，情况往往比较复杂，对于某些重点路段需要进行路基排水的综合设计，以提高排水效率，发挥各类排水设施的优点，降低工程费用。

实践经验证明，排水系统综合设计的好坏对路基稳定性的影响很大，特别是在多雨的山区、黄土高原地区、寒冷潮湿地带，水网密布、地基软弱的平原区，以及水文地质条件不良等情况下，修建高等级道路时，更应重视路基排水的综合设计。

综合设计的含义，应包括地面与地下排水设施的协调配合，路基排水设施与桥涵等泄水结构物的合理布置，排水工程与防护加固工程的相互配合，以及路基排水与沿线农田水利规划及有关其他基本建设项目之间的联系，但主要目的在于确保路基的强度与稳定性。

二、综合排水设计的基本要求与示例

（1）对于流向路基的地面水和地下水，须在路基范围以外的地点设置截水沟与排水沟或渗沟进行拦截，并将其引至指定地点。路基范围内的水源，分别采用边沟、渗沟、渗井与排水沟予以排除。路基排水一般向低洼一侧排除，必须横跨路基时，尽量利用拟设的桥涵，必要时设置涵洞、倒虹吸或渡水槽。水流落差较大时，应设置跌水或急流槽。总之，因地制宜和综合治理，是路基排水设计的基本要求之一。

图 4.25 和图 4.26 是两个路基综合排水设计简例。

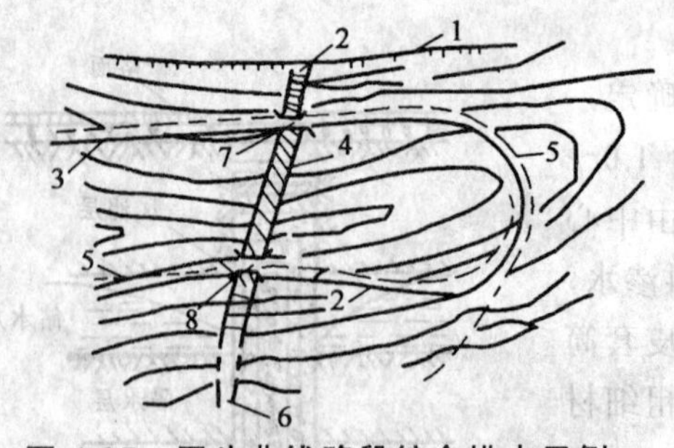

图 4.25 回头曲线路段综合排水示例

1—截水沟；2—跌水；3—路线；4—急流槽；5—边沟；6—排水沟；7—上线涵洞；8—下线涵洞

图 4.26 边沟坍方路段综合排水示例

1—渗沟；2—排水沟；3—截水沟；4—自然沟；5—边沟；6—涵洞

（2）对于明显的天然沟槽，一般宜依沟设涵，不必勉强改沟与合并。对于沟槽不明显的漫流，应在上游设置束流设施，加以调节，汇集成沟，导流排除。对于较大水流，注意因势利导，不可轻易改变流向，必要时配以防护加固工程，进行分流或束流。

（3）为了提高截流效果，减少工程量，地面沟渠宜大体沿等高线布置，尽可能使沟渠垂直于水流方向，且应力求短捷与水流通畅。沟渠转弯处要求以圆曲线相接，以减小水流的阻力。

（4）各种排水设施，必须地基稳固，不得渗漏或滞留，并具有适当纵坡，以控制与保持适当的流速。沟槽的基底与沟底及沟壁，必要时应予加固，不得溢水、渗水，防止损害路基，引起水土流失。

（5）路基排水综合设计，必须事先做好调查研究工作，查明水源和有关现状，测绘现场图纸，进行必要的水力水文计算，做出总体规划，提出总体布置方案，逐段、逐项进行细部设计计算，并进行效益分析与经济核算。

图 4.27 是某路线路基排水系统的综合设计平面布置图。

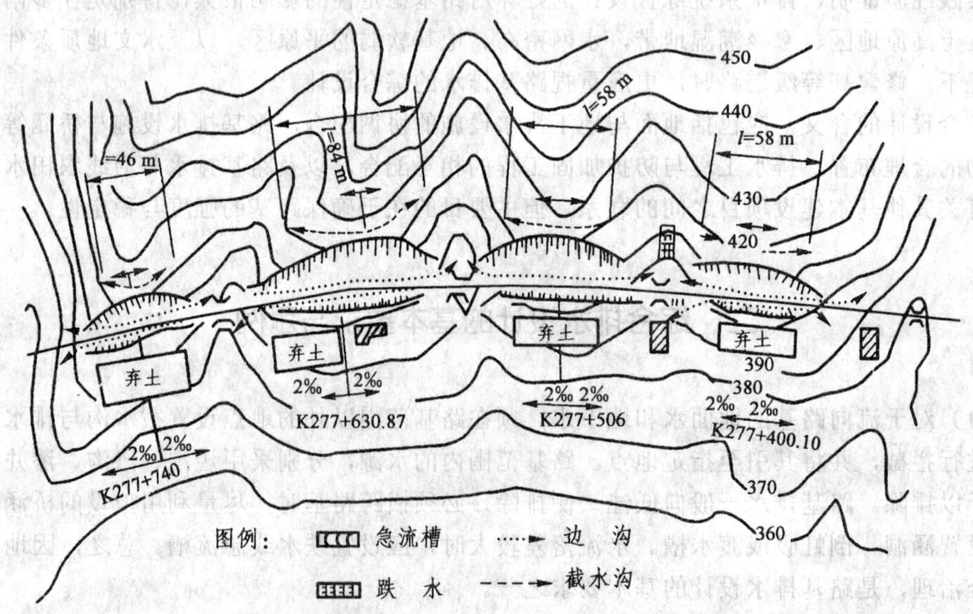

图 4.27 路基排水系统综合设计平面布置示例

平面图上一般须标明下列主要内容：① 桥涵位置、中心里程、水流方向、进出口沟底高程及其附属工程等；② 地形等高线、主要沟渠、必要的路堤坡脚线和路堑坡顶线；③ 沿线取土坑、弃土堆、建筑物，以及池塘、洼地、水库等地物；④ 路线交叉设施、防护与加固工程、不良地质边界、农田排灌渠道等；⑤ 各种路基排水设施的类型、位置、排水方向与纵坡及出水口与分界点的位置等。

此外，根据工程设计需要，还应附有路线及主要排水设备的纵横断面图和结构设计图等。

思考与练习

4.1 简述路基排水的目的和意义。

4.2 常见的地面排水设施有哪些？适用性如何？

4.3 常见的地下排水设施有哪些？适用性如何？

4.4 渗沟按作用不同分为哪几种？其作用各是什么？

4.5 高速公路、一级公路路基排水与其他公路有何不同？

4.6 路基排水系统设计总体规划应遵循哪些原则？

第五章　路基防护与加固

学习目标

① 了解路基防护与加固的目的，明确防护与加固工程的分类。

② 熟悉坡面防护与冲刷防护的适用条件。

③ 掌握湿软地基的加固方法。

第一节　概　　述

一、防护与加固的目的

由岩、土填挖而成的路基，改变了原地层的天然平衡状态，裸露于大自然并直接承受填土及行车荷载的作用。在各种错综复杂的自然因素与行车的长期作用下，路基可能产生各种变形和破坏。为保证路基的稳定和防治路基病害，除做好路基排水外，还必须根据当地水文、地质及材料等情况，采取有效的措施，对各类土、石边坡及软弱地基予以必要的防护与加固。路基防护与加固的目的，在于防止自然因素所引起的路基破坏和过量变形，同时稳定路基、美化路容，提高公路的使用品质。防护与加固工程，重点在于路基边坡防护及湿软地基的加固，因此，应同路基稳定性及路基排水工程紧密结合，以保证路基的强度与稳定性。

二、防护与加固工程的分类

路基防护与加固工程中，一般把防止风化和冲刷，主要起隔离、封闭作用的措施称为防护工程。防护工程不能承受外力作用，所以要求路基本身必须是稳定的。把防止路基或山体因重力作用而坍滑，地基承载力不足而沉陷，主要起支承、加固作用的结构物称为加固工程。它们当中有些措施往往兼有防护与加固作用。路基防护与加固工程设施，按其作用不同，可分为边坡坡面防护、冲刷防护、支挡建筑物及湿软地基加固等四大类。

1. *坡面防护*

主要用以防护易受自然因素影响而破坏的土质与岩石边坡。常用类型有植物防护和工程防护。植物防护又称为“生命”防护，以土质边坡为主；工程防护又称为“无机”防护，以石质路堑边坡为主；在一定程度上，“生命”防护在边坡稳定和改善路容方面，优于“无机”防护。

2. *冲刷防护*

用于防护水流对路基的冲刷与淘刷，可分为直接防护和间接防护两类。直接防护类型有植物防护、砌石防护与加固两种；间接防护主要指设置导治结构物，如丁坝、顺坝、防洪堤、拦水坝等，必要时进行疏浚河床、改变河道，以改变流水方向，避免或减缓水流对路基的直接破坏作用。

3. 支挡建筑物

用以防止路基变形或支挡路基本体或山体的位移，以保证其稳定性，常用的类型有各种挡土墙及其他有承重作用的构造物。

4. 湿软地基加固

用各种有效方法处治含水量高、孔隙比大、承载力低的湿软地基，以防路基沉陷、滑移或发生其他病害。

第二节　坡面防护

路基边坡坡面防护，主要是保护路基边坡表面免受雨水冲刷，减缓温差及湿度变化的影响，防止和延缓软弱岩土表面的风化、碎裂、剥蚀演变进程，从而保护路基边坡的整体稳定性，在一定程度上还可兼顾路基美化和协调自然环境。坡面防护设施，不承受外力作用，必须要求坡面岩土整体稳定牢固。

一、植物防护

植物防护，可美化路容，协调环境，调节边坡土的湿度与温度，起到固结和稳定边坡的作用。它对于坡高不大、边坡比较平缓的土质坡面是一种简易有效的防护设施，其方法有种草、铺草皮和植树等。

1. 种　草

适用于边坡坡度不陡于 1∶1，土质适宜种草，不浸水或短期浸水但地面径流速度不超过 0.6 m/s 的边坡。草的品种，要适应当地自然条件，最好是根系发达，叶茎低矮，多年生长，几种草籽混种。不宜种草的坡面，可以铺 5～10 cm 厚的种植土层，土层与原坡面结合稳固。

2. 铺草皮

适用于边坡较陡、冲刷严重，径流速度 > 0.6 m/s 的情况。容许最大速度为 1.8 m/s 时，应根据具体条件（坡度与流速等），分别采用平铺（平行于坡面）、水平叠铺。垂直坡面或与坡面成一半坡角的倾斜叠铺草皮，还可采用片石铺砌成方格或拱式边框，方格或框内再铺草皮，如图 5.1 所示。

铺草皮需预先备料，草皮可就近培育，切成整齐块状，然后移铺在坡面上。铺时应自下而上，并用竹木小桩将草皮钉在坡面上，使之稳固。草皮根部土应随草切割，坡面要预先整平，必要时还应加铺种植土，草皮应随挖随铺，注意相互贴紧。

3. 植　树

主要用在堤岸边的河滩上，用来降低流速，促使泥沙淤积，防止水流直接冲刷路堤。多

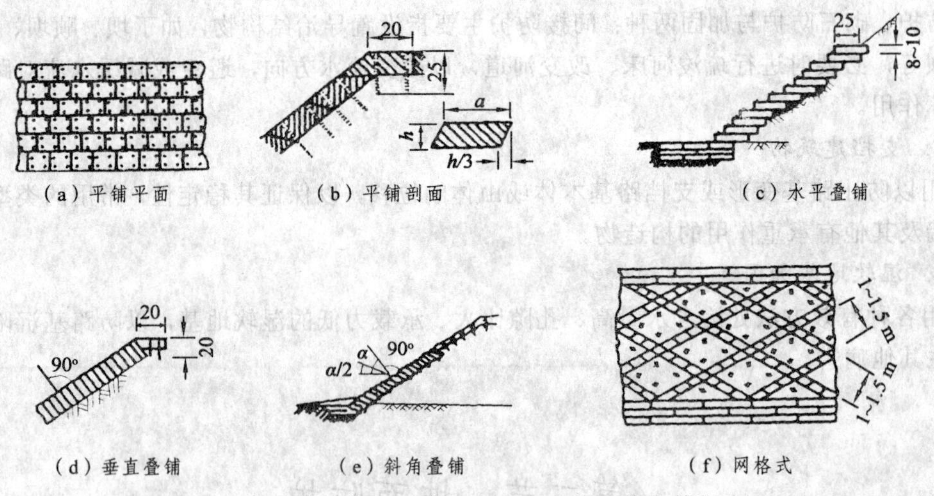

图 5.1 草皮防护示意图（除已注明尺寸外，其余单位为 cm）

排林带若与水流方向斜交，还可起挑水改变水流方向的作用。沙漠与雪害地区，防护林带还起阻沙防雪作用。树木的品种与种植位置及宽度，应根据防护要求、流水速度等因素，参见有关设计手册并结合当地经验而定，城市或风景区的植物防护，应与有关部门协调配合。

二、工程防护

当不宜使用植物防护或考虑就地取材时，采用砂石、水泥、石灰等矿质材料进行坡面防护是常用的防护形式，主要包括砂浆抹面、勾缝或喷浆以及砌石护坡或护面墙等。这些形式各自适用于一定条件。

1. 抹面与勾缝

抹面适用于易风化而表面平整、尚未剥落的岩石边坡，如页岩、泥岩、泥灰岩、千枚岩等软质岩层。常用的抹面材料有石灰炉渣混合浆、三合土或四合土等，其中石灰为胶结料，要求精选，炉渣颗粒宜细。抹面用料的配合比与用量，参见有关手册。抹面厚度视材料与坡面状况而定，一般为 2～10 cm。操作前，应清理坡面风化层、浮土与松动碎块，填坑补洞，洒水润湿。抹面后，应拍浆、抹平和养生。

勾缝适用于质地坚硬，不易风化但节理裂缝多而细的岩石边坡，以防水分渗入岩层内造成病害。勾缝可用质量比为 1∶(2～3)的水泥砂浆，也可用体积比为 1∶0.5∶3 或 1∶2∶9 的水泥石灰砂浆。

2. 灌浆与喷浆

灌浆适用于质地坚硬，局部存在较大、较深缝隙或洞穴，并有进一步扩展而影响边坡稳定性的岩石路堑边坡。其目的是借助灰浆的黏结力把裂开的岩石粘在一起，保证边坡稳定。水泥砂浆质量比为 1∶4 或 1∶5，必要时可用压浆机灌注。裂缝或洞穴较宽则可用混凝土灌注。

喷浆适用于易风化而坡面不平整的岩石挖方边坡，厚度一般为 5.0～10 cm。喷浆的水泥用量较大，重点工程可选用。比较经济的砂浆是用水泥、石灰、河沙及水，按质量比 1∶1∶6∶3 配合。喷浆前后的处治，与抹面相同。

3. *砌石护坡*

砌石护坡有干砌和浆砌两种。干砌片石护坡适用于土质与软岩及易风化、破坏较严重的填、挖方路基边坡，以防止雨、雪水冲刷。在砌面防护中，宜首先选干砌片石结构，这不仅是为了节省投资，而且可以适应有较大变形的边坡。如在冻胀严重的地段，干砌片石就显得特别优越。对土质填方路段也能适应边坡的沉落变形。另外，干砌片石护坡还适用于水流方向较平顺的河滩边缘，不会遭主流冲刷，且河水流速不超过 4 m/s，也无滚石和漂浮物的河段。干砌片石护坡一般可分为单层铺砌和双层铺砌两种，如图 5.2 所示。当水流流速较大，波浪作用强，有漂浮物等冲击时，不宜采用干砌片石护坡的边坡，宜采用浆砌片石护坡，其厚度一般为 0.2～0.5 m。无论是干砌片石或浆砌片石，均应在片石下面设置 0.1～0.15 m 厚的碎（砾）石或砂砾混合物垫层，以起到整平作用，并可防止水流将干砌片石层下面的边坡细土粒带走，能使结构层具有一定的弹性，增加对波浪、流冰及漂浮物的抵抗力。

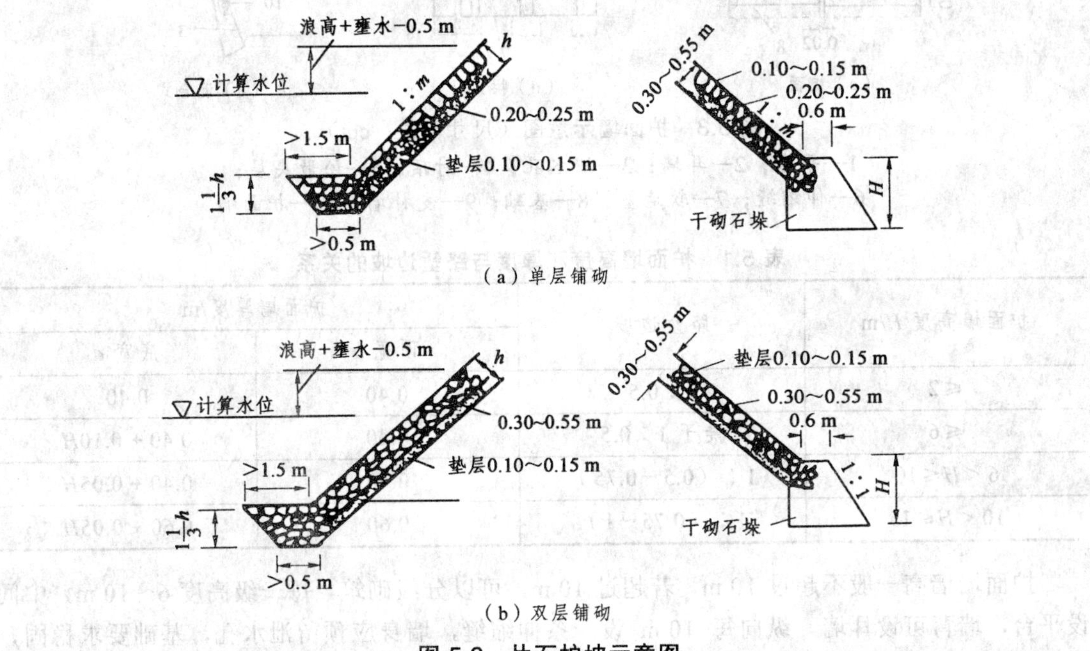

图 5.2 片石护坡示意图

干砌片石护坡坡脚应视土质情况，设置不同埋深的基础。基础的砌筑有两种：墁石铺砌基础和抛石、堆石基础。浆砌片石护坡近河路基砌石基础埋置深度，应在冲刷线以下 0.5～1.0 m。砌石护坡，每隔 10～15 m 或地质发生变化处设缝宽 2 cm 的伸缩缝，缝内填塞沥青麻筋或沥青木板等材料。护坡的中、下部设 10 cm × 10 cm 的矩形或直径为 10 cm 的圆形泄水孔，其间距为 2～3 m。

4. *护面墙*

护面墙，简称护墙，是一种墙体形式的坡面防护，适用于防护易风化或风化严重的软质岩石或较破碎岩石的挖方边坡，以及坡面易受侵蚀的土质边坡，边坡不宜陡于 1∶0.5。砌筑时要求墙面紧贴坡面，表面砌平，厚度可不一。护面墙石料应符合规格。护面墙除自重外，不承受其他荷重，也不承受墙背土压力。其构造与布置，如图 5.3 所示。护面墙高度和厚度与路堑边坡的关系，参见表 5.1。

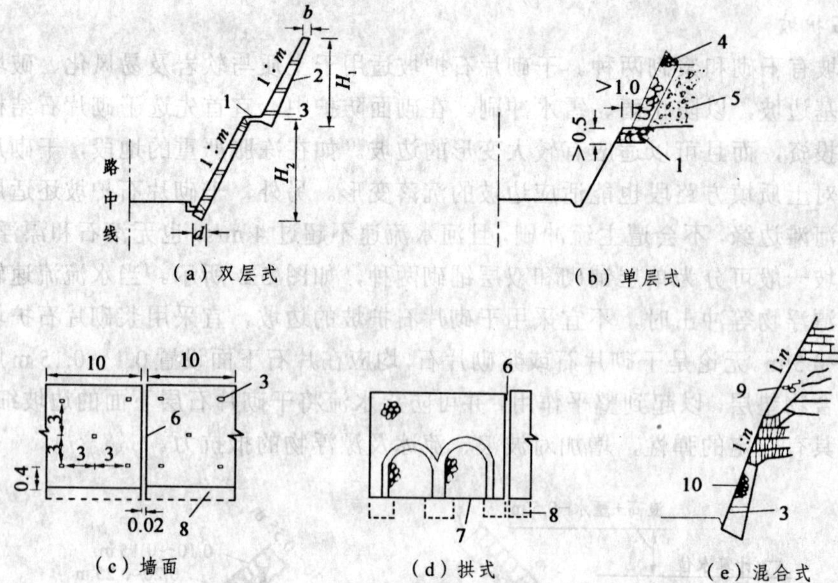

图 5.3　护面墙示意图（尺寸单位：cm）

1—平台；2—耳墙；3—泄水孔；4—封顶；5—松散夹层；
6—伸缩缝；7—软地基；8—基础；9—支补墙；10—护面墙

表 5.1　护面墙高度和厚度与路堑边坡的关系

护面墙高度 H/m	路堑边坡	护面墙厚度/m	
		顶宽 b	底宽 d
≤2	1∶0.5	0.40	0.40
≤6	陡于 1∶0.5	0.40	0.40 + 0.10H
6 < H≤10	1∶（0.5～0.75）	0.40	0.40 + 0.05H
10 < H≤15	1∶（0.75～1）	0.60	0.60 + 0.05H

护面墙墙高一般不超过 10 m，若超过 10 m，可以分级砌筑，每一级高度 6～10 m，中间设平台，墙背可设耳墙，纵向每 10 m 设一条伸缩缝，墙身应预留泄水孔，基础要求稳固，顶部应封闭。墙基软硬不匀，可设拱跨过软弱地基。坡面常有各种不同地质现象，开挖后形成凹陷，应以石砌圬工填塞平整，称为支补墙。以上构造的具体要求与尺寸，均可参考有关设计手册。

第三节　冲刷防护

一、直接防护

直接防护是在稳定的边坡上直接加固的一种措施，其特点是不干扰或很少干扰原来的水流性质。除了坡面防护和砌石护坡外，抛石、石笼、驳岸及浸水挡墙均属直接防护。当水流流速为 3.0～5.0 m/s 时，宜采用抛石防护；流速达到或接近 5.0 m/s，改用石笼防护或设置驳岸、浸水挡土墙等支挡结构物。

1. *抛石防护*

图 5.4 为抛石防护示意图，类似于陡坡路堤在坡脚处设置石垛，其中（a）图适用于新建公路，（b）图适用于旧路路堤抛石垛。流速大、水很深、波浪高的路段，抛石应采用较大粒径的石块。抛石垛的边坡坡度不应陡于抛石浸水后的天然休止角，边坡坡率 m_1 一般为 1.5～2.0，m_2 为 1.25～2.0。

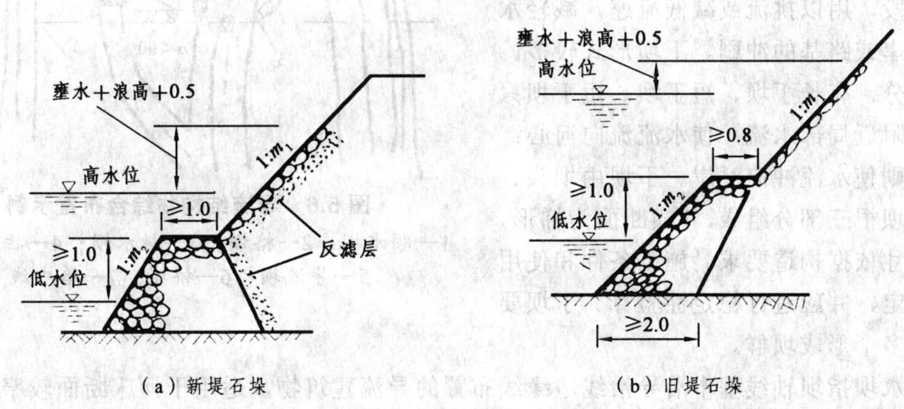

图 5.4 抛石防护示意图（尺寸单位：m）

2. *石笼防护*

石笼防护是用铁丝编织成框架，内填石料，设置在坡脚处，以防急流和大风浪破坏堤岸，也可用来加固河床，防止淘刷。铁丝框架可以是箱形或圆形，如图 5.5 中的（a）和（b）。笼内填石粒径不小于 4 cm，一般为 5～20 cm，外层石料要求有棱角，内层用较小石块填充。铺砌时，用于防止冲刷淘底的石笼，应与坡脚线垂直，且堤岸一端固定；用于防止堤岸边坡冲刷时，则垒码平铺成梯形，如图 5.5（c）、（d）所示。单个石笼的大小，以不被相应速度的水流冲动为宜，铺设时须用碎（砾）石垫层铺平，底层各角可用铁棒固定于基底。

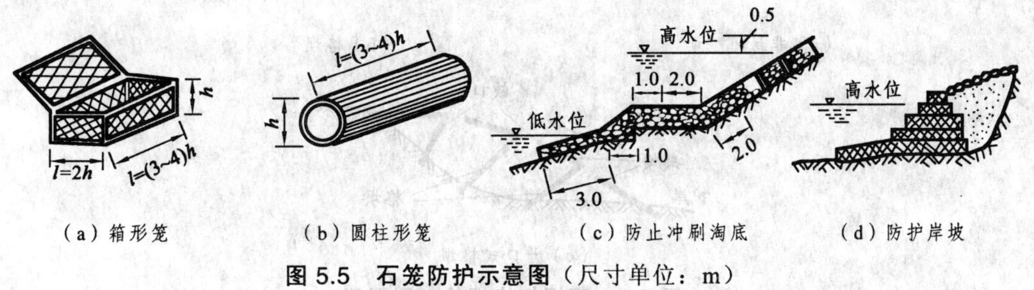

图 5.5 石笼防护示意图（尺寸单位：m）

二、间接防护

采用导流或阻流的方法改变水流性质，消除或减缓水流对路基边坡的直接冲刷和淘刷，或者迫使主流流向偏离被防护的路段，改变河槽中冲刷和淤积的部位，以及必要的改河工程，均属于间接防护。一般地，在河床宽敞，冲刷和淤积基本相等，防护路段较长，流速较低的河段采用间接防护较直接防护经济。常用的导流结构物一般有丁坝、顺坝、格坝及必要的改河工程。图 5.6 为导流结构物综合布置图示例。

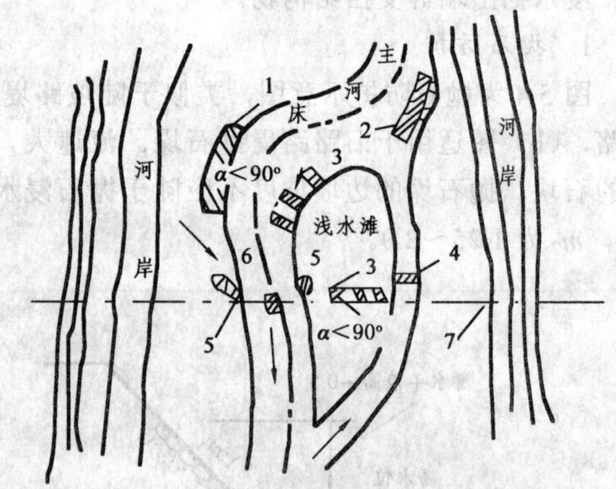

图 5.6　导流结构物综合布置示例

1—顺水坝；2—格坝；3—挑水坝；4—拦水坝；5—导流坝；6—桥墩；7—路中线

丁坝指坝体轴线与河岸正交或成较大角度的斜交的导流建筑物，适用于宽浅变迁性河段，用以挑流或减低流速，减轻水流对河岸或路基的冲刷。丁坝形式较多，按长短分，有长丁坝、短丁坝。短丁坝只干扰其附近局部水流，使水流流向河心；长丁坝则使水流冲向对岸。丁坝由坝头、坝身和坝根三部分组成，其横断面为梯形，断面尺寸依据构造要求、施工条件和使用需要而定，并应进行稳定性验算。丁坝要求设置多个形成坝群。

顺水坝指坝轴线基本沿导治线边缘线布置的导流建筑物，适用于河床断面较窄、基础地质较差的河岸或沿河路基防护，主要作用为导流、束水、调整流水曲度、改善流态。顺坝坝长与被防护段长度基本相等，构造与丁坝大体相同。

当顺水坝较长，距离河岸间距较大时，为防止水流冲走沉积泥沙，使坝体与河岸相连，在顺水坝与河岸之间设置一道或几道横格，形成格坝。格坝一端与顺坝相连，另一端嵌入河岸，相当于构成勾头丁坝，如图 5.7 所示。

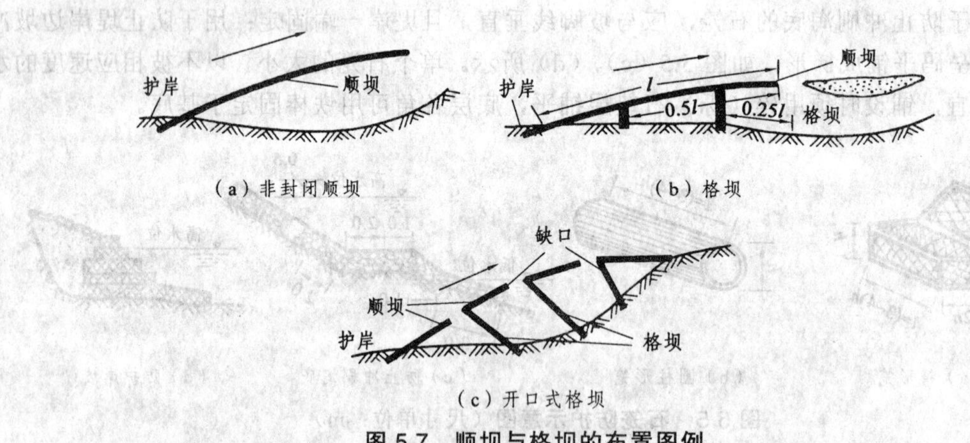

（a）非封闭顺坝　　（b）格坝

（c）开口式格坝

图 5.7　顺坝与格坝的布置图例

改河移道可以将直接冲刷及淘刷路基的水流引离路基。挖滩改河，清除孤石，有利于布置路线，减少桥涵。但改河移道涉及水流改向，影响大且投资高，故改河通常在较短的河道上进行，并力求顺河势，使新河槽符合自然河流特征，不致使水重归故道。这些措施，需经多方论证，慎重考虑，确有必要时方可按设计实施。

第四节 湿软地基加固

湿软地基主要指天然含水量过大，胀缩性高，具有湿陷性，承载力低，在荷载作用下容易产生滑动或固结沉降的土质地基，如软土、泥沼、泥炭、湿陷性黄土、人为垃圾、松散杂填土、膨胀土、海（湖）相沉积土等。路基直接填筑在这些地基上，往往会因地基承载力不足，或在自然因素作用下产生过大的变形，导致路基产生各种破坏。因此，有必要采取措施对湿软地基予以加固。湿软地基加固关键是治水和固结。

一、换填土层法

换填土层法是采用人工、机械或爆破等方法，将基底一定深度及范围的湿软土层挖除，换以强度大、稳定性好的砂砾、卵石、碎石、石灰土、素土等回填，并分层压实至规定的密实度。如当地石料丰富，也可直接在路基基地抛投片石，将湿软土层挤出基底范围，以提高路基强度。换填砂垫层，可加速软弱土层排水固结，提高承载力，减少沉降量。各种回填材料，其应力分布规律及极限承载力、沉降特点，基本上与砂砾垫层接近。因此，换填土层厚度、宽度以砂砾垫层作为计算模型。

砂垫层厚度，可按直线变形体理论计算，或者假定应力通过基础 30° 刚性角向下扩散，砂垫层底面呈梯形分布。一般地，砾垫层厚度为 0.6～1.0 m，坡脚两侧各多铺筑 50～100 cm 宽的襟边。

二、排水固结法

排水固结法是在湿软地基中设置垂直排水井，缩短排水距离，运用堆载预压，挤出土中过多含水量，加速土体固结，达到挤紧土粒，提高土体的抗剪强度。因此，该法适用于含水量过大、土层较厚的软弱地基。按垂直排水井材料的不同，可分为砂井法和排水板法。

1. *砂井法*

用锤击、振动、螺钻、射水等方式成孔，在孔内灌砂而形成砂井。射水法成孔称为水冲法，其他称为沉管法。砂井表面铺设 0.5～1.0 m 厚的砂垫层或砂沟。排水固结速度与堆载量大小，加载速度，砂井直径、间距、深度等因素有关。实践证明，预压加载量大致与设计荷载接近，预压至 80% 的固结度。就路基而言，加载工作往往直接填土取代。填土速度根据施工工期和地基强度增长情况分级填筑，以每昼夜地面沉降量不超过 1.5 cm，坡脚侧向位移不超过 0.5 cm 来控制。砂井直径多为 30～40 cm，间距大约是井径的 6～8 倍，平面上呈三角形或正方形布置，尤以三角形布置效果为佳，其深度以穿越地基可能的滑动面为宜。砂井用砂为中粗砂，含泥量不宜大于 3%。

为了缩短砂井排水距离，往往预先在直径约 7 cm 的圆筒状编织袋里装满砂，然后放入成孔中，此法称为袋装砂井法。该法能保证砂井的密实性和连续性，成孔时对土层扰动少，并具有施工机具简单、成本低等优点。袋装砂井井距一般为 1～1.4 m，其他与普通砂井相同。

2. 排水板法

用纸板、纤维或塑料代替砂井的砂做成排水井。其原理和方法完全与砂井排水法一致。这种方法比砂井排水法便宜，施工速度快，施工管理简便，对地基扰动小。目前基本上以带沟槽的塑料芯板作为排水板，因此，又称塑料板法。

此外，排水固结法还有降水预压和真空预压等新技术。

三、土工织物法

在路堤下面与地表之间铺设一层或多层具有较高抗拉强度及较大渗透性的土工聚合高分子化学材料。这种柔性滤层既能起到扩大基础分散荷载的作用，同时土工织物能承受拉力，增加了一个稳定力矩，并且不影响排水。

土工织物分有纺和无纺两类，无纺多用做渗滤材料，有纺多用做补强材料。

为保证土工织物不被硬物刺破，并增大摩擦力，一般情况下均在土工织物上、下铺设 0.2～0.3 m 左右的砂垫层。实践证明效果良好。

在生产实践中，往往将土工织物与排水固结相结合，共同作用，综合处理。这样，既保持了土工织物的功能，又加速了排水固结作用，迅速提高极限承载力，而且对地基的沉降也有改善作用，减少了路堤中心的沉降量。目前多用塑板排水 + 土工织物作综合处理。

一般公路中，木材丰富的地区常用柴排法代替土工布处理湿软地基，也取得良好的效果。

四、反压护道法

在路堤的一侧或两侧填筑适当高度与宽度的单级或多级护道，使路堤下的淤泥或泥炭向两侧隆起的趋势得到平衡，同时，加宽了荷载的分布宽度，减少了路堤的基底应力，从而保证路堤的稳定。

护道的高度与宽度，应通过圆弧法验算确定。单级护道高度必须低于极限高度，一般为路堤高度的 1/3～1/2。

采用反压护道加固路基，不需特殊机具和材料，施工简易。因此，该法适用于非耕作区、取土不困难地区和路堤高度不大于 5/3～2 倍极限高度的软基。

五、碾压夯实法

采用压实功能较大的振动压实方法，对非黏性土及松散杂填土、地表松散土，如矿渣、碎砖瓦等建筑垃圾填土，予以碾压，可提高地基强度，降低压缩性。振动时间越长，效果越好，但时间过长对压实无明显提高。对细颗填土，振动时间以 3～5 min 为宜；对建筑垃圾，振动碾压时间略大于 1 min 合适。

重锤夯实加固地基，即利用起重设备将锤体直径为1～1.5 m，质量为1.5 t左右的钢筋混凝土截头圆锥体（底部垫钢板），提升2.5～4.5 m高度后，重锤自由落下，锤体夯实土基。这种方法可显著地提高地基表层土的强度，降低湿陷性黄土的湿陷性，使杂填土表层强度一致。重锤夯实次数，以最后两次的平均夯沉量不超过规定值来控制，一般黏性土和湿陷性黄土为1～2 cm，砂土为0.5～1.0 cm。实践表明，一般为8～12遍，作用厚度可达锤底直径的1倍左右。

在重锤夯实的基础上，20世纪60年代以来研制出现了强夯法。它的夯锤重达8～12 t（甚至200 t），自由落差为8～20 m（最高达40 m）。经过对土基的强力夯击，利用冲击波和动应力，使地基土密实，达到土基加固的目的，可显著地提高承载力（2～5倍），降低压缩性（1/10～1/2）。加固厚度达10～20 m。该项技术尽管迄今仍没有一套成熟、完善的理论和设计方法，但已在土木工程中得到广泛应用，且在加固饱和软黏土地基方面取得了新的成果与经验。

六、挤密法

地基成孔后在孔内灌以砂、石、土、灰土或石灰等材料，捣实而成直径较大的桩体。利用桩体横向之间的相互挤紧作用，使地基土粒相互紧密，减少孔隙，桩体与原土组合而成复合地基，提高地基承载力，以加固地基。桩孔内填石灰而形成石灰桩，主要是利用生石灰的吸水、膨胀、发热及离子交换作用，使桩体硬化，以挤密软土，加固地基。因此，要求生石灰是新鲜的，灰块必须粉碎。

砂桩加固范围，一般要求各边比基础宽1.0 m左右。桩径为20～30 cm。砂桩间距与要求将地基土加密的程度有关。经验表明，群桩面积约占松散土加固面积的20%，通常间距为桩径的3～5倍。桩的平面布置以梅花形较好。桩的长度与加固土层厚度及加固要求有关。软土层较薄，砂桩可穿透软土层；如软土层过厚，则通过计算桩底处软土的应力，要求其值小于或等于软土容许承载力而定。

砂桩和砂井相比，虽然形成相仿，但作用不同。砂井的作用是排水固结，井径较小而间距较大；砂桩的作用是将地基土挤紧，井径较大，而间距宜小。砂井适用于过湿软土层，而砂桩适用于处理松砂、杂填土和粘粒含量不大的普通黏性土，也可有效地防止砂土基底的振动液化。饱和软黏土的渗透性较小、灵敏度较大，夯击过程中土内产生的超孔隙压力不易迅速扩散，砂桩的挤密效果较差，甚至破坏地基上的天然结构。

七、化学加固法

化学加固，一般是用压力将化学溶液或胶结剂通过注浆管均匀地注入软基土层中，经过短暂时间后，使土颗粒胶结起来凝成一个整体，达到对土基加固的目的。此法的加固效果取决于土的性质和所用化学剂，也与有效的施工工艺有关。目前化学溶液主要有下列几类：水玻璃溶液为主的浆液，价格昂贵；丙烯酸氨为主的浆液，效果较好，但价格高，难以推广；水泥浆以及纸浆废液为主的浆液等。

化学加固施工工艺主要有压力灌注、电动硅化和高压旋喷法几种。压力灌注及电动硅化法一般是将浆液注入土中赶走孔隙内的水或气体，从而占据其位置，然后将土胶结成整体。高压旋喷法是利用高压（20～25 MPa）射流的强度使浆液与土混合，从而在射流影响的有效范围内使土体速凝成一圆柱形的桩，桩径达 0.5～1.0 m。

以上仅简略地介绍了已有的几种地基加固方法，有的已在国内公路路基工程中运用，有的新技术还在研讨。湿软地基加固，规模大，造价高，应注重技术和经济两方面的研究。同时，地基加固是路基主体工程的一部分，要结合路基高程、断面形式等方面综合处治。随着公路建设的高速发展，包括地基加固在内的路基防护与加固方法在理论与实践上必将有新的发展与突破。

思考与练习

5.1 路基防护与加固的目的是什么？

5.2 路基防护与加固工程，按其作用不同，可分为哪几类？各类的作用是什么？

5.3 常见的坡面防护有哪几类？各类防护适用于哪些情况？

5.4 直接防护与间接防护的本质区别是什么？

5.5 常见的地基加固措施有哪些？各种方法的原理是什么？

第六章　挡土墙设计

学习目标

① 了解挡土墙的分类、构造、用途及使用条件。

② 掌握挡土墙稳定性验算及挡土墙的布置和设计方法。

③ 掌握不同挡土墙的基本施工方法和要求。

④ 重点掌握重力式挡土墙的构造、布置和设计等内容。

第一节　概　　述

一、挡土墙的分类、构造与用途

挡土墙是指为防止路基填土或山坡土体坍塌而修筑的承受土体侧压力的墙式构造物。在公路工程中，它被广泛用于支撑路堤填土或路堑边坡以及桥台、隧道洞口和河流堤岸等地方。

路基工程中，挡土墙存在建筑费用较高的特点，故在路基设计时，应与其他的工程方案进行综合比较，择优选定。

1. 挡土墙的分类

挡土墙可以根据其设置的位置、结构形式以及墙体材料等进行分类。

根据设置的位置不同，挡土墙可分为路肩墙、路堤墙、路堑墙和山坡墙等类型，如图 6.1 所示。

根据结构形式的不同，挡土墙可分为重力式挡土墙、锚定式挡土墙、薄壁式挡土墙、加筋土挡土墙等。

根据墙体材料的不同，挡土墙可分为石砌挡土墙、混凝土挡土墙、钢筋混凝土挡土墙、钢板挡土墙等。

2. 挡土墙的构造

挡土墙的各部分构造可见图 6.1（c）。靠回填土或山体的侧面称为墙背；外露的侧面称为墙面，也称墙胸；墙的顶面部分称为墙顶；墙的底面部分称为基底或墙底；墙面与墙底的交线称为墙趾；墙背与墙底的交线称为墙踵；墙背与铅垂线的夹角称为墙背倾角。

3. 挡土墙的用途

挡土墙的设置位置不同，其用途也不相同。

路肩墙设置在路肩部位，墙顶是路肩的组成部分，其用途与路堤墙相同。它还可以保护临近路线既有的重要建筑物，如图 6.1（a）所示。

路堤墙设置在高填方路堤或陡坡路堤的下方，可以防止路堤边坡或基底滑动，同时可以收缩路堤坡脚，减少填方数量，减少拆迁和占地面积，如图 6.1（b）所示。

路堑墙设置在路堑边坡底部，主要用于支撑开挖后不能自行稳定的边坡，同时可减少挖方数量，降低挖方边坡的高度，如图 6.1（c）所示。

山坡墙设置在路堑或路堤上方，用于支撑山坡上可能坍滑的覆盖层、破碎岩层或山体滑坡，从而减小对路基的危害，如图 6.1（d）所示。

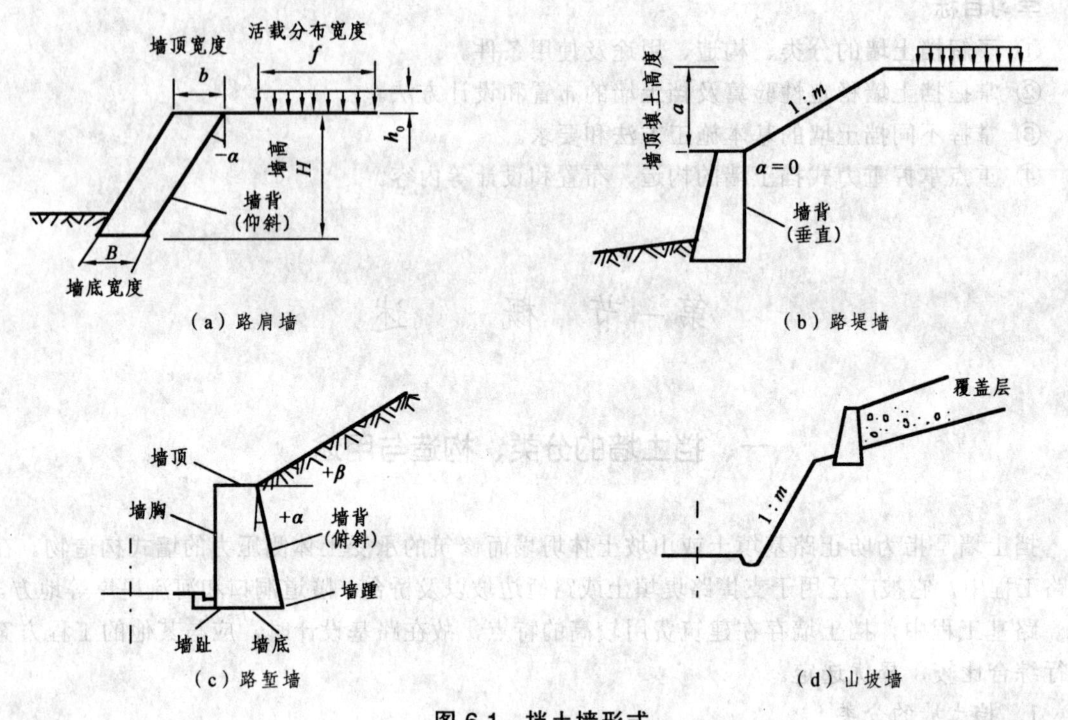

图 6.1　挡土墙形式

二、挡土墙的使用条件

挡土墙的类型应综合考虑工程地质、水文地质、冲刷深度、荷载作用、环境条件、施工条件和工程造价等因素，并经论证后选择使用。

不同结构形式的挡土墙，其使用条件也不一样。

1. 重力式挡土墙

重力式挡土墙依靠墙身自重来支撑土压力和维持稳定，所以一般多用片（块）石砌筑，在石料缺乏的地区也可用混凝土修建。图 6.1 所示的挡土墙均为重力式挡土墙。重力式挡土墙具有形式简单、施工方便、可就地取材、适应性较强的特点，故应用广泛。但其圬工数量较大，所以对地基的承载能力要求较高。重力式挡土墙适用于一般地区、浸水地区和地震地区的路肩、路堤和路堑等支挡工程，墙高不宜超过 12 m，干砌高度不宜超过 6 m。

2. 加筋土挡土墙

加筋土挡土墙由填土、拉筋、面板三者组合而成，如图 6.2 所示。填土和拉筋之间通过摩擦力改善了土的物理力学性质，使得填土与拉筋结合为一个整体。在这个整体中起控制作用的是填土与拉筋之间的摩擦力，面板的作用是阻挡墙后填土坍落挤出，迫使填土与拉筋结合为整体。

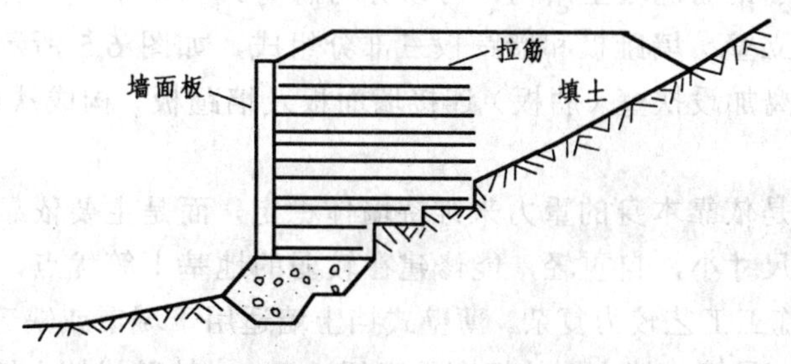

图 6.2　加筋土挡土墙

加筋土挡土墙属于柔性结构，具有省工、省料、施工方便及快速等优点，适用于地基变形大、建筑较高的一般地区路肩式、路堤式挡土墙，但不应修建在滑坡、水流冲刷崩塌等不良地段。高速公路、一级公路加筋土挡土墙墙高不宜大于 12 m，二级及二级以下公路墙高不宜大于 20 m。

3. 锚定式挡土墙

锚定式挡土墙可分为锚杆式和锚定板式两种。

锚杆式挡土墙是由预制的钢筋混凝土立柱、挡土板构成墙面，与水平或倾斜的钢锚杆联合组成，如图 6.3 所示。锚杆的一端与立柱连接，另一端被锚固在山坡深处的稳定岩层或土层中。墙后侧向土压力由挡土板传给立柱，由锚杆与稳定岩层或土层之间的锚固力使墙体获得稳定。它适用于墙高较大的岩质路堑地段，可用做抗滑挡土墙，可采用肋柱式或板壁层单级或多级墙，每级墙高不宜大于 8 m，且上下级间应设置宽度不小于 2 m 的平台。也适用于缺乏石料或挖基困难且具有锚固条件的路堑挡土墙。

锚定板式挡土墙是由钢筋混凝土墙面、钢拉杆、锚定板以及其间的填土共同形成的一种组合挡土结构，如图 6.4 所示。锚定板式挡土墙借助于埋在填土内的锚定板的抗拔力抵抗侧向土压力，保持墙的稳定。锚定板式挡土墙的特点在于构件断面小，工程量省，不受地基承载力的限制，构件可预制，有利于实现结构轻型化和施工机械化。它适用于缺乏石料地区的路肩墙或路堤墙，但不应修建于滑坡、坍塌、软土及膨胀土地区。墙高不宜超过 10 m，双级

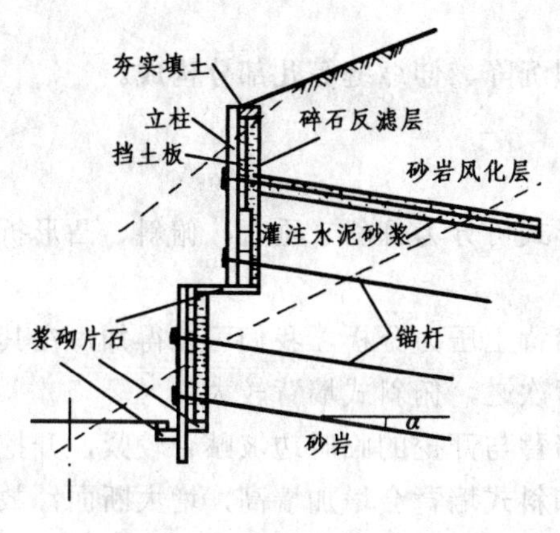

图 6.3　锚杆式挡土墙

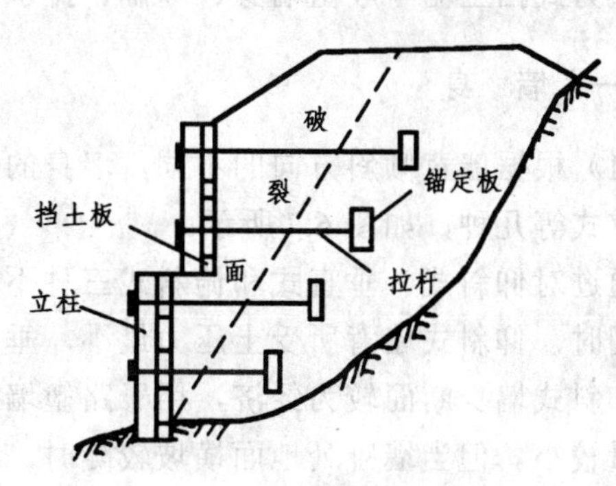

图 6.4　锚定板式挡土墙

或多级时，每级不宜超过 6 m，且上下级间应设不小于 2 m 的平台。

4. 薄壁式挡土墙

薄壁式挡土墙属于钢筋混凝土结构，可以分为悬臂式和扶壁式 2 种。

悬臂式挡土墙由立壁、墙趾板和墙踵板三部分组成，如图 6.5 所示。当墙身较高时，沿墙长方向每隔一定距离加设扶壁（肋板）连接墙面板及墙踵板，构成扶壁式挡土墙，如图 6.6 所示。

薄壁式挡土墙不是依靠本身的重力来维持墙体稳定，而是主要依靠墙踵板上的填土重力来保证。它具有断面尺寸小，自重轻，能修建在较弱的地基上等优点，其缺点是需耗用一定数量的水泥和钢筋，施工工艺较为复杂。薄壁式挡土墙适用于城市或缺乏石料的地区及地基承载力较低的填方地段。悬臂式挡土墙的墙高不宜超过 5 m，扶壁式挡土墙的墙高不超过 15 m。

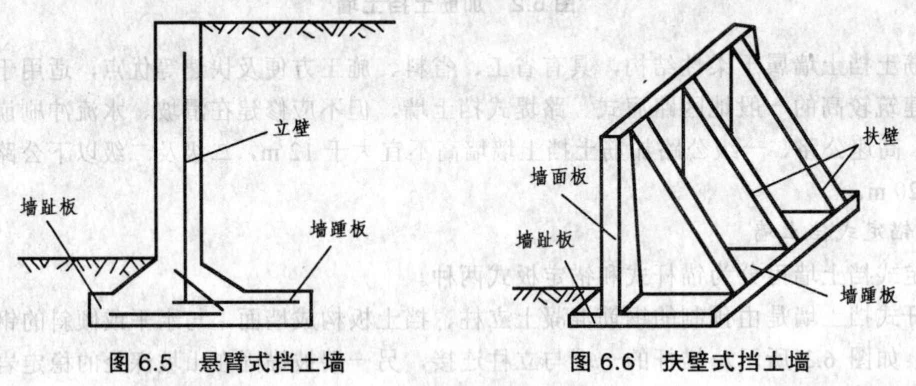

图 6.5 悬臂式挡土墙　　图 6.6 扶壁式挡土墙

第二节 重力式挡土墙的构造与布置

一、重力式挡土墙的构造

挡土墙的构造必须满足强度和稳定性的要求，同时考虑就地取材、结构合理、断面经济、施工养护方便和安全等方面。

重力式挡土墙一般由墙身、基础、排水设施和沉降、伸缩缝等几部分构成。

（一）墙　身

（1）根据墙背倾斜方向的不同，墙身的断面形式可分为仰斜、垂直、俯斜、凸形折线式和衡重式等几种，如图 6.7 所示。

通过对仰斜式、垂直式和俯斜式三种不同的墙背土压力分析，我们可以得知，在其他条件相同时，仰斜式墙背所受土压力最小，垂直墙背次之，俯斜式墙背较大。

仰斜式墙身断面较为经济，用于路堑墙时，墙背与开挖的临时边坡贴合较紧，开挖量和回填量较小。但当墙趾处地面横坡较陡时，采用仰斜式墙背会增加墙高，增大断面，故仰斜式墙背适用于路堑墙及墙趾处地面平坦的路肩墙或路堤墙。仰斜式墙背的坡度越缓，所受的土压力越小，但施工越困难，故仰斜式墙背的坡度不宜缓于 1∶0.3。

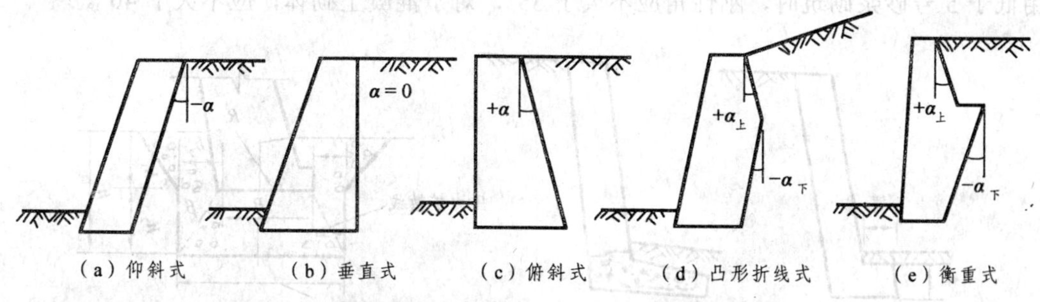

（a）仰斜式　（b）垂直式　（c）俯斜式　（d）凸形折线式　（e）衡重式

图 6.7　重力式挡土墙的断面类型

俯斜式墙背所受的土压力较大，相对而言，俯斜式墙背的断面比仰斜式要大，但当地面横坡较陡时，俯斜式挡土墙可采用陡直的墙面，从而减小墙高。俯斜式墙背的坡度较缓固然对施工有利，但所受的土压力也随之增加，致使断面增大，因此墙背坡度不宜过缓。

垂直式墙背的特点介于仰斜式和俯斜式墙背之间。

凸形折线式墙背是将仰斜式挡土墙的上部墙背改为俯斜，以减小上部断面尺寸，故其断面较为经济，多用于路堑墙，也可以用于路肩墙。

衡重式墙背可以看做是在凸形折线式挡土墙的上下墙之间设一衡重台，并采用陡直的墙面而成。上墙墙背的坡度通常为 1∶(0.25～0.45)，下墙一般在 1∶0.25 左右，上下墙的墙高比一般为 2∶3。适用于山区地形陡峻处的路肩墙和路堤墙，也可以用于路堑墙。

（2）墙面一般为平面，其坡度除应与墙背的坡度相协调外，还应考虑到墙趾处地面的横坡度。当地面的横坡度较陡时，墙面可直立或外斜 1∶(0.05～0.20)，以减少墙高；当地面横坡度较缓时，一般采用 1∶(0.20～0.35) 较为经济。

（3）重力式挡土墙可采用浆砌或干砌圬工。墙顶最小宽度，浆砌时应不小于 50 cm，干砌时应不小于 60 cm。干砌挡土墙的高度一般不宜大于 6 m。浆砌挡土墙墙顶应用 5 号砂浆抹平，或用较大石块砌筑，并勾缝。干砌挡土墙顶部 50 cm 厚度内，宜用 5 号砂浆砌筑，以求稳定。

（4）护栏分为墙式和柱式两种，所采用的材料以及护栏的高度、宽度应根据实际需要而定。为保证行车安全，在地形险峻地段的路肩墙，或过高过长的路肩墙的墙顶，或者弯道处的路肩墙的墙顶应设置护栏等防护设施。护栏内侧边缘距路面边缘的距离，应满足路肩最小宽度的要求。

（二）基　础

地基不良和基础处理不当，往往引起挡土墙的破坏，因此，应重视挡土墙的基础设计。基础设计的任务是：首先应对地基的地质条件作详细调查，必要时须做挖探或钻探，然后再来确定基础类型和埋置深度。

1. 基础类型

挡土墙大多数都是直接砌筑在天然地基上的浅基础。

当地基承载力不够且墙趾处地形平坦时，为减少基底应力和增加抗倾覆稳定性，常常采用扩大基础，如图 6.8（a）所示，将墙趾部分加宽成台阶，或墙趾、墙踵同时加宽，以加大承压面积。加宽宽度视基底应力需要减少的程度和加宽后的合力偏心距的大小而定，一般不小于 20 cm。台阶高度按基础材料的刚性角的要求确定，对于砖、片石、块石、粗料石砌体，当用低于 5 号砂浆砌筑时，刚性角应不大于 35°，对于混凝土砌体，应不大于 40°。

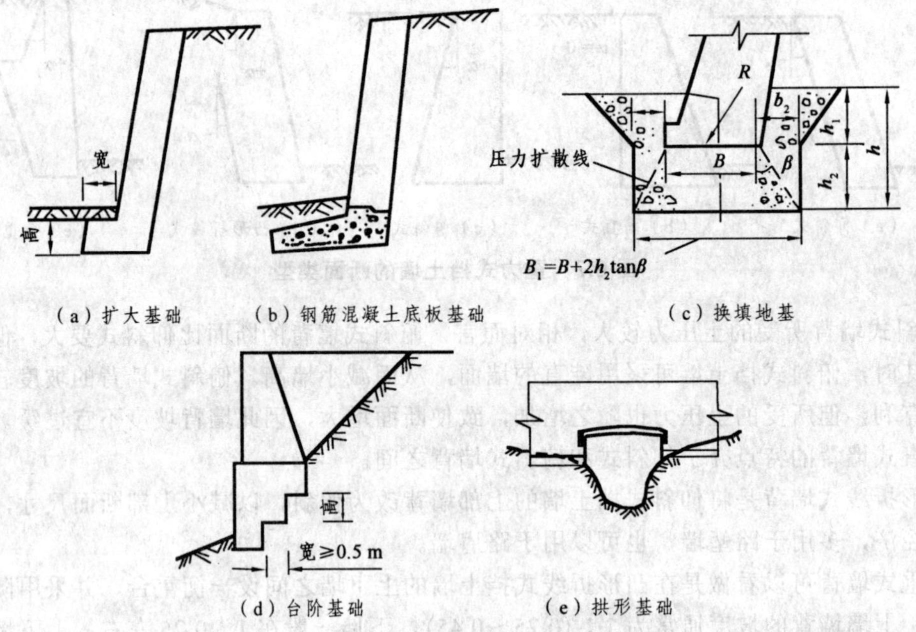

图 6.8　重力式挡土墙的基础类型

当地基压应力超过地基承载力过高时，需要的加宽值较大，为避免加宽部分的台阶过高，可采用钢筋混凝土底板基础，如图 6.8（b）所示，其厚度由剪力和主拉应力控制。

地基为软弱土层（如淤泥、软黏土等）时，可采用砂砾、碎石、矿渣或灰土等材料予以换填，以扩散基底压应力，使之均匀地传递到下卧软弱土层中，如图 6.8（c）所示。一般换填深度 h_2 与基础埋置深度 h_1 之总和不宜超过 5 m，对于淤泥和泥炭等应更浅些。

当挡土墙修筑在陡坡上，而地基又为完整、稳固且对基础不产生侧压力的坚硬岸石时，可如图 6.8（d）所示，设置台阶基础，以减少基坑开挖和节省圬工。分台高一般约 1 m，台宽视地形和地质情况而定，不宜小于 0.25 m，高宽比可以采用 3∶2 或 2∶1。最下一个台阶的底宽应满足偏心距的有关规定，不宜小于 1.5～2.0 m。

如地基有短段缺口（如深沟等）或挖基困难（如局部地段地基软弱或须水下施工时等），可采用拱形基础，如图 6.8（e）所示，以石砌拱圈跨过，再在其上砌筑墙身。但应注意土压力不宜过大，以避免横向推力导致拱圈开裂，设计时应对拱圈予以验算。

2. 基础埋置深度

挡土墙基础，应视地形、地质条件埋置足够的深度，以保证挡土墙的稳定性。设置在土质地基上的挡土墙，基底埋置深度应符合下列要求：

（1）当冻结深度小于或等于 1 m 时，基底应在冻结线以下不小于 0.25 m，并应符合基础埋置深度不小于 1 m 的要求。

（2）当冻结深度超过 1 m 时，基底最小埋置深度不小于 1.25 m，还应将基底至冻结线以下 0.25 m 深度范围的地基土换填为弱冻胀材料。

（3）受水流冲刷时，应按路基设计洪水频率计算冲刷深度，基底应置于局部冲刷线以下不小于 1.0 m。

（4）路堑式挡土墙基础顶面应低于路堑边沟底面不小于 0.5 m。

（5）在风化层不厚的硬质岩石地基上，基底一般应置于基岩表面风化层以下；在软质岩石地基上，基底最小埋置深度不小于 1 m。

对于岩石地基，应清除表面风化层。当风化层较厚难以全部清除时，可根据地基的风化程度及其容许承载力将基底埋入风化层中。基础嵌入岩层的深度，可参照表 6.1 确定。墙趾前地面横坡较大时，应留出足够的襟边宽度（趾前至地面横坡的水平距离），以防止地基剪切破坏。

表 6.1　基础嵌入岩层的深度　　m

岩层种类	基础埋深	襟边宽度	嵌入示意图
较完整的硬质岩石	0.25	0.25～0.50	h　L
一般硬质岩石	0.6	0.6～1.5	
软质岩石	1.0	1.0～2.0	
土　质	≥1.0	1.5～2.5	

当挡土墙位于地质不良地段，地基土内可能出现滑动面时，应进行地基抗滑稳定性验算，将基础底面埋置在滑动面以下，或采用其他措施，以防止挡土墙滑动。

（三）排水设施

挡土墙的排水处理是否得当，直接影响到挡土墙的安全及使用效果。因此，挡土墙应设置排水设施，以疏干墙后填料中的水分，防止地表水下渗造成墙后积水，而使墙身承受额外的静水压力；消除黏性土填料因含水量增加产生的膨胀压力；减少季节性冰冻地区填料的冻胀压力。

挡土墙的排水设施通常由地面排水和墙身排水两部分组成。

可以通过设置地面排水沟，引排地面水；夯实回填土顶面和地面松土，防止雨水和地面水下渗，必要时可加设铺砌；对路堑挡土墙墙趾前的边沟应予以铺砌加固，以防止边沟水渗入基础。

为了迅速排除墙后积水，浆砌挡土墙应根据渗水量在墙身的适当高度处布置泄水孔，如图 6.9 所示。泄水孔尺寸可视水量大小分别采用 5 cm × 10 cm、10 cm × 10 cm、15 cm × 20 cm 的方孔，或直径为 5～10 cm 的圆孔。泄水孔间距一般为 2～3 m，干旱地区可适当加大，孔眼上下交错设置。最下排泄水孔的底部应高出地面 0.3 m，以避免墙外水倒灌。为防止水分渗入地基，在最下一排泄水孔的底部应设置 30 cm 后的黏土防水层，在泄水孔进口处应设置粗粒料反滤层，以避免堵塞孔道。当墙背填土透水性不良或有冻胀可能性时，应在墙后最低一排泄水孔到墙顶 0.5 m 之间设置厚度不小于 0.3 m 的砂、卵石排水层或采用土工布。

干砌挡土墙因墙身透水可不设泄水孔。

（四）沉降缝和伸缩缝

为了防止因地基不均匀沉陷而引起墙身开裂，应根据地基的地质条件及墙高、墙身断面的变化情况设置沉降缝；为了防止圬工砌体因砂浆硬化收缩和温度变化而产生裂缝，需设置伸缩缝。如图 6.9 所示，通常把沉降缝和伸缩缝合并在一起，统称为沉降伸缩缝或变形缝。沉降伸缩缝的间距按实际情况而定：对于非岩石地基，宜每隔 10～15 m 设置一道伸缩沉降缝；对于岩石地基，其沉降伸缩缝间距可适当增大。沉降伸缩缝的缝宽一般为 2～3 cm。浆砌挡土墙的沉降伸缩缝内可用胶泥填塞，但在渗水量大、冻害严重的地区，宜用沥青麻絮或沥青木板等材料，沿墙内、外、顶三边填塞，填深不宜小于 15 cm；当墙背为填石且冻害不严重时，可仅留空隙，不嵌填料。对于干砌挡土墙，沉降伸缩缝两侧应平整石料砌筑，使其形成垂直通缝。

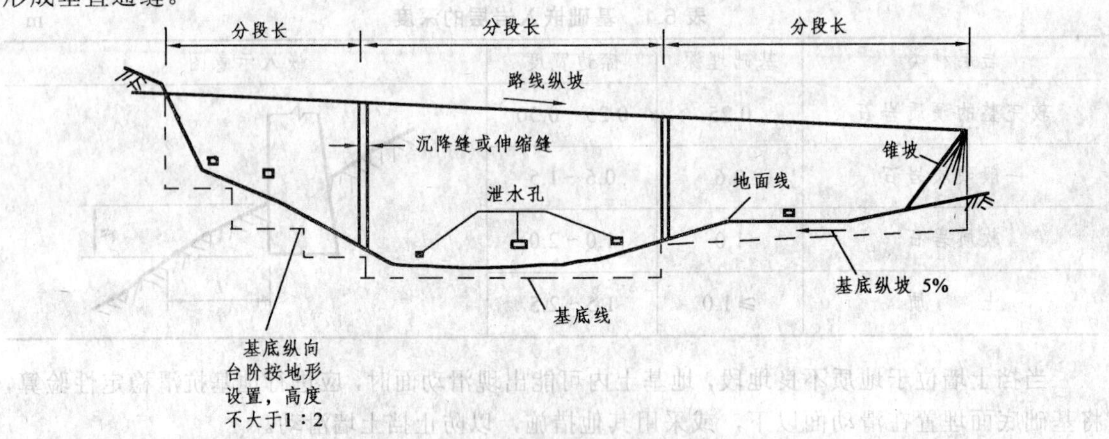

图 6.9　挡土墙的泄水孔与沉降伸缩缝

二、重力式挡土墙的布置

挡土墙的布置是挡土墙设计中的一个重要内容，通常是在路基横断面图和墙趾纵断面图上进行，对于复杂的挡土墙应作平面布置。

（一）横向布置

横向布置主要是在路基横断面图上进行，其内容有：合理选择挡土墙的位置，正确确定断面形式，仔细绘制挡土墙横断面图等。

1. 挡土墙的位置选择

路堑挡土墙大多设置在边沟的外侧，路肩墙应保证路基宽度布设。路堤墙应与路肩墙进行技术及经济比较，以确定挡土墙的合理位置。路堤墙与路肩墙的墙高或圬工数量相近，其基础情况也相仿时，宜作路肩墙，因为采用路肩墙可以减少填方和占地；但当路堤墙的墙高或圬工数量比路肩墙显著降低，且基础可靠时，则宜作路堤墙。浸水挡土墙的布置应结合河流情况，以确保水流顺畅，不致挤压河道而引起局部冲刷。山坡挡土墙应设在基础可靠处，墙高应保证设墙后以上边坡的稳定性。

2. 确定断面形式，绘制挡土墙横断面图

不论是路堤墙，还是路肩墙，当地形陡峻时，可采用俯斜式或衡重式，地形平坦时，可采用仰斜式。对路堑来说，宜用仰斜式或折线式。

挡土墙横断面图的绘制，选择在起讫点、墙高最大处、墙身断面或基础形式变异处，以及其他必需桩号处的横断面图上进行。根据墙身形式、墙高和地基与填料的物理力学指标等设计资料，进行设计或套用标准图，确定墙身断面尺寸、基础形式和埋置深度，布置排水设施，指定墙背填料的类型等。

（二）纵向布置

纵向布置主要在墙趾纵断面图上进行，布置后绘制挡土墙正面图。

（1）确定挡土墙的起讫点和墙长，选择挡土墙和路基或其他结构物的连接方式。

路肩墙与路堑连接应嵌入路堑中 2～3 m；与路堤连接应采用锥坡和路堤衔接；与桥台连接时，为了防止墙后回填土从桥台尾端与挡土墙连接处的空隙溜出，应在台尾与挡土墙之间设置隔墙及端头墙。

路堑挡土墙在隧道洞口应结合隧道洞门、翼墙的设置情况平顺衔接；与路堑边坡衔接时，一般将墙体逐渐降低到 2 m 以下，使边坡坡脚不致伸入边沟内，也可以用横向端墙连接。

（2）按地基及地形情况分段，布置沉降伸缩缝的位置。

（3）布置各段挡土墙的基础。

沿挡土墙长度方向有纵坡时，挡土墙的纵向基底宜做成不大于 5%的纵坡。当墙址地面纵坡不超过 5%时，基底可按此纵坡布置；若大于 5%时，应在纵向挖成台阶，台阶的尺寸随地形而变化，但其高宽比不宜大于 1∶2。地基为岩石时，纵坡虽然不大于 5%，为减少开挖，也可在纵向做成台阶。

（4）布置泄水孔和护栏（或护桩、护墙）的位置，包括数量、尺寸和间距。

（5）标注各特征断面的桩号，以及墙顶、基础、基底、冲刷线、冰冻线和设计洪水位的高程等。

（三）平面布置

对于个别复杂的挡土墙，除了横、纵向布置外，还应作平面布置，并绘制平面布置图。

在平面图上，应标示挡土墙与路线平面位置的关系，与挡土墙有关的地物、地貌等情况，沿河挡土墙还应该标示河道及水流方向，以及其他防护、加固工程等。

在挡土墙设计图纸上，应附有简要说明，说明选用挡土墙设计参数的依据，主要工程数量，对材料和施工的要求与注意事项等，以利指导施工。

第三节　挡土墙的土压力计算与稳定性验算

一、作用在挡土墙上的力系

挡土墙设计的关键是确定作用于挡土墙上的力系，其中主要是确定土压力。

作用在挡土墙上的力系，按力的作用性质分为主要力系、附加应力系和特殊力系。主要力系是经常作用于挡土墙的各种力，如图 6.10 所示，它包括：

（1）挡土墙自重 G 及位于墙上的荷载。

（2）墙后土体的主动土压力 E_a（包括作用在墙后填料破裂棱体 L 的荷载，简称超载）。

（3）基底的法向反力 N 及摩擦力 T。

（4）墙前土体的被动土压力 E_p。

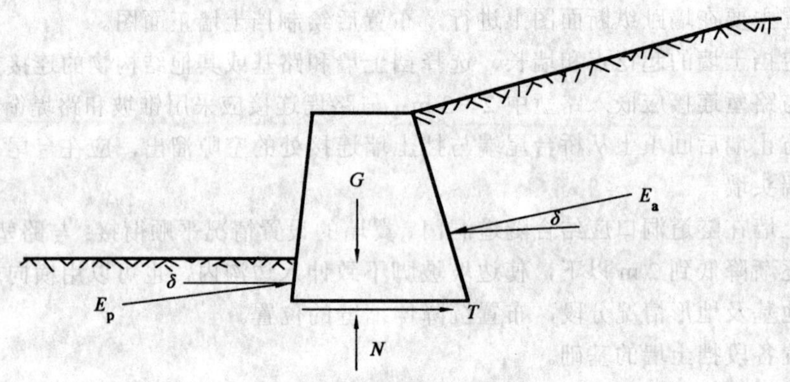

图 6.10　作用在挡土墙上的力系

对浸水挡土墙而言，在主要力系中还应包括常水位时的静水压力和浮力。

洪水时的静水压力和浮力、动力压力、波浪冲击力、冻胀压力以及冰压力等属于附加力，是季节性作用于挡土墙的各种力。

地震力、施工荷载、水流漂浮物的撞击力等属于特殊力，是偶然出现的力。

一般地区，挡土墙设计仅考虑主要力系，在浸水地区还应考虑附加力，而在地震区应考虑地震对挡土墙的影响。因此，在挡土墙的设计中，正确选择各种力组成力系，应根据挡土墙所处的具体工作条件，按最不利的组合作为设计的依据。

二、挡土墙土压力计算

土压力是指挡土墙墙后的土体或墙后土体表面上的荷载对墙背产生的侧压力。

挡土墙的断面尺寸与稳定性主要取决于土压力。

挡土墙所受的土压力与墙的结构形式、位移状态、材料性质、墙后的地表形态，以及土的物理-力学性质和计算理论的假设条件有关。目前常用的有库仑、朗金两个古典理论。

根据挡土墙的位移情况不同，土压力有不同的分类。

1. 主动土压力

当墙身受土体侧压力作用，逐渐向外滑移或倾覆时，墙后土体达到向下滑动的极限平衡状态时，作用于墙背的侧压力达到最小值，此土压力称为主动土压力。用 E_a 表示。

2. 被动土压力

当墙身受外力作用后，墙体向土体方向推压，当土体沿着滑动面向上挤出时，墙背土体所受的侧压力达到最大值，此压力称为被动土压力。用 E_p 表示。

3. 静止土压力

如果墙身坚固，不产生任何方向移动，则作用于墙背的侧压力称为静止土压力。用 E_0 表示。

挡土墙所承受的主动土压力，一般可按库仑理论计算。

三、挡土墙稳定性验算

为保证挡土墙在土压力及外荷载作用下，有足够的强度及稳定性，在设计挡土墙时，应验算挡土墙沿基底的抗滑动稳定性，绕墙趾的抗倾覆稳定性，基底应力和偏心距以及墙身强度等。一般情况下，主要由基底承载力和滑动稳定性来控制设计，墙身应力可不必验算。挡土墙的力学计算取单位长度进行。

1. 荷载分类与组合

施加于挡土墙的常见荷载组合见表 6.2。

表 6.2 挡土墙上的常见荷载组合

组合	荷 载 名 称
Ⅰ	挡土墙结构重力、填土重力、墙顶上有效永久荷载、填土侧压力及其他永久荷载组合
Ⅱ	组合Ⅰ与基本可变荷载相组合
Ⅲ	组合Ⅱ与其他可变荷载、偶然荷载相组合

一般地区的挡土墙，作用于墙上的力系有：

（1）挡土墙的自重及位于墙上的恒载；

（2）作用于墙背上的主动土压力（包括墙后填料破坏棱体上的荷载）；

（3）基底的法向反力及摩阻力。

2. 抗滑动稳定性验算

1）抗滑动稳定系数 K_c 的计算

挡土墙的抗滑稳定性是指在土压力和其他外荷载的作用下，基底摩阻力抵抗挡土墙滑移的能力，用抗滑稳定系数 K_c 表示，即作用于挡土墙的抗滑力与实际下滑力之比，如图 6.11 所示。在一般情况下：

$$K_c = \frac{(W + E_y)f}{E_x} \geqslant [K_c] \qquad (6.1)$$

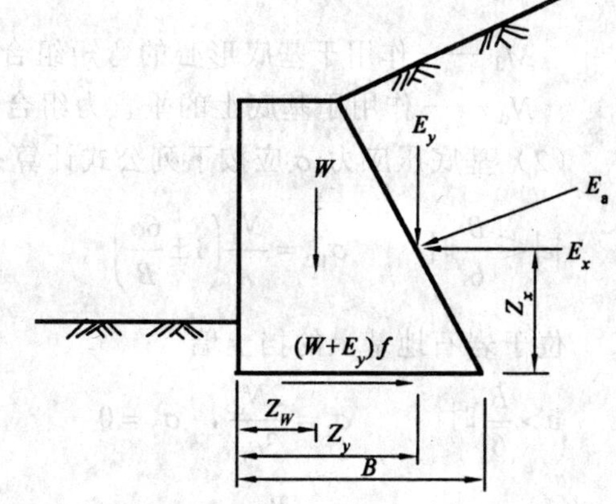

图 6.11 挡土墙抗滑动稳定性验算示意图

式中 W —— 挡土墙自重（kN）；

E_x，E_y —— 主动土压力的水平与垂直分力（kN）；

f —— 基础底面（圬工）与地基土之间的摩擦系数，可通过现场试验确定，当无实测资料时，可参考有关规定；

$[K_c]$ —— 容许的抗滑动稳定系数，对于荷载组合Ⅰ、Ⅱ、Ⅲ为 1.3，施工阶段验算为 1.2。

2）增强抗滑动稳定性的措施

当时 $K_c < [K_c]$ 时，表明挡土墙的抗滑稳定性不足，可考虑加倾斜基底、采用凸榫基础等措施，以增强抗滑动稳定性。

3. 抗倾覆稳定性验算

1）抗倾覆稳定系数 K_0 的计算

挡土墙的抗倾覆稳定性是指它抵抗墙身绕墙趾向外转动以致倾覆的能力，用抗倾覆稳定系数 K_0 表示，即墙趾的稳定力矩和 $\sum M_Y$ 与倾覆力矩和 $\sum M_0$ 之比，如图 6.11 所示，倾覆稳定系数 K_0 为：

$$K_0 = \frac{\sum M_Y}{\sum M_0} = \frac{WZ_W + E_y Z_y}{E_x Z_x} \geqslant [K_0] \tag{6.2}$$

式中 $\sum M_Y$ —— 稳定力系对墙趾的稳定力矩（kN · m）；

$\sum M_0$ —— 倾覆力系对墙趾的倾覆力矩（kN · m）；

Z_x，Z_y —— E_x、E_y 对墙趾的力臂（m）；

Z_W —— 墙重 W 对墙趾的力臂（m）；

$[K_0]$ —— 容许的抗倾覆稳定性系数，对于荷载组合 Ⅰ、Ⅱ 取 1.5，荷载组合Ⅲ取 1.3，施工阶段验算取 1.2。

2）增强抗倾覆稳定性的措施

当 $K_0 < [K_0]$ 时，表明挡土墙的抗倾覆稳定性不足，可考虑加宽墙趾、改变墙面及墙背坡度等措施，以增强其抗倾覆稳定性。

4. 基底应力及偏心距验算

（1）基底合力的偏心距 e_0 可按下式计算：

$$e_0 = \frac{M_d}{N_d} \tag{6.3}$$

式中 M_d —— 作用于基底形心的弯矩组合设计值（kN · m）；

N_d —— 作用于基底上的垂直力组合设计值（kN）。

（2）基底压应力 σ 应按下列公式计算：

$$|e| \leqslant \frac{B}{6} \text{时} \qquad \sigma_{1,2} = \frac{N_d}{A}\left(1 \pm \frac{6e}{B}\right) \tag{6.4}$$

位于岩石地基上的挡土墙

$$e > \frac{B}{6} \text{时} \qquad \sigma_1 = \frac{2N_d}{3a_1}, \quad \sigma_2 = 0$$

$$a_1 = \frac{B}{2} - e_0$$

式中 σ_1 —— 挡土墙趾部的压应力（kPa）；

σ_2 —— 挡土墙踵部的压应力（kPa）；

B —— 基底宽度（m），倾斜基底为其斜宽；

A —— 基础底面每延米的面积，矩形基础为基础宽度 $B \times l$（m^2）。

其余符号意义同前。

基底合力的偏心距 e_0，对于土质地基不应大于 $B/6$，对于岩石地基不应大于 $B/4$。基底压应力不应大于基底的容许承载力 $[\sigma_0]$。基底容许承载力的值可按现行《公路桥涵地基与基础设计规范》（JTGD 63—2007）的规定采用，当为作用（或荷载）组合Ⅲ及施工荷载，且 $[\sigma_0] > 150$ kPa 时，可提高 25%。

（3）基底应力及合力偏心距不满足要求时，可以采取以下措施降低基底压应力及减少偏心距：

① 加宽墙趾或扩大基础，可加大承压面积，调整偏心距。

② 加固地基或换填土，以提高地基承载力。

③ 调整墙背坡度或断面形式以减小偏心距。

5. 墙身断面强度计算

重力式挡土墙一般均属于偏心受压，故截面强度应按偏心受压构件进行验算。

挡土墙验算方法详见路基设计规范。当挡土墙墙身高小于 12 m 时，可依据当地地质、土质、墙体类型及荷载情况直接应用标准图集。

第四节　挡土墙的施工

不同结构形式的挡土墙，有着不同的施工方法和施工工艺。

一、重力式挡土墙的施工

重力式挡土墙结构简单，施工方便，取材容易，一般多采用片石、块石或预制混凝土块砌筑。

在施工前的准备工作中，应做到：首先，测量放样，恢复路基中线，精确测定挡土墙基座主轴线和起讫点两端的衔接是否顺适；其次，按施工放样的实际需要增补横断面桩，测量中桩和挡土墙各点的地面高程，并设置施工水准点；再次，根据现场核对的工程量、工程特点，结合工期要求和设备能力，做出实施性施工组织设计；最后，做好受水影响不良地段的场地排水以及外购和自采材料的试验工作。

根据砌筑工艺不同分为浆砌和干砌两种，浆砌多用于排水、导流构造物及挡土墙，干砌多用于河床铺砌、护坡等。

1. 浆砌施工

1）工艺方法

浆砌原理是利用砂浆胶结砌体材料，使之成为整体而组成人工构筑物，一般有坐浆法、抹浆法、挤浆法和灌浆法四种。

坐浆法又叫铺浆法，是先在下层砌体面上铺一层厚薄均匀的砂浆，然后压下石料，借助石料自重将砂浆压紧，并在灰缝上加以必要的插捣和敲击，使砌石完全稳定在砂浆层上的方法；抹浆法是用抹灰板在砌石上面用力涂上一层砂浆，尽量使之紧贴，然后将砌石压上，辅以人工插捣和敲击，使灰缝平实的方法；挤浆法综合了坐浆法和抹浆法的特点，每砌一块石料，均应先铺底浆，再放石块，经左右轻轻揉动几下，再轻击石块，使灰缝砂浆被压实，在已经砌筑好的石块侧面安砌时，应在相邻侧面先抹砂浆后砌石，并向下和向侧面用力挤压砂浆，使灰缝密实；灌浆法是把砌石按厚度均匀分层水平铺放，空隙填塞碎石，并在其中灌以流动性较大的砂浆，边灌边捣实，直至砂浆不再渗入砌体空隙为止。

2）浆砌砌体

浆砌砌筑顺序以分层进行为原则。较长的砌体还应分段砌筑，相邻两段的砌筑高差不应超过 1.2 m，分段应设置沉降伸缩缝。浆砌片石施工时应选择表面较平、尺寸合适的石块，并做到长短相间、相互咬合、竖缝错开；浆砌块石施工时应先计算层数，选择好石料，并严格控制平面位置和空间高度，做到砌缝横平竖直、修饰美观。

3）砌　缝

砌缝包括错缝、通缝和勾缝。错缝是指砌体在段间、层间的垂直灰缝应相互交错，压叠成不规则的灰缝；通缝是指砌体的水平灰缝，它也是砌体受力的薄弱环节，其承压能力较好，受剪、抗拉和受扭的能力较差；勾缝则具有防止有害气体和风、雨、雪等侵蚀砌体内部，延长构筑物使用寿命及装饰外形美观等作用，勾缝应做到横平竖直、深浅一致，不应有瞎缝、丢缝、裂纹和黏结不牢等现象。

2. 干砌施工

干砌是不用胶凝材料，仅靠石块间摩擦力和挤压力的相互作用使砌石相互咬紧的施工方法。因此，在施工中应注意以下几点：

（1）选择的片石要尽量大，铺砌时大面向下。

（2）错缝要间错咬接，不得有松动的石块，空隙和松动的石块间要用小石块填塞，但小石块不能过于集中。

（3）干砌顺序应先中后边，先里后外，并要求外高内低，以防石块下滑。

（4）分层干砌时应在每一层每 m^2 内干砌一块直石，以便上下层咬接。

3. 墙顶施工

墙顶宜用粗料石或现浇混凝土做成顶帽，厚 30 cm，路肩墙顶面宜用大块石砌筑，并用 M5.0 以上水泥砂浆勾缝和抹平，厚 2 cm，且均应在墙顶外缘线留出 10 cm 的帽檐。

4. 基础施工

基础是挡土墙的重要组成部分，在基础施工中应注意以下问题：

（1）基础的各部分尺寸、形状、埋置深度均应按设计要求进行施工。

（2）在松软地层或坡积层地段开挖时，基坑不宜全段贯通，而应采用跳槽办法开挖以防止上部失稳。

（3）基底软弱或图纸不良时，可以通过拓宽基础、增加钢筋混凝土底板或者采用软基的处理方法（换填法、砂桩法、土工织物等）来处理。

（4）开挖后，基底岩层有孔隙裂缝时，应以水泥砂浆或小石子混凝土浇注饱满。

（5）基坑开挖大小应满足基础施工需要。一般基坑底面宽度应比设计尺寸各边宽 0.5～1.0 m，以免施工干扰。

（6）土质基坑开挖至相应高程后不应长时间暴露、扰动或浸泡，以免降低其承载能力。

5．排水设施及沉降伸缩缝施工

排水设施和沉降伸缩缝的施工应与砌体施工同步进行，其内容主要有反滤层的填筑、泄水孔位置的预埋以及横向盲沟的设置等。

6．墙背填料

砌体砂浆强度达到70%以上后，方可回填墙背填料，并优先选择渗水性较好的填料；墙背回填要均匀摊铺平整，每层压实厚度不应超过 20 cm，压实遍数通过试验确定；压实时注意勿使墙身受较大的冲击，靠近墙背 1.0 m 范围应用小型机具碾压或夯实。

二、锚杆挡土墙的施工

锚固技术在土建工程中均有广泛的应用，如用于加固钢筋混凝土挡土墙、加固基础的地基和锚固稳定各种失稳边坡等。下面主要介绍柱板式锚杆挡土墙的施工要点。

1．预制构件

预制场设置的规模和配备，应结合实情根据工程数量大小以及构件的类型而定。对地面板等小型构件，为加快周转速度，配套的钢模板可采用大批量定型生产的各种预制构件的模板，也可采用钢、木混合制作。模板应具有足够的强度和刚度，构件应表面平整，外形轮廓清晰，线条顺直，不得有露筋翘曲、掉角啃边，各部分尺寸应符合要求。当构件较大时，设置钢筋吊环，以便搬运和起吊安装。

2．钻　孔

（1）其锚孔直径一般大于 100 mm，宜用钻机成孔，并针对地层软硬和破碎等情况，分别采用不同类型并能做斜孔钻进的钻机。在钻进过程中，钻杆不能承受过大的扭矩而使钻进深度受到影响。

（2）锚杆一般沿水平方向倾斜 10°～45°。倾角的大小应视施工机具、岩层走向、倾角等情况和肋柱的受力条件而定，但尽可能按锚杆最短长度考虑。锚杆在岩层中的有效锚固长度一般不小于 4.0 m；锚入稳定土层内的锚固长度一般不小于 9.0～10 m。为判定锚杆材质和压浆的密实性，应做锚杆的确认试验。

3．灌　浆

（1）锚孔的灌浆是影响锚固能力的主要因素之一。灌浆前应冲水清洗孔壁，将孔中的碎渣岩粉清除干净，保持孔内干燥及孔壁干净粗糙，锚杆应正确就位和居中。为增加锚杆的抗拔能力，在成孔过程中，可将钻孔中部或孔端部用小药量爆破扩孔，形成葫芦形状。

（2）在孔口深 0.4 m 范围内先用 1∶3 水泥砂浆堵塞，并预留排气孔、灌浆孔，或采用孔盖封闭更好。在灌注过程中，要注意排气孔不被堵塞，待灌满后拔出灌浆管，封闭排气孔及灌浆孔。灌浆孔以外至挡土板之间的锚杆，需刷防锈漆两遍再包扎两层沥青麻布，在肋柱外露部分的螺帽用砂浆或小石子混凝土包头。

（3）灌浆采用 M3.0 水泥砂浆，以 1∶3 质量比配制，其水灰比按现场试验确定，一般为 0.5～0.6，砂子粒径不宜大于 2 mm，过大时易沉积而堵塞管路。如需提高砂浆早期强度和加快进度，可酌情掺加适量外加剂。

（4）灌浆采用压浆泵，通常为一次常压灌浆，压力不宜过大。但有压力的灌浆可加固土壤和裂隙性岩石的作用，一般应为 0.5～0.6 MPa，一直持续到饱满为止。

4. 肋　柱

肋柱施工有就地灌筑和预制拼装两种。当为预制时应结合肋柱高度及吊装设备的能力，考虑为整根或分两根拼接，其两端拼接处可用大于 20 mm × 300 mm 的预埋销钉连接或用预留榫接。必要时，可在两节段端部分别焊上钢板，装配时将两钢板焊接，再用多颗螺栓拧紧固结。肋柱部位的锚杆预留孔，其位置必须正确，便于锚杆的穿越和固定。当采用就地灌筑时，锚杆与肋柱连接，可把锚杆钢筋弯肋柱内。

路基土石方开挖与锚杆施工要相互协调，紧密配合。当开挖到接近设计边坡线 2.0 m 范围内，应采用松动爆破，以免破坏坡体，增加锚固施工困难，做到边坡开挖与锚杆施工同步进行。局部高墙或高边坡施工锚杆时，可构筑临时性脚手架和平台。在边坡开挖中当挖至某一层锚杆高程后，应对锚杆附近岩石加以清除，及时进入锚杆施工，以免坡体产生变化。

5. 挡土板

挡土板均为预制拼装构件，顺高方向的宽度可视工地起吊设备的能力而定，但不小于 30 cm。挡土板可做成槽形板、矩形板，以槽形板较为经济，板厚不宜小于 20 cm，与肋柱的搭接长度不得小于 10 cm。同一根肋柱上相邻两跨挡土板搭接处的对缝宽度宜为 1～2 cm，其缝隙可按伸缩缝处理。

6. 基　础

对于肋柱宜采用杯形基础。灌筑混凝土时，要防止杯芯模板向上浮升或四面偏移。杯芯模板的拆除要掌握混凝土凝固情况，一般在初凝前后即可用锤轻打或橇捧松动，各部分尺寸和埋置深度应遵循设计要求。

7. 墙背填料

填料应优先采用具有一定级配的砾类及砂类土，当用透水性差的黏性土填筑时，应在墙背做好反滤层、透水层、隔水层以及纵横间的盲沟等防排水设施，并结合填料进度同步进行。

三、加筋土挡土墙的施工

加筋土挡土墙是由填土和在填土中布置的一定量的拉筋以及直立的墙面板三部分组成的一个整体的复合结构。

加筋土挡土墙有以下特点：

（1）可做成很高的垂直填土，从而减少占地面积。

（2）面板、筋带可在工厂中定型制造加工，构件全部预制，实现了工厂化生产。

（3）施工快速，且能节省劳力和缩短工期。

（4）加筋土挡土墙的造价与重力式挡土墙相比可降低 40%～60%，墙越高，经济效益越好，与其他形式钢筋混凝土挡土墙相比，造价上的优势更加显著。

（5）具有柔性结构的性能，可承受较大的地基变形，因而适用于软土地基。

1. 基础施工

基础开挖时，基槽（坑）平面尺寸一般大于基础外缘 0.3 m。对未风化的岩石应将岩面凿成水平台阶，台阶宽度不宜小于 0.5 m，台阶长度除满足面板安装需要外，高度比不宜大于 1∶2。当基槽（坑）底土质为碎石土、砂性土或黏性土时，均应整平夯实。对特殊地基，应按有关规定处理。在地基上浇筑或放置预制基础，基础一定要做得平整，使得面板能够直立。

2. 面板安装

混凝土面板可在预制厂或工地附近场地预制后再运到施工场地安装。面板可竖向堆放，也可平放，但应防止扣环变形和碰坏翼缘角隅。当面板平放时，板块间宜用方木衬垫。

1）第一层面板安装

第一层面板安装是控制全墙基线是否符合设计的关键，其面板外缘线应用经纬仪测量控制，然后再进行水平测量。安装时用低强度砂浆砌筑调平，同层相邻面板水平误差不大于 10 mm，轴线偏差每 20 延米不大于 10 mm，这样可保证墙面水平缝一致的基本要求。当填料为黏性土时，由于其透水性较差，故宜在面板背后不小于 0.5 m 范围内回填砂砾材料，这样既便于压实，又利于排水。面板安装可用人工或机械吊装就位。安装时单块面板的倾斜度一般可内倾 1/200～1/100，作为填料压实时板外倾的预留度。

2）其他各层面板安装

沿面板纵向每 5 m 间距设标桩，每层安装时用垂球挂线，再用经纬仪测量核对。每 3 层面板安装完毕后均应测量高程和轴线，其允许偏量与第一层相同。不得在未完成填土作业的面板上安装上一层面板。严禁采用坚硬石子及铁片支垫，以免造成应力集中损坏面板。

3. 铺设筋带

钢带与面板拉环（片）的连接和钢带的接长，可用插销连接、焊接或螺栓连接，钢带应平顺铺设于已压实整平的填料上，不得弯曲或扭曲。

钢筋混凝土带与面板拉环的连接以及每节钢筋混凝土带之间的连接，可采用焊接、扣环或螺栓连接。筋带底面的填料应平整和密实。钢筋混凝土带可在压实的填料达到设计高程后，按设计位置挖槽铺设，也可直接铺设于压实的填料上。

聚丙烯土工带与面板的连接，一般可将土工带的一端从面板预埋拉环或预留孔中穿过，折回与另一端对齐。应避免土工带在环（孔）上绕成死结，不然筋带材料会超过其弯折强度，影响筋带使用寿命。土工带应按扇形辐射状铺设在压实整平的填料上，不宜重叠，不得卷曲或折曲，不得与硬质棱角填料直接接触。在铺设时可用夹具将筋带拉紧（拉力宜保持一致），再用少量填料压住筋带，使之固定并保持正确位置。

在拐角处和曲线部位，各类筋带的布筋方向都应与墙面垂直。当设有加强筋时，加强筋可与面板斜交。

4. 填料的采集、摊铺和压实

填料采集后应按交通运输部现行的《公路土工试验规程》（JTGE 40—2007）的要求做标准击实试验。加筋土填料可用人工采集或机械采集，采集时应清除表面种植土、草皮及杂土等。对浸水加筋土工程的填料，应选用水稳性好的透水性材料填筑。

加筋土填料应根据筋带竖向间距进行分层摊铺，卸料时机具与面板距离不应小于 1.5 m，可用人工摊铺或机械摊铺。摊铺厚度应均匀一致，表面应平整，并设不小于 3% 的横坡。当机械摊铺时，摊铺机械距面板不应小于 1.5 m，并不得在覆盖填料的筋带上行驶或停车。距面板 1.5 m 范围内应用人工摊铺。

碾压前应进行现场压实试验，根据碾压机械和填料性质确定填料分层摊铺厚度、碾压遍数，以指导施工。填料填筑压实时，应随时检查其含水量是否满足压实要求。每层填料摊铺完毕后，应及时碾压，加筋土工程的填料应严格分层碾压。碾压时一般应先轻后重，并不得使用羊足碾。压实作业应先从筋带中部开始，逐步碾压至筋带尾部。

5. 防水和排水

加筋土工程施工现场应先完成场地排水，以保证正常施工。当加筋土工程区域内出现层间水、裂隙水、泉涌等时，应先修筑排水构筑物，再进行加筋土工程施工。加筋土工程中的反滤层、透水层、隔水层等防排水设施应按设计要求与加筋体施工同步进行，对路肩式加筋土挡土墙，路肩部分应进行封闭。

思考与练习

6.1 按照挡土墙的设置位置，挡土墙分为哪几类？挡土墙有哪些用途？

6.2 重力式挡土墙的基本组成部分有哪些？

6.3 挡土墙的布置要求有哪些？

6.4 试述挡土墙的设计步骤。

6.5 试述重力式挡土墙的验算内容。

6.6 重力式挡土墙的施工步骤有哪些？

第七章 路基施工及其机械设备

学习目标

① 了解路基施工的重要性与常用的基本方法。

② 掌握路基施工前的组织、物质及技术准备工作的主要内容。

③ 重点掌握路基施工过程与施工前的技术交底内容。

④ 了解路基施工的基本程序。

⑤ 了解机械化施工的重要性。

⑥ 掌握路基施工的主要机械种类、特点和使用范围。

⑦ 了解路基施工的机械组合原理和基本原则。

第一节 概 述

施工单位接受施工任务后，即可着手进行施工前的准备工作。路基施工前的准备工作是保证路基施工顺利实施的基本前提。路基施工前的准备工作必须根据规定要求落实好，施工准备工作的好坏，直接影响到工程的进度、质量和施工单位的经济利益，因此必须高度重视，认真对待。

一、路基施工的重要性

路基是公路的重要组成部分，是路面的基础。路基的强度和稳定性，不仅需要通过认真设计予以保证，而且还要通过精心施工得以实现。提高路基的强度和稳定性，可以提高路面的使用品质，延长使用寿命，降低工程造价。

路基土石方工程量大，分布不均匀，不仅与路基工程相关的设计如路基排水、防护与加固等相互制约，而且同公路工程的其他工程项目如桥涵、隧道、路面及附属设计等相互交错。故路基施工在质量标准、技术操作、施工管理等方面具有特殊性，它往往是施工组织管理的关键，必须加以研究和不断改进。

二、路基施工的基本方法

路基施工的基本方法，按其技术特点大致可分为：人工施工、简易机械化施工、机械化施工、水力机械化施工和爆破施工等。

1. 人工施工

即依靠人力，使用手工工具来完成主要的施工过程，具有工效低、进度慢和工程质量难以保证的特点。在路基施工中，采用人工施工较为普遍，特别是山区公路，一些机械无法进场，个别工种无法开展机械化作业。因此，在施工中不可避免地要用到人工施工。

2. 简易机械化施工

即以人力为主，配以机械或简易机械的施工。相比人工施工来说，能减轻劳动强度，加快施工进度，提高质量。

3. 机械化施工

采用推土机、铲运机、平地机、挖掘机、压路机及松土机等现代化程度较高的机械，相互协调、共同配合来完成施工过程的方法。它可以极大地提高劳动生产率，显著加快施工进度，并有效地保证工程质量和施工安全及降低工程造价。目前，我国大多数高等级公路的施工都是采用这种方法。它是加快公路建设速度，实现公路施工现代化的根本途径。

4. 水力机械化施工

水力机械化施工是运用水泵、水枪等水力机械，喷射出强力水流，把土冲散并泵送到指定地点进行沉淀。这种方法可用于挖掘比较松散的土层和进行软土地基加固的钻孔工作，但需要充足的水源和电源。

5. 爆破施工

爆破施工是开挖岩层的基本方法。如果采用钻岩机钻孔，爆破后机械清理运渣，便是岩石路基机械化施工的必要条件。此外，爆破法还适用于冻土、泥沼等特殊路基施工和石料的开采、加工工作。

施工方法的选择应根据工程性质、施工期限、现有条件和工程费用等因素而定，且应因地制宜和灵活使用各种方法。在我国，目前已有大量的筑路机械，特别是近年来，各地都先后引进了成套的现代化筑路设备应用于公路路基的施工中，基本实现了机械化或半机械化作业。因此必须通过提高机械施工技术与管理水平，提高劳动生产率，从而发挥机械设备的作用，实现施工现代化。

三、路基施工的主要内容

1. 施工前的准备工作

为保证施工正常进行，施工前的准备工作极为重要。其内容大致可分为组织准备、物质准备和技术准备三个阶段。

2. 路基施工的基本工作

路基施工的基本工作包括路基和小型人工构造物两部分。

路基施工的主要内容有开挖路堑、填筑路堤、路基压实和修筑排水沟渠及防护加固设施，小型构造物包括小桥、涵洞和挡土墙的修筑等。

3. 路基工程的检查和验收

为确保工程质量，在工程施工过程中应按施工标准和技术规范进行检查和验收。中间检查的目的是及时发现存在的问题，采取补救措施，以利下一步工序顺利进行。在工程完工后，还应由施工单位会同设计、使用和养护单位进行交工验收。

路基工程检查与验收项目主要包括路基有关工程的位置、高程、断面尺寸、压实度等。

四、路基施工的基本程序

施工单位从投标接受施工任务到竣工验收，大致要经过如图 7.1 所示的几个阶段。

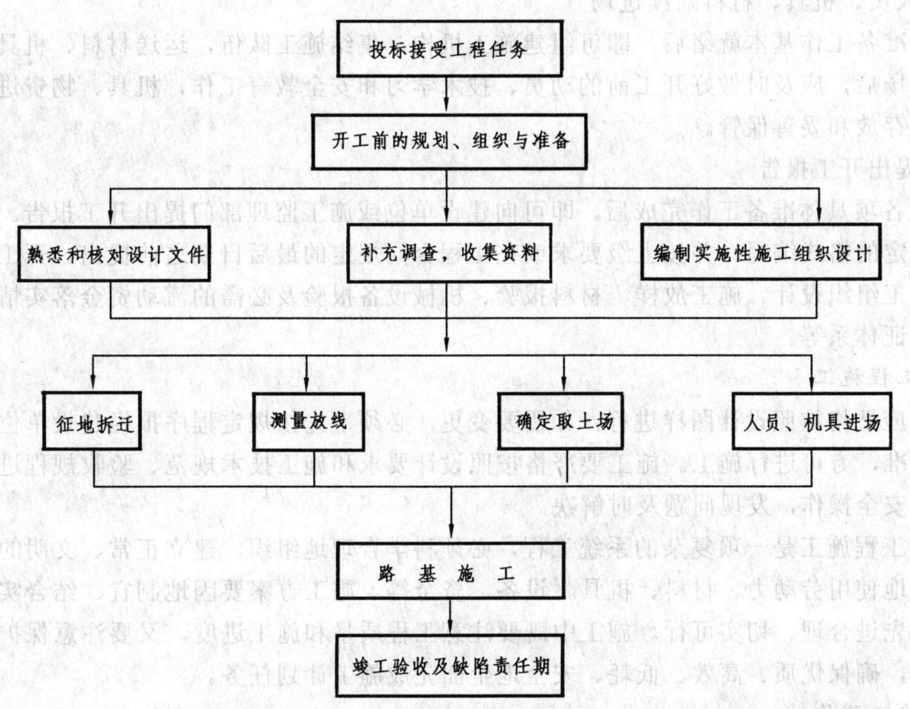

图 7.1　路基施工的基本程序

1. 接受施工任务

施工企业获得施工任务通常有 3 种方式：一是由上级主管单位统一接受任务，按行政隶属关系安排计划下达；二是经主管部门同意后，对外接受任务；三是自行对外投标，中标后获得任务。随着我国改革开放的深入和社会主义市场经济体制的形成和发展，施工任务将主要以参加投标的方式，在建筑市场的竞争中获得。

2. 开工前的规划组织准备

开工前的施工准备工作分为战略性的规划组织准备和技术性的现场条件准备两大部分内容，前者是总体的布置，后者是具体的落实。

3. 开工前的现场准备

经过现场核对后，依据设计文件和实施性施工组织设计，认真做好施工现场的准备工作。

1）征地及拆迁

划定工程建设用地，开始征用土地，拆迁房屋、电信及管线设施等各种障碍物，施工临时用地，也应同时办理。

2）技术准备工作

进行施工测量，平整场地，做好施工放样，布置施工场地；建立工地实验室，进行各种建筑材料试验和土质试验，为施工提供可靠的调查与准备，包括建筑材料、机具设备、工具等的货源安排，进场后的堆放、入库、保管及安全工作等。

3）建立临时生活、生产设施

修建便道、便桥，搭盖工棚；选址修建预制场、机修厂、沥青拌和基地、混凝土搅拌站等大型临时设施；临时供电、供水、供热及通信设备的安装、架设与运行等。

4）人员、机具、材料陆续进场

施工准备工作基本就绪后，即可组建施工机构，集结施工队伍，运送材料、机具。当施工队伍进场后，应及时做好开工前的动员、技术学习和安全教育工作，机具、物资进场后，要按计划存放和妥善保管。

5）提出开工报告

上述各项具体准备工作完成后，即可向建设单位或施工监理部门提出开工报告。施工应严格按规定的格式编写，并按上级要求或在工程合同规定的最后日期之前提出。开工报告的内容有施工组织设计、施工放样、材料报验、机械设备报验及必需的流动资金落实情况和自检质量保证体系等。

4. 工程施工

施工应严格按照设计图样进行，如需要变更，必须事先按规定程序报经建设单位或监理工程师批准，方可进行施工。施工要严格按照设计要求和施工技术规范、验收规程进行，保证质量，安全操作，发现问题及时解决。

公路工程施工是一项复杂的系统工程，必须科学合理地组织，建立正常、文明的施工秩序。有效地使用劳动力、材料、机具、设备、资金等。施工方案要因地制宜、结合实际，施工方法要先进合理、切实可行。施工中既要注意工程质量和施工进度，又要注意保护环境、安全生产，确保优质、高效、低耗、安全地全面完成施工计划任务。

5. 竣工验收

公路基本建设项目的竣工验收是全面考核公路设计成果，检验设计和施工质量的重要环节。公路施工企业在竣工验收阶段应做好以下几项工作。

1）竣工验收准备

工程项目按设计的要求建成后，施工企业应自行初验，即交工验收。初验时，要进行竣工测量，编制竣工图表；认真检查各分部工程，发现有不符合设计要求和验收标准之处应及时修竣；整理好原始记录、工程变更设计记录、材料试验记录等施工资料；提出初验报告。

2）竣工验收工作

施工企业所承担的工程全部完成，经初验符合要求，并具备相应的施工文件资料后及时报请上级领导单位组织竣工验收。参加竣工验收的人员，应包括设计、施工、监理、养护、建设单位代表和建设银行、当地有关部门代表以及特邀专家。

竣工验收的具体工作由验收委员会负责完成。验收委员会在听取施工单位的施工情况和初验情况汇报并审查各项施工资料之后，采取全面检查、重点复查的办法进行验收。

验收工作以设计文件为依据，按照国家有关规定，分析检查结果，评定工程质量等级，形成竣工验收签订书，并经监理工程师签认。对需要返工的工程，应查明原因，提出处理意见，由施工单位负责按期维修。

3）技术总结

竣工验收通过后，施工单位应认真做好工程施工的技术总结，对于施工中采用的新技术和重大技术革新项目，以及施工组织、技术管理、工程质量安全工作等方面的成绩，应进行专题总结。

4）建立技术档案

技术档案包括设计文件、施工图表、原始记录、竣工文件、验收资料、专题施工技术总结等。

这些文件在工程竣工验收后由施工单位汇集整理装订成册并按管理等级建档保存。保密工程的图样资料，按有关保密制度办理。

第二节　施工前的准备工作

准备工作的基本任务是了解施工的客观条件，根据工程的特点、进度要求，合理安排施工力量，从人力、物资、技术和施工组织等方面为工程施工创造一切必要的条件。

一、组织准备

组织准备包括建立健全的施工组织机构和组建施工队伍。

1. 建立施工组织机构

在整个工程项目施工之前，首先要建立一个能完成施工管理任务，使项目运转自如的高效项目组织机构，即项目经理部。

一般项目经理部的组织机构设置项目经理为本工程的负责人，负责全面管理工作；项目总工程师负责本工程的质量与技术管理工作；项目经理部下设质检、工程技术、财务、材料、政工、安全等管理部门。为便于组织施工及管理，在项目经理部统一指挥下，应根据工程的特点，按工程项目类别分别设路基土石方、排水及涵洞、防护工程等专业作业组（工区）。以上各工区及施工组分别负责组织本工程范围内相应工程项目的施工。

2. 组建施工队伍

考虑到所担负工程的具体情况，结合施工队伍施工特点、技术装备情况、技术熟练程度和施工能力，施工队伍应进行适当的培训，以满足工程施工的要求。

二、物质准备

1. 机械及工具准备

根据工程需要、工程量大小及施工进度，配备足够数量且有效的施工机械、设备及工具机械设备要配套选择，要充分发挥机械设备的性能，要保证机械设备的正常操作使用。

2. 材料准备

（1）编好材料预算，提出材料的需用量计划及加工计划。

（2）根据施工平面图安排，落实材料的堆放和临时仓库设施。

（3）组织材料的分批进场。当场地狭小时，要考虑场地的多次周转使用，要按时间、地点安排使用场地。

（4）组织材料的加工准备，尽可能的集中加工。例如对水泥混凝土、沥青混合料的集中配料拌和等。通过对材料的集中加工，可以减少材料消耗，提高材料的利用率，保证材料质量，也可以减轻劳动强度，提高机械化和专业化水平，还可以减少临时设计的规模，节约施工临时用地，有利于实现文明施工。

3. 安全防护准备

按照施工安全要求，切实做好防火、防爆工作，准备好各种安全防护和劳动防护用品，并要求全体人员严格遵守安全操作规程进行施工。

三、技术准备

技术准备工作的主要内容就是熟悉设计文件、进行技术交底和实施施工调查。

1. 熟悉设计文件

主要是领会文件精神，注意设计文件中所采用的各项技术指标，考虑其技术经济的合理性和施工的可能性。在熟悉文件的过程中，应进行现场核对，如发现有疑问、错误和与实际不符之处，应按照有关规定及时向监理或设计代表等有关部门提出问题，及时确认，或进行相应的变更。

设计文件是组织工程施工的主要依据，熟悉、审核施工图纸是领会设计意图、明确工程内容、掌握工程特点的重要环节。施工单位在接到施工设计文件后，应该立即组织有关技术人员对施工技术文件进行审核，充分了解设计意图，核对地形和地质资料。

熟悉审核设计文件一般应注意以下几个方面：

（1）进行施工前的现场调查，核对设计计算的假定和采用的处理方法是否符合实际情况，工程质量能否保证，施工是否有足够的可靠性，对保证安全施工有无影响。

（2）核对设计是否符合施工条件，如需采用特殊施工方法和特定技术措施时，技术上和设备条件上有无困难。

（3）结合生产工艺和使用上的特点核对施工有哪些技术要求，能否满足设计规定的标准。

（4）核对有无特殊的材料要求，这些材料的品种、规格、数量能否解决。

（5）核对图纸说明有无矛盾，规定是否明确、齐全，核对图纸各构造物的主要尺寸、位置、高程有无错误。

（6）通过熟悉图纸，明确施工中所需材料和构件等制备工程项目的安排。

（7）通过熟悉设计文件，确定与施工有关的组织、物质、技术等各方面的准备工作项目。

在有关施工人员熟悉设计文件、充分准备的基础上，由建设单位负责人召集设计、施工、监理、科研人员参加图纸会审会议。设计人员向施工单位作图纸交底，讲清设计意图和对施工的主要要求。施工人员应对图纸和有关问题提出质询，并由设计单位对图纸会审中提出的合理化建议，按程序进行变更设计或作补充设计。审核后的设计文件，应作审核记录，并由审核人签字。

2. 编制施工方案，进行施工组织设计

主要是编制施工进度图和概预算控制文件等。

3. 技术交底

设计文件是工程施工最重要的依据。组织技术人员熟悉和了解设计文件，是为了明确设计者的设计意图，掌握图样、资料的主要内容及有关的原始资料。此外，从设计到施工通常都要间隔较长时间，勘测设计时的原始自然状况也许会由于各种原因有所变化，因此必须对设计文件和图样进行现场核对。

4. 施工调查

路基施工准备阶段的施工调查，目的是为做好土石方调配和施工组织设计，须着重收集下列资料：

（1）特殊土地区和特殊条件下路基地质情况、河道情况、地下水位、冻结深度、风沙或泥石流季节等。

（2）核对土石方类别及其分布，进行填料初步核查和试验。调查高填、深挖地段施工环境条件及取土、弃土困难地段的填料来源、弃土位置和运土条件（包括运距、道路交通情况）等。

（3）大量石方爆破地段的地形、地貌、地质、附近居民、建筑物、交通与通信设施情况。

（4）农作物收种季节及平均产量和办理用地补偿工作所需资料。

（5）为办理房屋、道路、管路、线路等拆迁补偿工作和清理施工场地所需的资料。

（6）修筑各项临时工程、施工机械及运输组装场地，施工防排水措施的资料。

（7）现场布置、机具配备、工期安排。

（8）任务划分、队伍部署、驻地选择。

根据沿线调查资料，写出调查报告，提出施工初步安排意见、施工中存在的问题及解决的措施等，编制实施性施工组织设计。

现场核对时，如发现设计有错误或不合理之处，应提出修改意见报上级机关审批，待核准批复后进行现场测量、修改设计、补充图样等工作。

实施性施工组织设计是指导施工的重要技术文件。公路施工是野外作业，又是线性工程，各地自然地理状况和施工条件差异很大，不可能采用一种定型的、一成不变的施工方案和施工方法，每项工程的施工都需要通过深入细致的工作，个别确定施工方案和施工组织方法。因此，必须认真做好实施性施工组织设计，并编制相应的施工预算。

公路施工需要调用大量人工、材料和机具。施工先遣人员的任务，就是结合施工现场的实际情况，具体落实施工队一旦进入工地后在生产、生活、环境等方面必须解决的问题，对施工中涉及其他部门的问题做好联系、协调工作，签订相应的会谈纪要、协议书或合同，同时还要及时与当地政府部门取得联系，积极争取地方政府对工程施工的支持。

四、现场准备

路基施工的现场准备工作包括：施工测量，清理场地，铺筑试验路段和修建临时设施等。

施工现场准备的同时也包括了部分物质资料的准备，其目的是为了顺利施工、方便职工生活，符合防洪、防火等文明生产，为文明施工创造良好条件。

1. 施工测量

从路线勘测到施工进场一般要经过一段时间，在这段时间内原始的路桩标志可能有部分丢失或发生移动。因此，施工单位接桩后必须按设计资料对路线进行复测，把决定路线位置的各测点加以恢复。工程开工前，要对业主及设计单位提供的现场红线控制桩等进行现场复核，确认无误后才能使用。施工前的测量工作主要包括：导线的复测与加密，中线的复测，水准点的复测与增设，横断面的检查与补测，路基中线、边线的施工放样。

（1）导线复测就是把控制路线中线的各导线点在地面上重新钉出。导线复测应采用红外线测距仪或其他满足测量精度的仪器，其测量精度应满足设计要求。当设计未规定时，角度闭合差为 $\pm 16\sqrt{n}$（″），n 为测点数；坐标相对闭合差为 ±（1/10 000）。复测导线时，必须和相邻施工段的导线闭合。对有碍施工的导线点，在施工前应设护桩加以固定。

（2）中线复测就是把标定路线平面位置的各点在地面上重新钉出，有时还要在平曲线上以及地形有突变或土石方成分有变化等位置处增加控制桩，并复核路线的长度。如发现丈量错误或需要局部改线，均应进行断链处理，相应调整纵坡，设置断链桩，注明前后里程关系及长（或短）链距离。对高等级公路，应采用坐标法恢复主要控制桩。复测中常会发现有些桩丢失，要及时补上。位于路基范围内的桩因施工无法保留时，应另用桩移于路基范围之外。恢复中线时应注意与独立施工的桥梁、隧道及相邻施工段的中线闭合，发现问题应及时查明原因，并报监理工程师。

（3）水准点的复测和增设是根据路线纵断面图，复核有疑问的地面高程。当相邻水准点相距太远时，为便于施工期间引用，应加设一些临时水准点，其位置宜设在一些重点工程（如桥涵、隧道、挡土墙）和高路堤、深路堑等集中土石方地段附近及不受施工影响和便于引用的岩石或永久性建筑物上。临时水准点的高程必须符合精度要求。

（4）横断面的检查与补测即现场核对原测横断面是否符合实际情况，尤应注意位于曲线部分桩号的横断面方向，如有不符应予重测。对于恢复中线时新加设的桩点，应进行横断面补测与设计。此外，应检查路基边坡设计是否恰当，与有关结构物（如涵洞、挡土墙）的设计是否配合、相称，取土坑、弃土堆的位置是否合理。

（5）路基开始施工前，应根据路基横断面设计图或路基设计表进行放样工作。路基放样的目的是在原地面上标示出路基的轮廓，作为施工的依据。其工作内容有：

① 在路中线各桩点处标定填挖高度。

② 确定横断面的方向，通常以方向架进行。

③ 按设计图纸在地面上定出横断面上的各主要点的位置。如路基中心点及边缘点，路堤坡脚及路堑坡顶，半填半挖断面的坡脚与坡顶，以及边沟、取土坑、护坡道及弃土堆等。

④ 边坡放样。即按设计的路基边坡率，把边坡位置标出来。

⑤ 移桩移点。当所钉木桩的位置在施工中难以保存时，应沿横断面方向将桩点移设于施工影响范围之外。

就施工程序而言，桥涵应先于路基完工，但由于各种原因，往往桥涵尚未修建，路基即需开工，所以需要预留小桥涵位置。预留桥涵位置时，应先确定桥涵中心桩及其起讫桩，然后根据桥涵台的形式，照设计图中的尺寸并考虑桥涵台背回填时的施工要求，测定台后应留出的顺路线方向的长度并设立木桩。

2. 清理场地

施工前应清除施工现场内所有阻碍施工或影响工程质量的障碍物，其具体工作内容包括用地划界、砍伐树木和场地排水。

施工前，根据实际情况确定用地范围进行公路用地测量，并绘制用地平面图及用地划界表，送交有关单位拆迁及办理占用土地手续。施工前对路基范围内的所有地物均应妥善处理。路基施工范围内的所有建筑物、设施等，均应会同有关部门事先拆迁或改造。因路基施工影响沿线附近建筑物的稳定时，应予适当加固。

场地排水是指疏干、排除场地上所积地面水，保持场地干燥，为施工提供正常条件。通常是根据现场情况，设置纵横排水沟，形成排水系统，将水引入附近河渠、低洼处排除。在受地面积水或地下水影响的土质不良的地段施工时，为了保证工程质量，减少土方挖掘、运送和夯实的困难，施工前也应切实做好场地排水工作并齐全有效。

3. 铺筑试验路段

高速公路和一级公路、特殊地区的公路或采用新技术、新工艺、新材料的路基，在正式施工前，应采用不同的施工方案和施工方法，铺筑试验路段并进行相关试验分析，从中选出最佳施工方案以指导大面积路基施工。所铺筑的试验路段应具有代表性，施工机械和施工工艺过程要与以后全面施工时相同。通过试验路段铺筑，可确定不同压实机械压实各种填料的最佳含水量、适宜的松铺厚度、相应的碾压遍数、最佳机械配置与施工组织方法等。

4. 临时工程

临时工程是实施永久性工程所必需的各项相关的临时性的工程项目，包括临时用地、临时供电、临时供水、临时交通道路、临时通信线路和施工用房等。临时工程的建设对于保证正常施工以及确保施工质量和安全，起着必备前提条件的作用。因此临时工程的施工要与正式工程一样进行周密的考虑。但由于它只要求在施工期内达到预期的目的，所以应确保安全、满足使用、力求简化。

临时工程的建筑施工，应依照施工组织设计所确定的总体布置和施工方案进行，其设计图纸与说明书应提交监理工程师审批。

第三节　公路工程机械化施工

一、机械化施工的意义

公路工程机械化施工是指通过合理地选用施工机械，科学地组织施工以完成工程作业的全过程。但机械化程度还远不能表示机械化施工的意义，后者有着更广泛的含义，即不仅体现于机械化程度，而且更注重机械的管理水平，应当理解为涉及施工机械、施工技术、施工组织及施工管理等多学科的现代施工技术。它包含以下3个方面的意义：

（1）在公路工程的机械化施工中，提高机械化装备水准。对可采用机械作业的，应尽可能地采用机械代替，减轻人的繁重的体力劳动，节省人工，改善劳动条件，充分发挥机械的效能，加快施工进度，降低消耗和施工成本，保证工程质量，最终取得明显的经济效益。

（2）要有科学的施工组织设计指导工程施工。公路工程不仅受各种自然因素的影响很大，而且“战线”长，工程量大，运用机械数量多、种类繁杂。所以应运用先进的管理科学技术，对施工组织计划进行优化，以最佳方案组织施工，才能更好地发挥机械化施工的作用，体现优越性。

（3）不断采用先进的机械设备，取代低效、高能耗的落后机械，加强使用、维修和科学管理，是提高机械化施工水平的重要内容和途径。

二、机械化施工的特点与要求

公路工程的机械化施工是减轻劳动强度、提高工效、加快建设速度、保证工程质量、节约资金和降低成本的重要手段，与人力施工相比，具有其特殊性，因而在施工的技术、组织和管理上有更高的要求。

1. 机械化施工的特点

（1）能完成独特的施工任务。有些工程或工序是人力所无法做到的，或者具有一定的危险性，必须借助机械才能按一定的设计要求完成。

（2）能改善劳动条件。使用操作灵活、威力巨大的机械可以代替大量的体力劳动，并能在一定工期内和有限的工作面上完成大量作业。

（3）大幅度提高劳动生产率。一台斗容 0.5 m^3 的挖掘机可以代替 80～100 个工人的体力劳动，一台中型推土机相当于 100～200 人的工作量，由此可见，机械施工与人力劳动相比，其效率可提高几十倍甚至百倍以上。

（4）机动灵活。对于公路工程施工这种“战线”长的工程，随着工程的进展，施工队伍转移是经常不断的，相对而言，机械的调转比起大批的人员转移方便得多，更适用于流动性大的工程施工。

2. 机械化施工的要求

（1）需要有严密的科学的施工组织与管理，需要有充足的燃料能源，要有附属设施和维修设备，良好的零配件供应及相适应的运输条件，更需要具有一定业务专长的技术干部和技术工人。

（2）为了整个施工过程中，各个作业、各道工序均衡协调，故需要有足够数量、种类及规格的机械设备，但投资巨大。

三、施工机械选择的原则

施工机械种类繁多，各种机械又有其独特的技术性能和作业范围。各种机械可能有多种用途，而某一施工内容往往可以用不同机械去完成，或者需要若干机种联合工作。为了获得最佳的技术经济效果，根据具体的施工条件，必须对施工机械进行合理的选择与组合，使其发挥尽可能大的效能。

工程量与施工进度（工期）是合理选择机械的重要依据。一般地，为了保证施工进度和提高经济效益，工程量大、工期紧时应采用大型机械，而工程量小时，则采用中、小型施工机械。但这不是绝对的，有时候可能是其他因素更突出地影响着施工机械的选择。

一般地，选择施工机械应遵守下述原则。

1. 施工机械与工程的具体实际相适应

这里的工程具体实际是指工程量的大小，工期的要求，工地的气候、地形、土质，施工场地的大小，运距远近，施工断面尺寸，工程质量要求等。在条件允许的情况下，尽量选择最能满足施工内容的机种和机型。

2. 应有较好的经济性

施工机械经济性选择的基础是施工单价，主要和机械固定资产消耗及运行费用等因素有关。必须权衡工程量与机械费用的关系，同时要考虑机械的先进性和可靠性，这是影响经济效益的重要因素。采用先进的机械设备，其技术性能优良、构造简单、易于操纵、故障率大大降低，最终可取得较好的经济效益。

3. 应能保证工程质量要求和施工安全

根据工程的技术要求，选择合适的施工机械是保证工程质量的重要因素之一。对技术质量要求高的作业项目，应考虑采用性能优良或专用的机械，以保证工程质量和较高的生产率。同时，选择的机械应具有可靠的安全性能，能保证施工人员和设备安全。

4. 机械的合理组合

合理地进行机械组合是发挥机械设备效能的重要因素，也是机械化施工的一个基本要求，包括技术性能和机械类型及其数量两个方面的配置。组合时应考虑以下几点：

（1）主导机械与配套机械的工作容量、数量及生产率应稍有储备，机械的工作能力应配合适宜。一般配套机械的工作能力应稍大于主导机械要求配套机械的工作能力，以充分发挥主导机械的生产率。

（2）牵引车与配套机具的组合。

（3）配合作业机械组合应尽量少，以提高施工总效率。

（4）尽量选用系列产品，便于维修和管理。

对于土方工程，使用机械组织施工的方法有：推土机施工法、铲运机施工法和挖掘机加装载机施工法。根据土方工程通常的作业程序，机械的配套和组合见表 7.1。它们间的组合关系可以作为组成合理的机组进行施工的一个参考依据。

表 7.1　土方工程常见机械的配套与组合

<table>
<tr><td colspan="2">作业名称</td><td>挖掘</td><td>装载</td><td>搬运</td><td>路面修整</td><td>撒布</td></tr>
<tr><td colspan="2">作业程序</td><td>1</td><td>2</td><td>3</td><td>4</td><td>5</td></tr>
<tr><td rowspan="3">机械的配套与组合</td><td>推土机施工法</td><td colspan="3">推土机</td><td>机动平地机</td><td rowspan="3">推土机、机动平地机、压路机</td></tr>
<tr><td>铲土机施工法</td><td colspan="3">机动铲土机、拖式铲土机＋推土机</td><td>机动平地机</td></tr>
<tr><td>挖掘机施工法</td><td>挖掘机</td><td colspan="2">装载机、翻斗车、自卸汽车</td><td>机动平地机</td></tr>
</table>

四、施工机械选择的方式

在公路工程施工中，应根据机械的技术性能针对各项作业的具体情况，从下述几方面出发，合理地选择机械。

1. 根据作业内容选择

路基工程的作业内容可分为基本作业和辅助作业。基本作业包括土石方挖掘、装运、填筑、压实、修整和挖沟。辅助作业有砍伐树根、松土、爆破、表层清理和处置。各种作业都由相应的施工机械完成。

实践表明，对中小型工程，选择通用性机械较为合理、经济。而对于大型的工程，应当更注重根据作业内容选择机械，才能获得最佳的技术经济效益。具体选择时，先选定作业的主要机械，然后根据其生产能力、工作参数及施工条件选择辅助机械，以保证工程连续均衡地开展。

2. 根据土质条件选择

土石是机械施工的主要对象，其性质和状态直接影响施工机械作业的质量、工效和成本等，因此，土质条件也是选择机械的一个重要依据。一般从以下方面考虑选用：

（1）根据机械通行性选择。所谓通行性，是用以表示车辆特别是工程车辆在土质等条件限制下，在工地行驶的可能程度。一定土质地面的车辆通行性，可通过对土壤性质变化的测定来确定。

（2）根据土的工程特性选择。不同土质对不同机械的施工作业的可能性和难易程度影响较大，因此，必须根据工地土质的工程特性，选择合适的机械。在选择施工机械时，通常把较为干燥的黏土、砂土、砂砾土、软石等称做硬土；把淤泥、流砂、沼泽土和湿陷性大的黄土、黑土及软弱黏土等称做软土。

3. 根据运距选择

各种铲运机械都有自己的经济运距，所以应结合工程规模及现场条件选择。

4. 根据气象条件选择

气象条件主要是指雨季的雨水、冬季结冰的融水及冬季的冻土。因为雨水使土壤的含水量增大，工程条件恶化，降低原有机械的作业效率，有时甚至不得不使用效率较低的履带式机械。冬季天气寒冷，出现冻土，增加了施工作业的困难，降低了作业效率，甚至还需要松土器等机械来帮助作业。

第四节 常用的施工机械与设备

土方工程施工主要包括土方的搬运、整平、压实等项目，其工序是：铲土、装土、运土、卸土、整平、洒水、压实。

通常把完成土方的搬运、整平的机械统称为土方施工机械。目前，应用较普遍的土方施工机械有推土机、铲运机、平地机、单斗挖掘机、装载机、工程运输车辆等。

对石方的填筑、开挖和石料的开采、加工的机械与设备称为石方施工机械。石方施工机械主要有空气压缩机（简称空压机）、凿岩机、破碎机和筛分机等。

在路基施工过程中，采用专用的压实机械进行压实是施工的关键工序之一，压实效果的好坏，直接关系到工程质量的优劣。因此，压实机械也是路基施工中不可或缺的机械设备。

下面分别介绍路基施工的常见机械。

一、推土机

推土机是路基土方工程施工中最常用的机械之一，它的特点是所需作业面小、机动灵活、转移方便、短距离运土效率高、干湿地都可以独立工作，同时也可以配合其他机械施工，因此在土方工程机械化施工中广泛应用。

1. 用途及工作对象

推土机是以工业拖拉机或专用牵引车为主机，前端装有推土装置，依靠主机的顶推力，对土石方或散状物料进行切削或搬运的铲土运输机械，如图 7.2 所示。

推土机担负着切削、推运、开挖、填积、回填、平整、疏松、压实等多种土石方作业，是各类工程施工中必不可少的关键设备。此外，大型推土机加装松土器后还可以进行土石的劈松作业，加装多齿松土器可用于劈开较薄的硬土、冻土等，加装单齿松土器除能疏松硬土、冻土外，还可以劈松具有风化和有裂缝或节理发达的岩石。

图 7.2 推土机

推土机的作业对象主要是：各级土、砂石料及风化岩石等。

2. 分　类

推土机可按其行走方式、推土板安装方式、操作系统、作业方式及发动机功率进行分类。

（1）按行走装置形式分为履带式和轮胎式两类。

（2）按推土板安装方式分为固定式和回转式两种。

（3）按推土板的操纵方式分为机械式和液压式两种。

（4）按作业方式分为直铲、斜铲、侧铲、湿地四种。

（5）按发动机功率分为小型（37 kW 以下）、中型（37～250 kW）、大型（大于 250 kW）三种。

目前，推土机的操纵方式多为液压式，行走装置形式多为履带式，发动机功率向大功率方面发展，功率在 120 kW 以上的其后面多带有松土器，使推土机的适用范围越来越广。

3. 作业范围与适用条件

推土机一般适用于季节性强、工程量集中、施工条件较差的施工环境，主要用于 50～

100 m 短距离作业，如路基修筑、基坑开挖、填筑堤坝、平整场地、清除树根、填平壕堑、堆集石碴等，并可为铲运机与挖装机械松土和助铲及牵引各种拖式工作装置等作业。

履带式推土机是使用最广泛的一种推土机，它适宜于Ⅳ级以下土壤的推运。当推运Ⅳ级和Ⅳ级以上土壤和冻土时，必须先进行松土。

1）直铲作业

直铲作业是推土机最常用的作业方法，主要用于将土壤和石碴向前推送和场地平整等作业。其经济作业距离为：小型履带式推土机一般为 50 m 以内；中型履带式推土机为 50～100 m，最远不宜超过 120 m；大型履带式推土机为 50～100 m，最远不宜超过 150 m；轮胎式推土机为 50～80 m，最远不宜超过 150 m。

2）侧铲作业

侧铲作业主要用于傍山铲土、单侧弃土。此时推土板的水平回转角一般为左右各 25°。作业时能一边切削土壤，一边将土壤移至另一侧。侧铲作业的经济运距一般较直铲作业时短，生产率也低。

3）斜铲作业

斜铲作业主要应用在坡度不大的斜坡上铲运硬土及挖沟等作业，推土板可在垂直面内上下各侧斜 9°。工作时，场地的纵向坡度应不大于 30°，横向坡度应不大于 25°。

4）松土器的劈开作业

一般大、中型履带式推土机的后部可悬挂液压松土器。松土器有多齿和单齿两种。多齿松土器挖凿力较小，主要用于疏松较薄的硬土、冻土层等。单齿松土器有较大挖凿力，除了能疏松硬土、冻土外，还可以劈裂风化岩和有裂缝或节理发达的岩石，并可拔除树根。用重型单齿松土器劈松岩石的效率比钻孔爆破法高。为了提高劈松岩石能力，也可用推土机助推。

二、铲 运 机

铲运机是一种使用范围很广的土方施工机械，主要用于较大运距的土方工程，如填筑路堤、开挖路垫、大面积的平整场地和浮土剥离等。铲运机本身能完成铲装、运输和卸铺作业，并兼有一定的压实和平整能力，所以在公路工程施工中，它是一种主要的土方施工机械，如图 7.3 所示。

1. 用途及工作对象

在公路工程施工中，铲运机是大规模路基施工中的一种生产率高、经济效益好的理想土方运输机械。

图 7.3　铲运机

铲运机的经济运距一般在 100～1 500 m，最大运距可达几千米。自行式铲运机的工作速度可达 40 km/h 以上，斗容可超过 30 m^3。因此，在中长距离作业时，铲运机具有很高的生产率和良好的经济效益。

铲运机可以用来直接完成Ⅱ级以下较软土体的铲挖，对Ⅲ级以上较硬的土，应对其进行预先疏松后再进行铲挖。铲运机还可以对土进行铺卸平整作业，将土逐层填铺到填方地点，并对土进行一定的压实。

2. 分　类

铲运机可按铲斗容量、卸土方法、操纵系统形式、装载方式、行走方式及轴数等进行分类。

（1）按铲斗容量分为小容量（3 m^3 以下）、中等容量（4～14 m^3），大容量（15～30 m^3）和特大容量（30 m^3 以上）四种。

（2）按卸土方法分为强制式、半强制式和自由式三种。

（3）按操纵系统形式分为钢索滑轮式和液压操纵式两种。

（4）按铲运机装载方式分为普通装载式和链板装载式两种。

（5）按行走方式分为拖式、半拖式和自行式三种。

（6）铲运机按其轴数分为双轴式与单轴式。双轴式铲运机自己没有动力，一般由履带式拖拉机、推土机牵引，故有时又称其为拖式铲运机；单轴式铲运机是拖挂在单轴轮胎牵引车上，牵引车的单轴主动桥也就是铲运机的前轴，因此形成一种本身具备动力装置的自行式铲运机，故有时又称其为自行式铲运机。

3. 作业范围与适用条件

铲运机的适用范围主要取决于材料特性、运距、机械本身的性能和道路状况。铲运机适用在Ⅰ～Ⅳ级土壤中工作，要求铲土作业地区没有树根、树桩、大的石块。在Ⅳ级以上土壤和冻土条件作业时，必须先进行预松。普通装载式铲运机一般多用于含水量不大的轻级和中级土壤中作业，过湿的黏土装卸都比较困难，而铲装干散的砂土时不易装满铲斗。链板装载式铲运机除可装载普通土壤外，还可装载砂、砂砾石和级配均匀的小石碴等混凝土骨料，但不宜用于铲运大的鹅卵石、石碴和潮湿的黏土等。普通装载式铲运机在未经预松的密实的土壤中工作，或当牵引机车功率不足时，为使切削土壤轻便，使铲斗装得更满和节省牵引功率，常采用推土机助铲。一台推土机，对多台铲运机进行助铲，具体配合需视运距远近确定。

铲运机是根据运距、地形、土质来选用，其中经济运距和作业阻力是选择铲运机的主要依据。

三、平 地 机

平地机是一种装有以铲土刮刀为主，配备其他多种可换作业装置，进行土地刮平和整形连续作业的施工机械。平地机的铲土刮刀，较推土机的推土铲刀灵活，它能连续改变刮刀的平面角和倾斜角，使刮刀向左右、上下移动一定的位置，即可连续进行铲松土、运土、大面积平地、挖沟、刮边坡作业。平地机其他可换作业装置有耙子、推土铲刀、扫雪器等。

1. 用途及工作对象

平地机是进行土的切削、刮送和整平作业的工程机械，它可进行砂、砾石路面及路基路面的整形和维修、表层土或草皮的剥离、挖沟、修刮边坡等整平作业，还可完成材料的混合、回填、推移、摊平作业。平地机配以辅助装置，如耙子、推土铲、松土器、变形刮刀、扫雪器、碾压滚等，可以进一步提高其工作能力，扩大其使用范围。因此，平地机是一种效能高、作业精度好、用途广泛的施工机械，被广泛用于公路、铁路、机场、停车场等大面积场地的整平作业。

2. 分　类

（1）平地机按行走方式分为自行式及拖式两种。拖式平地机因机动性差、操作费力已不生产。自行式平地机由于其机动灵活、生产率高而被应用。平地机的主要工作装置是一把带转盘的长刮刀。它由液压操纵，可进行左右两侧的升降，向左、右伸出和随着转盘作水平转动三种动作。当刮刀转到与机械的纵轴成一定的角度（此角称为刮土角）时，下降刮刀使其一边或两边触地，随着机械的前进，刮刀一边或全长即铲出土壤。平地机如图 7.4 所示。

图 7.4　平地机

① 自行式平地机按行走车轮数目分成四轮式和六轮式两种。四轮式用于轻型平地机，六轮式用于大中型平地机。

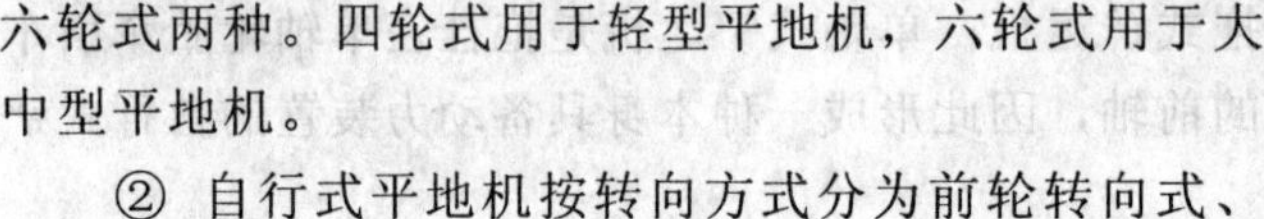

② 自行式平地机按转向方式分为前轮转向式、全轮转向式、后转向架转向式和铰接转向式四种。

（2）平地机还可按刮刀长度或发动机功率分为轻、中、重型三种，见表 7.2。

表 7.2　平地机的类型

类型	铲刀长度/m	发动机功率/kW	质量/kg	车轮数
轻型	≤3	44 ~ 66	5 000 ~ 9 000	四轮
中型	3 ~ 3.7	66 ~ 110	9 000 ~ 14 000	六轮
重型	3.7 ~ 4.2	110 ~ 220	14 000 ~ 19 000	六轮

（3）平地机按工作装置（刮刀）和行走装置的操作方法，可分为机械操纵和液压操纵两种。目前，自行式平地机多采用液压操纵。

3. 作业范围与适用条件

平地机是一种功能多、效率高的工程机械，适用于公路、铁路、矿山、机场等大面积的场地平整作业，也能进行挖沟、刮坡、推土、松土、开荒、除雪等作业。

四、挖掘机

挖掘机在公路工程中是用于挖掘和装载土、石、砂砾及散粒材料的重要施工机械。按照挖掘机的结构和工作原理不同，可分为单斗挖掘机和多斗挖掘机两大类。

1. 用途及工作对象

各种类型与功能的挖掘机械，在国民经济建设的许多行业，如工业与民用建筑、交通运输、水利电力工程、农田改造、矿山采掘以及现代化军事工程等的机械化施工中被广泛采用。据统计，工程施工中约有 60%以上的土石方量是靠挖掘机来完成的。在各类工程施工中，挖掘机主要用于完成下列工作：

（1）开挖建筑物或厂房基础；

（2）挖掘土料，剥离采矿场覆盖层；

（3）采石场、隧道内、地下厂房和堆料场中的装载作业；

（4）开挖沟渠、运河和疏浚水道；

（5）更换工作装置后，可进行混凝土浇筑、起重、安装、打桩、夯土等作业。

2. 单斗挖掘机的分类

公路工程施工中以单斗挖掘机最为常见，如图 7.5 所示。故此处仅介绍单斗挖掘机。

图 7.5 单斗挖掘机

单斗挖掘机可按走行方式、动力装置、传动方式、工作装置及工作环境进行分类。

（1）按走行方式分为履带式、轮胎式、步履式和轨道式。

（2）按采用的动力不同分为柴油机驱动式、电力驱动式、柴油机电力驱动式和柴油机液力驱动式等。

（3）按传动方式分为机械传动、液压传动和混合传动三种，混合传动指机械-液压传动。近年来，机械传动式挖掘机逐步被液压传动式挖掘机所取代。

（4）按工作装置分为正铲挖掘机、反铲挖掘机、拉铲挖掘机及抓铲挖掘机四种。

（5）按适应工作环境分为适于高原地区、寒冷地区、沼泽地区等种类。

3. 单斗挖掘机的作业范围与适用条件

单斗挖掘机根据其工作装置的不同，可适用于不同的工作场所。

1）机械传动式

（1）正铲挖掘机。正铲挖掘机是单斗挖掘机的主要形式之一：正铲斗的运动是一条复杂的曲线，它与土壤的性质和状态、切削边的形状和铲斗的提升、推压速度有关。理想的挖掘轨迹是开始一段几乎水平，斗柄以较大的速度外伸，随着铲斗的提升，推压速度降低，待斗齿处于推压轴高度时，推压速度为零，一般情况下，挖掘也就终止。在实际工作中，斗柄外伸以斗柄行程的 2/3 为佳。机器回转角度取决于工作面的布置及运输车辆的位置，多为 15°～180°。正铲挖掘机用来挖掘停机面以上的工作面。

（2）反铲挖掘机。反铲挖掘机是正铲挖掘机的一种换用装置。反铲斗的运动轨迹为复杂的曲线，它与动臂变幅速度、斗柄转动速度、铲斗切削边的形状以及土壤的性质、状态有关。反铲工作循环时间一般要比正铲大 8%～30%。反铲挖掘机用来挖掘停机面以下的工作面。

（3）拉铲挖掘机。拉铲挖掘机是铲斗作挠性连接的最常用的一种形式。拉铲作业时，如附近有弃土场，则无需运输工具，效率较高。拉铲挖掘机适用于挖掘停机面以下的工作面，并适合水下作业。拉铲的挖掘能力受铲斗自重的限制，一般只能挖掘Ⅰ～Ⅳ级土壤。

（4）抓斗挖掘机。抓斗挖掘机也是铲斗作挠性连接的常用的一种形式。抓斗挖掘机可在提升和挖掘深度范围内用以挖掘停机面以上或者以下的工作面，特别适合挖掘深而边坡陡直的基坑和深井，可进行水下作业，其挖掘深度一般比拉铲大 20%～40%。抓斗的挖掘能力因受自重限制，只能挖掘一般土料、砂砾类松散物料。

（5）装有吊钩的挖掘机。吊钩是挖掘机通常的一种换用装置，用来进行装卸、安装等工作。一般通用式挖掘机都配备有吊钩装置，专用挖掘机必要时也可改装成起重机使用。

（6）装有其他工作装置的挖掘机。除了上述几种形式外，在某些场合，还有刨护、刮铲、桩锤、夯板等作业装置进行施工。

2）液压传动式

液压挖掘机具有挖掘力大、动作平稳、作业效率高、结构紧凑、操纵轻便、更换工作装置容易等特点，近年来发展很快。其主要工作方式有：

（1）反铲。反铲是中、小型液压挖掘机的主要工作装置，主要用于基坑开挖等停机面以下的土方工程，也可以挖停机面以上的土方工程。液压挖掘机的挖土动作，主要靠挖掘机动臂、斗杆及铲斗的自重和各工作液压缸的推动力，因此，它的切削力较大。液压挖掘机的动臂可分为组合式和整体式两种。组合式动臂由上下两节或多节组成，其工作尺寸和挖掘力可根据作业条件的变化进行调整。因此，组合式动臂除用于挖掘作业外，还适用于边坡的修整和工作平面的平整。

（2）正铲。正铲挖掘机主要用于挖掘停机面以上的工作面。由于液压挖掘机正铲的动臂摆幅能够变化，因此，也能挖掘停机面以下工作面的土壤。正铲的卸土方式有前卸式和底卸式两种。用反铲改成的正铲斗只能用前卸式卸土。底卸式铲斗靠液压缸打开斗底卸土，以降低卸土高度，减少土对运输车辆的冲击。在挖掘比较松散的物料或装载散状物料时，正铲斗可换装装载斗，在整机重力不变的情况下，这种铲斗的斗容量可以增加到反铲斗容的 1.6～2.0 倍。

（3）抓斗。液压抓斗根据作业对象不同，其结构形状也不相同。用于土方作业的抓斗，一般为双颚式，斗容量约等于正反铲的半容量。由于液压抓斗的抓取力比钢丝绳式抓斗大得多，其生产率也较钢丝绳抓斗高得多，作业质量也好。但其挖掘深度受动臂和斗杆限制，因此挖掘深度较小。为了增大挖掘深度，可在斗杆端部和抓斗之间加几节加长杆。

（4）起重吊钩。通用液压挖掘机只要把斗杆端部铲斗换成吊钩，就可成为液压起重机。这种起重机起重能力比一般起重机小得多，由于它机动灵活，在一些施工中（如敷设管道）效率比较高。有时为了配合反铲作业，在吊装不太重的物体时，可以直接在反铲斗上安装吊钩。

（5）其他工作装置。液压挖掘机还可以配用其他装置完成不同的作业。如装上平整刮刀，可进行推土、平整边坡和基坑等；配上液压镐，可进行岩石、混凝土路面的破碎；装上液压钻，可在地面上钻孔；装上松土器，可以耙黏土和红砂岩等。

五、装载机

装载机是一种在履带式拖拉机或轮式基础车上装有一个装载斗的循环作业式机械，可用来装载土、砂、砂土、碎石等松散材料，也可作短距离的装运转料，是一种工作效率较高的铲装土运输机械，兼有推土机和挖掘机两者的工作能力。其优点是适应性强、作业效率高、操纵简便，如图 7.6 所示。

1. 用途及工作对象

装载机是一种广泛用于公路、铁路、矿山、建筑、水电、港口等工程的土石方施工机械，它主要用来铲、装、卸、运土与砂石一类散状物料，也可对岩石、硬土进行轻度铲掘作业。

如果换不同工作装置，还可以扩大其使用范围，完成推土、起重、装卸其他物料的工作。在公路特别是高等级公路施工中，它主要用于路基工程的填挖，沥青和水泥混凝土料场的装料和运料等作业。由于装载机具有作业速度快、效率高、操作轻便等优点，所以它在国内外得到迅速发展，成为公路建设中土石方施工机械的主要机种之一。

图 7.6 装载机

2. 分 类

装载机可以进行铲掘、推运、整平、装卸和牵引等多种作业，是一种发展较快的循环作业式机械。装载机按工作装置不同可分为单斗式、双斗式、挖掘装载式和斗轮式四种；按动臂形式的不同可分为全回转式、半回转式和非回转式三种；按自身结构特点可分为刚性式和铰接式两种；按行走方式分为轮胎式与履带式两种；按铲斗的额定载重量可分为小型、轻型、中型、重型四种。

3. 作业范围与适用条件

装载机有轮胎式和履带式两类，前者以铰接式车架为主，具有质量小、速度快、机动灵活、行走时不破坏路面、维修方便等优点，广泛应用于公路、铁路、水利、矿山、港口等工程中。履带式装载机具有通行性好、稳定性强、牵引力大等优点，但由于速度低、不够机动灵活、制造成本高、行走时易破坏路面、转移工地需用平板车拖运等缺点，主要用在路面条件较差、隧道装渣和不经常移动的场合。

六、凿岩机

凿岩机是石质隧道和石料开采等石方工程钻炮眼的主要工具。任何石方工程首先要在岩层上钻凿出炮眼，再放进炸药去炸开岩层，然后才能按作业需要去清理和加工。在石方工程中，钻凿炮眼的作业时间所占比例甚大。如果利用人力抡大锤去锤击钢钎来完成，则十分费时和费力，而用凿岩机进行机械化凿击，不但可以减轻工人的劳动强度，而且大大地提高了钻炮眼的工效。另外，凿岩机还可以用来改做破坏器，用于破碎原有混凝土之类的坚硬层，以便消除或重新修造。液压凿岩机如图 7.7 所示。

图 7.7 液压凿岩机

1. 用途及工作对象

在施工作业中，凿岩机械主要用于在坚硬岩石上钻凿炮孔，它是石方工程施工的关键设备。凿岩机械的工作对象是岩石，在石方工程施工中，通常是采用凿岩爆破法将岩石从岩体上崩落下来。该机械主要适用于钻凿孔径小于 80 mm 的炮孔，在中小量石方工程中使用较多。

2. 分类及适用范围

按照冲击钎尾和转动钎头所用动力的不同，凿岩机可划分为电动、内燃、液压和风动等四种类型。

（1）电动凿岩机是利用电能使电动机旋转，再通过齿轮传动使一根带有偏心块的曲轴旋转，偏心块在旋转中所产生的离心力，就迫使与曲轴铰接的冲击锤作直线往复运动，从而冲击钢钎钻凿岩层。电动凿岩机的动力单一，效率较高。

（2）内燃凿岩机是利用可燃混合气在凿岩机汽缸内燃烧膨胀时所做的功，通过冲击活塞去冲击钢钎而钻凿岩层。这种凿岩机由于携带轻便，目前使用也较广泛。

（3）液压凿岩机以高压液体为驱动力，动力消耗少，能量利用率高。高效液压凿岩机的能耗只有同级气动凿岩机的 1/4～1/3。液压凿岩机的运动件在油液中工作，无须加润滑油，维护工作量少，所以正常工作的液压凿岩机的凿孔综合成本比气动凿岩机低。

（4）风动凿岩机是利用压缩空气作为动力，交替地进入凿岩机汽缸的两端，使汽缸中的活塞产生往复运动，冲击钢钎而进行凿岩。由于它质量轻、结构简单、工作可靠，因此在公路工程中使用很广泛。

所有类型的凿岩机，它们的工作都是在旋转过程中冲击钢钎。如果将机头加以改装，使之只冲击而不旋转，便成了破凿机具（又称风镐）。

七、压实机械

压实机械是一种利用机械自重、振动或冲击的方法，对被压实材料重复加载，克服材料之间的黏聚力和内摩擦力，排出其内部的气体和水分，迫使材料颗粒之间产生位移，相互楔紧，增加密实度，使之达到一定的密实度和平整度的作业机械。

1. 用途及工作对象

压实机械用于道路、铁路、机场、港口和堤坝等建设工程的压实作业。

路基土壤压实的目的在于减小土壤的间隙，增加土壤的密实度，提高路基的抗压强度和稳定性，使其达到规定的承载能力。路面铺层压实的目的在于提高被压材料的密实度，使其达到规定的压实度，以抵抗在其上行驶车辆等物体的动力影响以及雨雪的侵蚀。

2. 分　类

（1）压实机械按工作机构的作用原理分为以下几种主要类型：

① 静力作用碾压机械。碾压滚轮沿被压材料表面反复滚动，靠自重产生的静力作用使被压层产生永久变形达到压实目的。这类压实机械包括各种型号的光轮压路机、轮胎压路机、羊脚压路机及各种拖式压路滚等，如图 7.8 所示。

图 7.8　静力作用压路机

② 振动作用碾压机械。碾轮沿被压实表面既作往复滚动，又利用偏心质量旋转产生的激振力，以一定的频率和振幅振动，使被压层同时受到碾轮的静压力和振动力的综合作用，给材

料短时间的连续脉动冲击。这类机械包括各种拖式和自行式振动压路机，如图 7.9 所示。

图 7.9　振动压路机

③ 夯实机械。夯实机械又分为夯实和振动夯实两类，前者是利用重物自重自一定高度落下，冲击被压层，使之被压实，这类机械包括各种内燃式和电动式夯土机等。振动夯实机械，除具有冲击夯实力外，还有一个附加的振动力同时作用于被压实层。这类机械包括振动平板夯和快速冲击夯等，如图 7.10、图 7.11 所示。

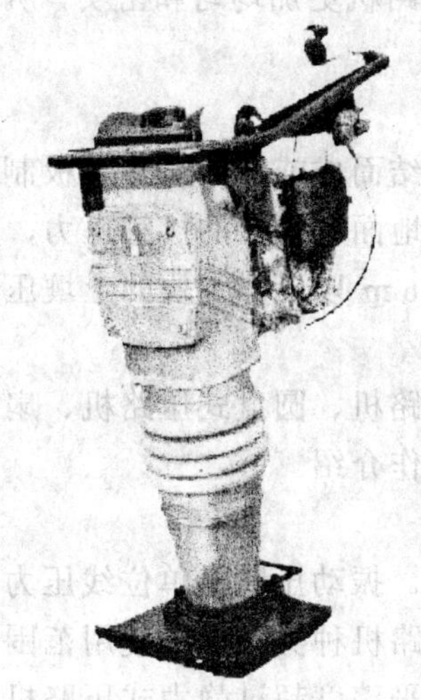

图 7.10　振动平板夯

图 7.11　快速冲击夯

（2）压路机按行走方式分为拖式和自行式两类。

（3）压路机按滚轮的外部结构可分为光轮、凸块轮、羊脚轮和充气轮胎式等。

3. 作业范围与适用条件

1）静力作用压路机械

静力式压路机与振动压路机相比，压实功能有一定的局限性，压实厚度也受到一定限制，一般不超过 20～50 cm，且光面静力式压路机在压实作业中，容易产生“虚”压实现象。静力式压路机因其结构简单，故使用与维护简便。

（1）光轮压路机。

光轮压路机的滚轮是一个圆柱形筒体，以压路机滚轮分配质量的重力压实筑路材料铺层，而且滚轮可加砂或水等一定质量的配重，改变其滚轮线压力。

光轮压路机按工作质量可分为轻型、中型、重型和超重型四种。

（2）轮胎压路机。

轮胎压路机机动性好，调运方便，压实作业时筑路材料与轮胎同时变形，全压力作用时间长，接触面积大，并有糅合作用，压实效果好，适用于压实黏性土及非黏性土，如黏土、砂黏土、砂土和砂砾土等。轮胎压路机不宜直接压碎石，因为碎石的锐利棱角和刃部对传输轮胎的使用寿命有不良影响。

（3）羊脚压路机。

羊脚压路机有较大的单位压力（包括羊脚的挤压力）。羊脚压轮能提高对黏土表面的作用力，且能破碎土层中坚硬的团块，压实深度大而均匀，因而有很好的压实效果和较高的生产率。羊脚压路机广泛应用于黏性土分层压实，而不适用于非黏性土和高含水量土的压实。

（4）凸块式压路机。

凸块式压路机具有圆柱形筒状的滚轮，在其上焊有多排对称状的凸块，与羊脚滚轮上羊脚的结构布置相似，但凸块高度较低，个数较少。静力式凸块压路机最大工作质量可达 40 t，压实铺层厚度可达 0.3 m。这种压路机采用高速工作，凸块对被压材料产生附加冲击荷载，对土壤也有挤压和糅合作用，它适用于大型黏土工程及垃圾的压实。凸块式压路机的生产率（m^3/h）通常比羊脚压路机高，而且压实的面层比羊脚压路机更加均匀和密实，所以凸块压路机代替羊脚压路机已是一种趋势。

（5）格栅压路机。

格栅压路机具有格栅状的支承表面，它由型钢条编结而成或由钢质弓形板制成。在碾压过程中也有糅合作用，格槽的不大的支承面可以保证对地面有很大的接触压力，能使上层材料粉碎，压实效果好。它广泛应用于冬季条件下含有 0.6 m 以下冻土块的土壤压实。格栅压路机的生产率比同工作质量轮胎压路机高 20%～30%。

静力式压路机除上述介绍的几种外，还有块板式压路机、圆盘式压路机、扇形块式压路机和多角圆盘式压路机等，但它们应用较少，故此处不作介绍。

2）振动压路机

振动压路机是将振动和静力碾压相结合的压实机械。振动压路机单位线压力大，振动影响深，因此压实深度增加，压实遍数相应减少。振动压路机种类很多，使用范围广，适用于高级路面的面层和基层压实，它压实的面层的密实度和平整度超过静力式压路机，对可碾压的水泥混凝土材料（RCC 材料）也能很好的压实。

3）夯实机械

夯实机械分振动夯实机械和冲击夯实机械，它们体积小、质量小，主要用于狭窄工作面的土层、石碴的压实。振动夯实机用于非黏性土、砾石、碎石的压实，而冲击夯实机或夯实板则适用于黏土、砂质黏土和灰土的夯实作业。其中冲击式压路机更是引起了工程界极大的关注。

思考与练习

7.1　简述路基施工的基本方法。

7.2　简述施工前的准备工作内容及如何进行施工组织设计。

7.3　简述铺筑试验路段的目的。

7.4　简述开工前的现场准备工作的主要内容。

7.5　简述路基施工中的主要机械种类和各自的特点。

7.6　简述路基施工中的机械组合原则。

第八章 土质路基施工

学习目标

① 了解土质路基填筑的基本方案。

② 了解路堑开挖的基本方法。

③ 掌握路基压实的原理和影响因素。

④ 掌握路基填筑的施工工序。

⑤ 掌握不同土质填筑路基的要求。

⑥ 了解桥涵台背填土的施工要求。

⑦ 了解路堑开挖的注意事项。

第一节 土质路基填挖基本方案

土质路基施工是公路工程施工中一个非常重要的环节，需要精心组织、精心施工，以确保工程质量。

一、填方路堤施工特点

（1）由于路堤存在沉降和稳定问题，特别是高路堤可能发生的稳定性问题，要求其施工质量高，因此，无论对基底的处理、填料的选择、排水措施及压实标准的控制等方面都要求比较高，从而保证路基的稳定性与耐久性。

（2）公路路堤，尤其是高等级公路的路堤，一般都比较高，所需土方量很大，因此其基础的处理及填料的开挖、运送、摊铺、压实等均采用一系列的机械进行施工。

（3）为尽量减少路堤沉降，提高路堤稳定性，必须广泛采用新材料、新的施工设备和新的检测手段，如采用粉煤灰材料填筑路堤，采用重型压实标准等。

（4）公路施工中必须做好环境保护和绿化工作，而这一点在路堤施工中是相当重要的。施工中存在的水土、植被、地貌都不应由于施工而遭到破坏，填料不能存在有害物质，要防止环境受污染。

二、路堤填筑方案

路堤填筑是把填料用一定方式运送至堤上进行铺平、碾压密实的过程。路堤基本填筑方案有分层填筑法、竖向填筑法和混合填筑法三种。

1. 分层填筑法

路堤填筑必须考虑不同的土质，从原地面逐层填起并分层压实，每层填土的厚度可按压实机具的有效压实深度和压实度确定。分层填筑法又可分为水平分层填筑法和纵向分层填筑法两种。

（1）水平分层填筑法，即在填筑时按照横断面全宽分成水平层次，逐层向上填筑。如原地面不平，应由最低处分层填起，每填筑一层经过压实后再填下一层，如图 8.1（a）所示。

（2）纵向分层填筑法，宜于用推土机从路堑取土填筑距离较短的路堤，依纵坡方向分层，逐层向上填筑，如图 8.1（b）所示。

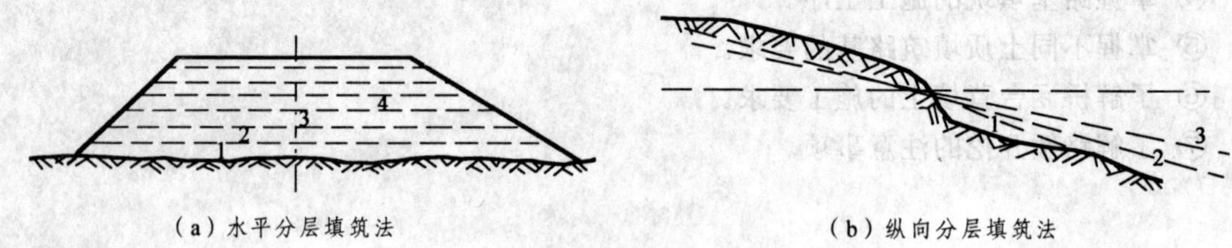

图 8.1　分层填筑法

2. 竖向填筑法

在深谷陡坡地段填筑路堤，无法自下而上分层填筑，可采用竖向填筑法。竖向填筑是指从路堤的一端或两端按横断面全部高度逐步推进填筑，如图 8.2 所示。竖向填筑因填土地过厚不易压实，施工时需采取下列措施：选用振动式或夯击式压实机械；选用沉陷量较小及颗粒径均匀的砂石材料；暂不修建较高级的路面，容许短期内自然沉降。

3. 混合填筑法

在深谷陡坡地段填筑路堤，应尽量采用混合填筑法，如图 8.3 所示，即在路堤下层竖向填筑，上层水平分层填筑，使上部填土经分层压实获得需要的压实度。

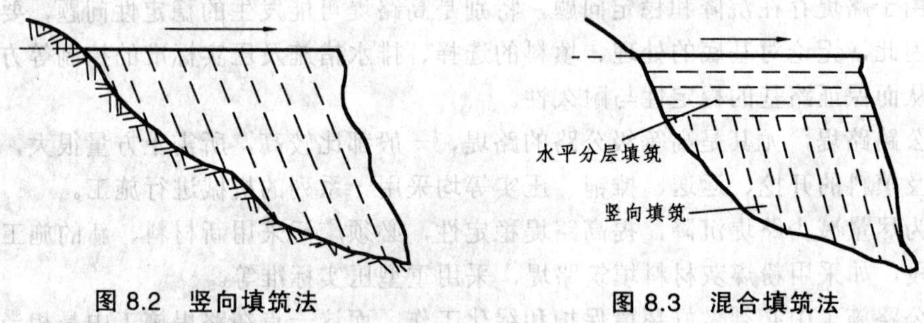

图 8.2　竖向填筑法　　**图 8.3　混合填筑法**

在施工中，沿线土质经常在变化，为避免将不同性质的土任意混填，造成路基病害，必须在施工前进行现场调查，做出正确的规划，拟订合理的调配方案。

正确的填筑方案应满足下述要求：

（1）不同土质分层填筑，透水性差的土填筑在下层时，其表面应做成一定的横坡，以保证来自上层透水性填土的水分及时排出。

（2）为保证水分蒸发和排除，路堤不宜被进水性差的土层封闭。

（3）根据强度和稳定性的要求，合理安排不同土质的层位。

（4）对于纵向用不同土质填筑的相邻两段路堤，为防止发生不均匀变形，在交接处应做成斜面，并将透水性差的土填在斜面的下部（见图 8.4）。

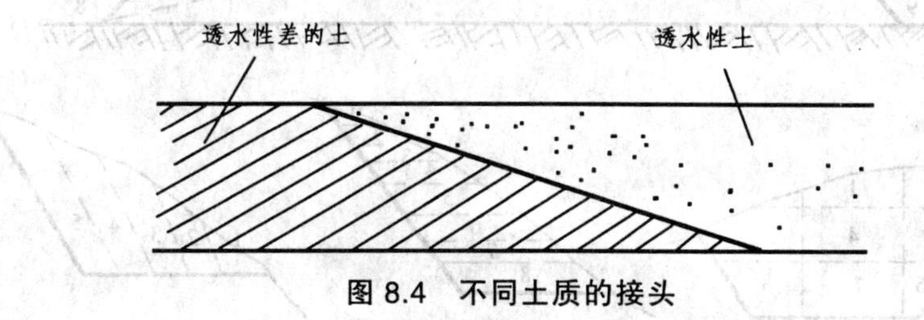

图 8.4　不同土质的接头

三、路堑开挖方案

路堑开挖施工，除需考虑当地的地形条件、采用的机具等因素外，还需考虑土层的分布及利用。在路堑开挖前，应做好现场伐树除根等清理工作和排水工作。如果移挖作填时，还应将表层土单独掘弃，或按不同的土层分层挖掘，以满足路堤填筑的要求。路堑的开挖方法根据路堑深度、纵向长短及现场施工条件，可用下述几种基本方法。

1. 全断面开挖法

从开挖路堑的一端或两端按断面全宽一次挖到设计高程，逐渐向纵深挖掘，挖出的土方一般都是向两侧运送，这种方法适用于深度不大且较短的路堑。

2. 分层横挖法

从开挖路堑的一端或两端按横断面分层挖至设计高程，每层都有单独的运土出路和临时排水设施，适用于开挖深而短的路堑。土方工程数量较大时，各层应纵向拉开，做到多层、多方向出土，可安排较多的劳动力和施工机械，以加快施工进度。每层挖掘深度应视工作方便和安全而定，一般为 1～2 m。分层横挖法如图 8.5 所示。

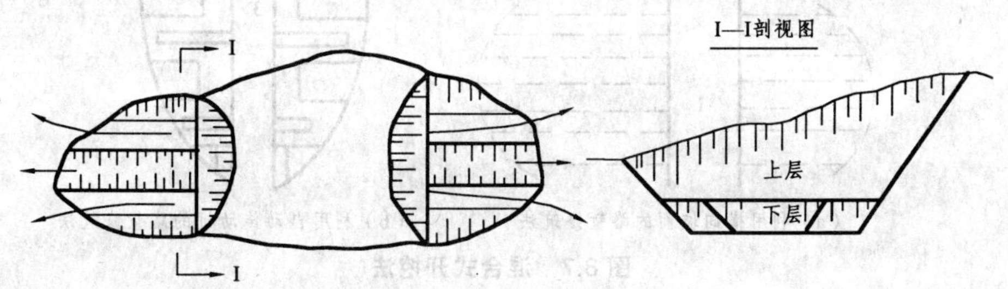

图 8.5　分层横挖法

3. 分段纵挖法

当路堑较长、开挖深度不大时，把开挖路堑横断面分成若干段，并沿纵向条形开挖，一般出土于两侧。若是傍山路堑，一侧堑壁不厚，可选择一个或几个地方挖穿路堑壁出土。

4. 分层纵挖法

如果路堑宽度及深度都不大，可以纵向分层挖掘。在短距离及大坡度时，可由推土机施工，较长的宽路堑则宜用铲运机作业。分层纵挖法的开挖顺序如图 8.6 所示。

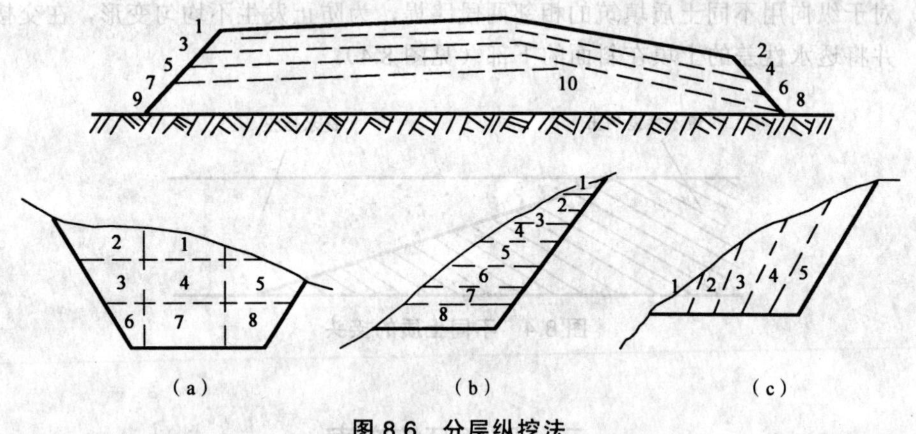

图 8.6 分层纵挖法

5. 通道纵挖法

在开挖路堑全长上，沿路堑纵向先挖出一通道，然后开挖两旁。这是一种快速施工的有效方法，通道可用于机械通行或运输土料车辆的运土。

6. 混合式开挖法

混合式开挖法是将横挖法、通道纵挖法混合使用。即先顺路堑方向挖通通道，然后沿横向坡面挖掘，以增加开挖坡面，每一开挖坡面应能容纳一个作业组或一台机械，如图 8.7（a）所示。在较大的挖土地段，还可沿横向再挖沟，以装置传动设备或布置运土车辆，如图 8.7（b）所示。

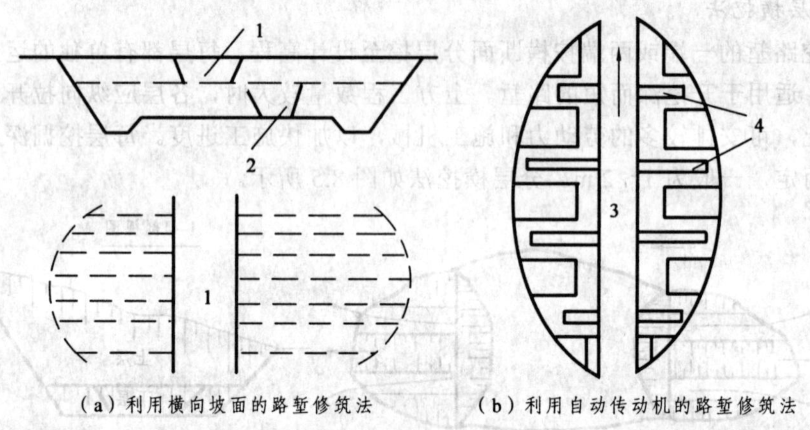

图 8.7 混合式开挖法

1—第 1 次通道；2—第 2 次通道；3—纵向运送道；4—横向运送道

第二节 土质路堤填筑

路堤是在天然地基上人为构筑的土体，一般都是利用当地土石作填料，按一定方案在原地面上填筑起来的。

一、路堤基底的处理

基底是指路堤填料与原地面的接触部分。为使两者结合紧密，保证路堤具有足够的强度和稳定性，必须视基底的土质、水文、坡度和植被情况及填筑高度等情况，在路基用地和取土坑范围内，认真清除地表植被、杂物、积水、淤泥和表土，处理坑塘，并对基底进行认真处理和压实，正确地选择填筑方案。

（1）密实稳定的土质基底，当地面横坡不陡于 1∶5，且路堤高度超高 0.5 m 时，基底可不作处理；路堤高度低于 0.5 m 的地段，应将原地面草皮等杂物清除。地面横坡为 1∶(2.5～5) 时，需铲除地面草皮、杂物、积水和淤泥，还应将原地面挖成台阶，台阶宽度应不小于 2 m，台阶顶面做成向内倾斜 2%～4%的斜坡。

（2）覆盖层不厚的倾斜岩石基底，当地面横坡为 1∶(2.5～5)时，须挖除覆盖层，并将基岩挖成台阶。当地面横坡度陡于 1∶2.5 时，应进行个别设计、特殊处理，如设置护脚或护墙。

（3）路堤基底为耕地或松土时，应先清除有机土、种植土，平整压实后再进行填筑。在深耕地段，必要时应将松土翻挖、土块打碎，然后回填、找平、压实。经过水田、池塘或洼地时，应根据具体情况采取排水疏干、挖除淤泥、打砂桩、抛填片石或砂砾石等处理措施，以保持基底的稳固。

（4）当路基稳定受到地下水的影响时，应拦截或排除地下水，引其至路堤基底范围以外。处理有困难时，则应在路堤底部填以渗水土或不易风化的岩块。

（5）路基填挖交界处的处理和高边坡路堤与陡坡路堤的施工，应满足路基设计规范及路基施工规范的相关要求。

二、路堤填料的选择

为保证路堤的强度和稳定性，须尽可能选择当地稳定性良好的土石作填料。路堤填料应符合下列规定：

（1）填方路基应优先选用级配较好的砾类土、砂类土等粗粒为填料。

（2）路堤填料不得使用泥炭、淤泥、沼泽土、冻土、有机土、含草皮土、生活垃圾、树根和含有腐殖质的土，不得使用有机质含量大于 5%的土。

（3）液限大于 50、塑性指数大于 26 的土以及含水量超过规定的土，不得直接作为路基填料。需要应用时，必须采取设计要求的技术处理，经检查合格后方可使用。

（4）浸水路堤应选用渗水性良好的材料填筑。当采用细砂、粉砂作填料时，应考虑振动液化的影响。

（5）钢渣、粉煤灰等材料，可用做路堤填料。其他工业废渣在使用前应进行有害物质的含量试验，避免有害物质超标，污染环境。

（6）冰冻地区的路床及浸水部分的路堤不应直接采用粉质土填筑。

（7）捣碎后的种植土，可用于路堤边坡表层。

（8）路堤填料中石块最大粒径应小于层厚的2/3，路床顶面以下50 cm厚度内不得采用石块填筑。

（9）桥涵台背和挡土墙墙背应优先选用渗水性良好的填料。在渗水材料缺乏的地区，采用细粒土填筑时，宜用石灰、水泥、粉煤灰等无机结合料进行处治。

各级公路的路基填方材料的最小强度和最大粒径应符合表8.1的要求。

表8.1 路基填料的最小强度与最大粒径

项目分类（路面底面以下深度）		填料的最小强度 CBR/%			填料最大粒径/cm
		高速、一级公路	二级公路	三、四级公路	
路堤	上路床（0～30 cm）	8.0	6.0	5.0	10
	下路床（30～80 cm）	5.0	4.0	3.0	10
	上路堤（80～150 cm）	4.0	3.0	3.0	15
	下路堤（＞150 cm）	3.0	2.0	2.0	15
零填及路堑路床	0～30 cm	8.0	6.0	5.0	10
	30～80 cm	5.0	4.0	3.0	10

三、路堤填料的压实

填料压实是保证路堤填筑质量的关键，必须充分重视。

碾压是路基工程的一个关键工序，有效地压实路基填筑土，才能保证路基工程的施工质量。除了采用透水性良好的砂石材料外，其他填料均需使其含水量在最佳含水量±2%内，方可进行碾压。因此，在施工中必须经常检查填土的含水量，并按规定的要求检查压实度。

1. 压实的作用

土质路基的压实过程，其本质上是土体在压力作用下，克服土颗粒间的内聚力和摩擦力，使原有结构受到破坏，固体颗粒重新排列，大颗粒之间的间隙被小颗粒填充，变成密实状态达到新的平衡。

1）大大增加土的强度

土的强度也可用形变模量表示。由于大多数土没有明显的弹性极限，其应力应变曲线也不是直线形状，因此，将土的应力与应变的比值称为形变模量。干密度越大，土的强度越高；另外，含水量对土的强度影响也很大，含水量越高，土的强度越低。

2）明显减小土的塑性变形

若路基压实不足，则在行车荷载作用下，路面上会发生辙槽、沉陷等变形，而且密实度越小，所产生的辙槽等变形就越大。实践表明，压实不足的干的土路堤，在旱季不会产生多少沉陷，但到了雨季，水分浸入路堤后，在行车荷载作用下就可能产生大的沉陷。因此说，压实使土基的塑性变形明显减小。

3）降低土的透水性，减小毛细水上升高度

土体经过压实后，土粒之间的孔隙减少。其密度越大，内部的孔隙就越少，外界水分进入土体的通道被堵塞，阻力增加，因此降低了土的渗透性，减小了毛细水上升高度，同时提高了土体的抗冻性。

2. *影响压实效果的主要因素*

影响路基压实效果的因素是多方面的，有内因也有外因。主要包括以下多方面：

1）土的含水量

在一定功能的压实作用下，含水量的变化会导致土的干密度随之变化，在某一含水量（最佳含水量）下，干密度达到最大值（最大干密度）。各种土的最佳含水量大小不同，一般地，土在天然状态下的含水量值很接近于最佳含水量，因此，在施工作业中，新卸填土应当立即推平压实。

2）土的性质

不同土质的压实性能差别较大，一般来说，非黏性土的压实效果较好，黏质土、粉质土等分散性土的压实效果较差，主要是由于这些细分散性的土颗粒的比表面大、黏聚力大、土粒表面水膜需水量大，最佳含水量偏高，而最大干密度反而偏小。

3）压实功能

压实功能是由碾压（或锤击）的次数及其单位压力 p（或荷重）所决定的。若在一定限度内增加压实功，则可降低含水量数值，提高最佳密实度的数值。事实上，对任何一种土，当密实度超过某一限值时，欲继续提高它的密实度，降低含水量值，往往需要增加很大的压实功。因此，对路基填土的压实，在工艺方法上要注意不使压实功太大。

4）压实土层的厚度

土所受的外力作用，随深度增加而逐渐减弱，当超过一定范围时，土的密实度将与未碾压时相同，这个有效的压实深度（产生均匀变化的深度）与土质、含水量、压实机械的构造特征等因素有关。所以正确控制碾压铺层厚度，对于提高压实机械生产率和填筑路基质量十分重要。

5）碾压机具与方法

压实机具不同，压力传布的有效深度也不同。压实机具的质量较小时，碾压遍数越多（即时间越长），土的密实度越高，但密实度的增长速度随碾压遍数的增加而减小；压实机具较重时，土的密实度随碾压遍数增加而迅速增加，但超过某一极限后，土的变形即急剧增加而达到破坏；机具过重甚至超过土的强度极限时，将立即引起土体破坏。碾压速度越高，压实效果越差。

四、土方路堤填筑施工及其注意事项

1. *填筑施工工序*

路堤施工工艺是一种以工序管理为中心，以工序质量保工程质量，以工作质量保工序质量的全面质量管理方法。

按照系统分析原理，路基填筑压实工艺应划分为三阶段、四区段、八流程。

三阶段：施工准备阶段—施工阶段—整修验收阶段。

四区段：填筑区—平整区—碾压区—检测区。

八流程：施工准备—基底处理—分层填筑—摊铺平整—洒水晾晒—碾压夯实—检验签证

—路基整修。

各区段或流程内只允许进行该段和该流程的作业，不允许几种作业交叉进行。

填土路堤包括填砂卵石（粗粒土）及填黏性土（细粒土）。填筑压实工艺流程如图 8.8 所示。

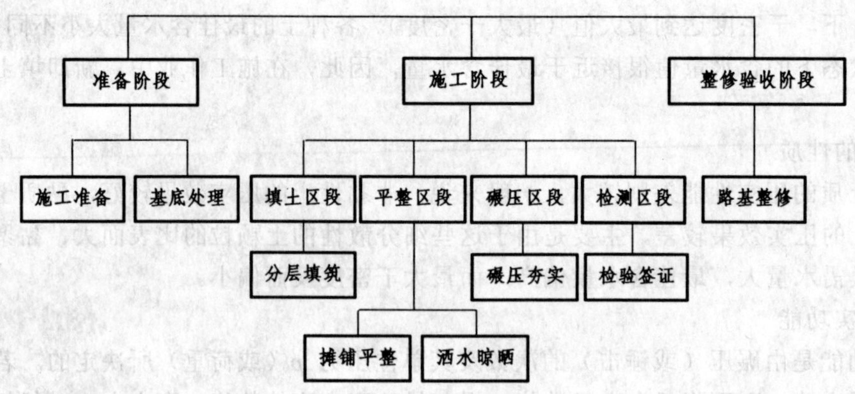

图 8.8 土方路堤填筑压实工艺流程

1）施工准备

测量放线；组织有关人员学习设计文件，学习设计和施工技术规范；根据填料和施工机械编制施工组织；建立土工试验室，做有关土工试验；准备好现场质量测试仪器设备。

2）基底处理

路基基底应根据施工时的地面和土质的实际条件，按设计文件要求进行处理。

3）分层填筑

（1）路堤填筑应采取横断面全宽、纵向水平分层填筑压实方法。当原地面高低不平时，应先从最低处分层填筑，由两边向中心填筑。为保证路堤全断面的压实一致，确保边坡压实质量，边坡两侧各超填 0.4～0.5 m，竣工时刷坡整平。

（2）运距在 100～400 m 时，使用履带式拖式铲运机运输；运距在 400～5 000 m 时，使用轮式自动铲运机运输；运距在 5 000 m 以上时，使用汽车配合挖掘机或装载机装运。

（3）根据填土高度和由试验段确定的分层厚度及压实参数，计算出计划分层数、压路机走行速度、碾压遍数，进行书面技术交底。

（4）为节省摊铺平整时间，在运送填料时，要控制倒土密度，铲运机应按要求厚度卸铺均匀，一次到位。采用自卸车倒土的，根据车容量计算堆土间距以便平整时控制各层厚度均匀。

（5）用不同填料填筑路堤时，各种填料不得混杂填筑。

4）摊铺平整

（1）填筑区段完成一层卸土后，要用推土机进行初平，再用平地机进行终平，做到填铺面在纵向和横向平顺均匀，控制层面要求无显著的局部凹凸，以保证压路机压轮表面能基本均匀地接触地面进行碾压，达到碾压效果。

（2）对于渗水填料，平整面应做成向两侧成 4%坡度的横向排水坡。为有效控制每层虚铺厚度，初平时应用水平仪控制每层的虚铺厚度。在摊铺的同时，应对路肩进行初步压实，并保证压路机压到路肩时不致发生滑坡。

5）洒水晾晒

当填料含水量较低时，应及时采用洒水措施，加水量可按一般规定中加水量公式计算，洒水可采用取土场内提前洒水闷湿和路堤内洒水搅拌两种方法。当含水量过大时，可采用取土场内挖沟拉槽降低水位和用推土机松土器拉松晾晒相结合的方法，或将填料运至路堤摊铺晾晒。

6）碾压夯实

碾压前应向压路机司机进行技术交底，其内容包括碾压起讫范围、压实遍数、压实速度等。根据填料的不同和路堤的不同部位，不许采用大吨位重型振动压路机（自重 12～15 t 以上）进行压实。压实应按先两侧后中间、先慢后快、先静压后振动压的操作程序进行。

7）检验签证

（1）试验人员在取样或测试前必须检查填料是否符合要求，碾压区段是否压实均匀，填筑层厚是否超过规定厚度。土样发生变化时必须做击实试验。土样没有发生变化，当填筑体积达到 5 000 m^3 时，须重新做击实试验。

（2）路基填土压实的质量检测应随分层填筑碾压施工分层检测。在填料质量、填筑厚度、填层面纵横方向平整均匀度等符合规定标准的基础上，进行压实度的测定。压实系数检测采用环刀法、灌砂法、灌水法或核子湿度密度仪等。凡没有达到标准者，不予签证，下达质量不合格通知单，要求重新压实，直到合格为止。

8）路基整修

路堤按设计高程填筑完成后，进行平整和测量。恢复中线，进行水平高程测量，计算平整高度，施放路肩边桩，修筑路拱，并用平碾压路机碾压一遍，使路面光洁无浮土，横向排水坡符合要求。

对于细粒土边坡，依据路肩边线桩，用人工按设计坡率挂线刷去超填部分，进行整修拍实。

2. *填筑施工作业注意事项*

（1）严格控制碾压最佳含水量。用透水性不良的土填筑路堤时，应控制其含水量在最佳含水量±2%之内。

（2）严格控制松铺厚度。采用机械压实时，高速公路和一级公路的分层最大松铺厚度不应超过 30 cm；其他公路，按土质类别、压实机具功能、碾压遍数等，经过试验确定，但最大松铺厚度不宜超过 50 cm。

（3）严格控制路堤几何尺寸和坡度。路堤填土宽度每侧应比设计宽度宽出 30 cm，压实宽度不得小于设计宽度，压实合格后，最后削坡。

（4）压实应先边后中，以便形成路拱；先轻后重，以适合逐渐增长的土基强度；先慢后快，以免松土被机械推动。前后两次轮迹（或夯击）须重叠 15～20 cm。压实应特别注意控制均匀压实，以免引起不均匀沉陷。

（5）若填方分几个作业段施工，两段交接处不在同一时间填筑，则先填地段应按 1∶1 坡度分层留台阶。若两个地段同时填，则应分层相互交叠衔接，其搭接长度不得小于 2 m。

五、不同土质填筑路堤时的注意事项

当路堤使用不同土质混合填筑时，须遵守下列规定：

（1）不同性质的土应分层填筑，层数应尽量减少，每种填料累计总厚度最好不小于 0.5 m。不得混杂乱填，以免形成水囊或滑动面。

（2）透水性较小的土填筑路堤下层时，其顶面应做成 4%的双向横坡，以保证来自上层透水性填土的水分及时排出。

（3）透水性较小的土填筑上层时，不应覆盖在透水性较大的土所填筑的下层边坡上，以保证水分的蒸发和排除。

（4）凡不因潮湿及冻融而变更其性质的优良土应填在上层，强度（形变模量）较小的土应填在下层。

用不同土质分层填筑路堤的正确与错误方案，如图 8.9 所示。

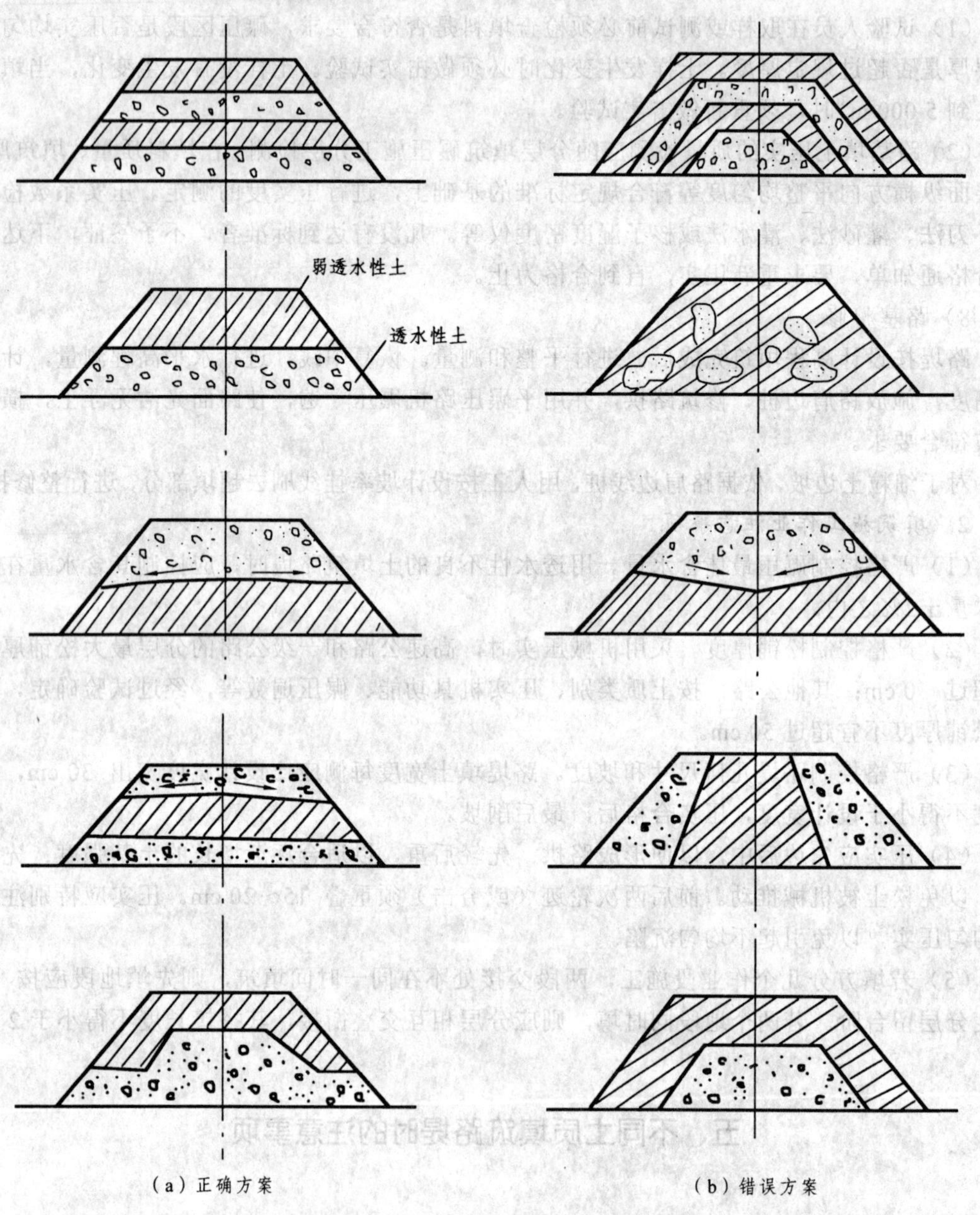

图 8.9 路堤分层填筑方案

六、桥涵台背填土

为保证桥头路堤稳定，防止产生不均匀沉降，台背填土除设计文件另有规定外，一般应用砂性土或其他渗水性良好的材料填筑。在渗水材料缺乏的地方，可采用细粒土结合石灰、水泥、粉煤灰等无机结合料进行处治。

填土长度：一般在上部距翼墙尾端不小于台高加 2 m，下部距基础内沿不小于 2 m。

填土高度：从路堤顶面起向下计算，在冰冻地区一般不小于 2.5 m；无冰冻地区到高水位，均应填以渗水性材料，其余部分可用与路堤相同的土填筑，并在其上设横向排水盲沟或铺向外倾斜的黏土或胶泥层。

填土应分层夯实到要求的压实度，每层的松铺厚度不得超过 15 cm。

桥台台背的填土应与锥坡填土同时进行，并认真做到水平分层铺筑和压实。涵洞两侧应水平分层对称地向上填筑，分层夯实，并注意压实度的均匀性。

第三节　土质路堑开挖

路堑开挖是路基施工中工程量最大、最普遍的施工内容，有多种施工机械适宜使用并能充分发挥机械的优势。因此，路堑开挖主要采用机械化施工。

一、路堑施工工程特点

从作业程序上说，路堑施工较为简单，主要是按要求把土挖掘并将弃土运到弃土地点等，不像路堤填筑有材料选择、分层碾压密实等问题。然而，路堑施工往往成为整个工程的控制工程，影响工期。例如：施工中常由于开挖坡度不合适或弃土太近，使土体失去平衡而发生塌方；由于排水不良，土体松软发生边坡溜滑；由于没有及时修筑挡土墙等防护工程而发生滑坡。

在道路使用过程中，路堑地段又是塌方、滑坡、翻浆、唧泥、冻害等路基病害的多发区段，而这些又在很大程度上与路堑施工得当与否有着密切的关系。因此，在路堑施工中，对采取的作业方式、开挖步骤、弃土位置等应予充分重视，进行全面规划，保证有较高的质量和效率。

二、路堑开挖注意事项

1. 土方开挖要求

（1）路基开挖前应对沿线土质进行检测试验。适用于种植草皮和其他用途的表土应储存于指定地点；对开挖出的适用材料，应用于路基填筑，可减少挖方弃土和弃土堆面积，也可减少填方借土和取土坑面积。但各类材料不应混杂，混杂材料均匀性差，难于保证路基的压实质量；不适用的材料可做外弃处理。

（2）土质路堑地段的边坡稳定极为重要。开挖时，不论开挖工程量和开挖深度大小，均应自上而下进行，不得乱挖超挖。一方面，要注意施工方法，如采用不加控制的爆破法施工，易造成路堑边坡失稳，易塌方，而掏洞取土易造成土坍塌伤人，故严禁掏洞取土。另一方面，要注意施工顺序，防止因开挖顺序不当而引起边坡失稳崩塌。

（3）施工中，如遇土质变化需修改施工方案时，应及时报批；如因冬季或雨季影响，使挖出的土方不能及时用于填筑路堤时，应按路基季节性施工的有关方法进行处理；如遇到特殊土质（盐渍土、黄土、膨胀土等）以及易于坍滑的土时，应按特殊土的有关要求施工。

（4）挖方路基施工高程，应考虑压实的下沉值。绝不能将路基的施工高程与路基的设计高程（路线纵断面图上设计高程）混同，造成超挖或少挖，产生浪费或返工。

2. 排水设施的开挖

水是造成路堑各种病害的主要原因，所以在路堑开挖前应做好截水沟，并根据土质情况做好防渗工作。施工期间应修建临时排水设施。临时排水设施应与永久性排水设施结合，水流不得排入农田、耕地而污染自然水源，也不得引起淤积或冲刷。

对排水沟渠开挖的具体要求有：

（1）排水沟渠的位置、断面尺寸应符合设计图纸的规定。截水沟不应在地面坑洼处通过，必须通过时，应按路堤填筑要求将洼处填平压实，然后开挖，并防止不均匀沉陷和变形。

（2）平曲线外边沟沟底纵坡，应与曲线前后的沟底相衔接。曲线内侧不得有积水或外溢现象发生。

（3）路堑和路堤交接处的边沟应缓缓引向路堤两侧的天然沟或排水沟，不得冲刷路堤，路基坡脚附近不得积水。

（4）排水沟渠应从下游出口向上游开挖。同时，应保证排水设施沟基稳固，严禁将排水沟挖筑在未加处理的弃土上，并做到沟形整齐，沟坡、沟底平顺，沟内无浮土杂物。

3. 边坡开挖

路堑挖土边坡施工的基本要求，基本上与填土边坡类似，除了边坡坡度符合设计规范外，也应做好放样、布设标准边坡等工作。但是，路堑边坡由自然状态土、石开挖而形成，随线路经过地带不同而有较大的变化，工程性质有时差别很大，施工作业难易程度也就有一定的区别。

（1）对于砂类土边坡，施工时，挖出的斜坡应留有足够的余量，然后打桩、定线，进行坡面整修。砾类土的潮湿程度及边坡高度，对边坡的稳定有较大影响，一般湿度大、边坡高时，宜采用较缓坡度。

（2）对于砾类土边坡，由于影响砾类土挖方边坡的因素主要是土体结合的紧密程度，故其坡度要结合土壤、地质水文等条件确定。

（3）对于地质不良拟设挡土墙等防护设施的路堑边坡，应采用分段挖掘，分段修筑防护设施的方法，以保证安全和边坡的稳定。

4. 弃土处理

在施工过程中，弃土随便乱堆会影响现有公路和施工便道的车辆行驶，堵塞农田水利设施，造成水流污染、淤塞或挤压桥孔或涵管口等。所以，要求在开挖路堑弃土地段前，提出弃土的施工方案报有关单位批准。实施方案改变时，应报批准单位复查。

弃土堆的边坡不应陡于 1∶1.5，顶面向外应设不小于 2%的横坡，其高度不宜大于 3 m。路堑旁的弃土堆，其内侧坡脚与路堑顶之间的距离，对于干燥硬土不应小于 3 m，对于软湿土不应小于路堑深度加 5 m。在山坡上侧的弃土堆应连续而不中断，并在弃土堆前设截水沟；山坡下侧的弃土堆应每隔 50～100 m 设不小于 1 m 的缺口排水。同时，严禁在岩溶漏斗处、暗河口处和贴近桥墩、桥台处弃土。

思考与练习

8.1 简述土质路基填挖基本方案及各自的特点。

8.2 简述路堑的开挖方法。

8.3 简述不同土质混填路堤时的要求。

8.4 说明路基压实原理和影响因素。

8.5 简述桥涵台背施工的基本要求。

第九章　石质路基施工

学习目标

① 掌握石质路基的施工方法。
② 了解施工方案选择与填料选择。
③ 了解石质路基压实及开挖机械选择。
④ 掌握石质路基质量控制的主要内容。
⑤ 了解施工爆破的基本方法。
⑥ 了解施工爆破中的安全措施。

第一节　填石路堤施工

填石路堤一般是指用粒径大于 40 mm，含量超过 70%的石料填筑的路堤。

一、基底的处理

为使路堤填筑后不致产生过大的沉陷变形，并使路堤与原地面结合紧密，防止路堤沿基底发生滑动，应根据基底的土质、水文、坡度和植被情况及填土高度采取相应措施。

（1）基底土密实稳定，地面横坡不陡于 1∶5 时，清除原地面的草皮杂物腐殖土后，基底可不做处理，路堤直接填筑在天然地面上；地面横坡为 1∶(2.5～5)时，清除草皮杂物腐殖土后，还应将原地面挖成台阶，台阶宽应不小于 2 m。当基岩面上的覆盖层较薄时，宜先清除覆盖层再挖台阶；当覆盖层较厚时，可予保留。当横坡陡于 1∶2.5 时，应采用相应的稳定措施。

（2）基底为耕地或松土时，应先将原地面压实后再填筑，若松土厚度较大，应翻挖至紧密土层，将土块打碎，然后分层回填、找平、压实。

（3）路线经过水田、池塘或洼地时，应根据具体情况采取排水疏干、挖除淤泥、换土、打砂桩、抛填砂砾石等处理措施，将基底加固后再行填筑。

（4）当路基稳定受到地下水影响时，应拦截或排除地下水，将其引至路堤基底范围以外。

二、填料的选择

路堤一般都是利用当地就近石料作填料修筑而成，而公路沿线石料的类别和性质不同，修筑路基后的稳定性也有很大差异，应尽可能选择当地强度高、稳定性好并便于施工的石料作为路基填料。

路堤堤身的稳固和填料的种类与压实密度有很大关系，在填料种类可以选择的条件下，应选用优质填料，并在施工中压实到规定的标准。根据石料饱和抗压强度指标，可将填石料分为硬质岩石、中硬岩石、软质岩石（见表9.1）。不同种类填料按其在路堤堤身不同部位，可有不同要求，具体要求见表9.2～表9.4。

表9.1　岩石的分类

岩石类型	单轴抗压强度/MPa	代表性岩石
硬质岩石	60	① 花岗岩、闪长岩、玄武岩等岩质岩类； ② 硅质、铁质胶结的砾岩及石灰岩、白云岩等沉积岩类； ③ 片麻岩、石英岩、大理岩、板岩、片岩等变质岩类
中硬岩石	30～60	
软质岩石	5～30	① 凝灰岩等喷出岩类； ② 泥砾岩、泥质砂岩、泥质页岩、泥岩等沉积岩类； ③ 云母片岩或千枚岩等变质岩类

表9.2　硬质石料压实质量控制标准

分区	路面地面以下深度/m	摊铺层厚/mm	最大粒径/mm	压实干密度/（g/m^3）	孔隙率/%
上路堤	0.8～1.50	≤400	小于层厚2/3	由试验确定	≤23
下路堤	＞1.50	≤600	小于层厚2/3	由试验确定	≤25

表9.3　中硬石料压实质量控制标准

分区	路面地面以下深度/m	摊铺层厚/mm	最大粒径/mm	压实干密度/（g/m^3）	孔隙率/%
上路堤	0.8～1.50	≤400	小于层厚2/3	由试验确定	≤22
下路堤	＞1.50	≤500	小于层厚2/3	由试验确定	≤24

表9.4　软质石料压实质量控制标准

分区	路面地面以下深度/m	摊铺层厚/mm	最大粒径/mm	压实干密度/（g/m^3）	孔隙率/%
上路堤	0.8～1.50	≤300	小于层厚	由试验确定	≤20
下路堤	＞1.50	≤400	小于层厚	由试验确定	≤22

三、路堤的填筑

规范规定，膨胀性岩石、易溶性岩石、崩解性岩石和盐化岩石等均不应用于路堤填筑。为了保证路堤的施工质量，必须根据不同填料采用适当的填筑方法。

（1）用细粒土、粗粒土及卵石、碎石类岩块填筑路堤时，应按路堤横断面全宽，水平分层填筑，每层厚度约0.3 m。填筑时由基底地面最低处起，自下而上分层填筑，逐层夯压密实。

（2）用不易风化的石块填筑路堤时，基床部分应分层填筑，基床以下部分可以倾填。边坡一般以较大石块（粒径大于 25 cm）进行台阶式码砌。

（3）用易于风化的石块填筑路堤，应分层填筑，每层厚度约 0.5 m，石块要摆平放稳，石块间的空隙用小石块、石屑填塞。对于可压碎的风化石块应尽量分层压实。

（4）特殊情况下允许采用倾填办法施工，但倾填前要求先用较大石块码砌一定高度且厚度不小于 2 m 的边坡，以免边坡部分松散不实。路槽底面以下 4 m 范围内仍应采用分层填筑，以提高密实度，减少不均匀沉陷。

（5）用不同填料填筑路堤，应将不同填料分层填筑，即在路堤的每一水平分层中只采用同一种填料填筑。以免在不同填料接触处形成滑动面或在路堤内形成水囊，或者在同一分层上形成不均匀的沉落。

（6）高填方路堤（边坡高度超过 20 m，填粗砂、中砂者为 12 m），对于用不宜风化的石块填筑时，边坡表层通常码砌，采用折线形边坡；填料为中砂、粗砂、砾石土以及易风化岩块时，宜在边坡中部适当位置设宽 1～2 m 的平台。

四、路堤的压实

填石路堤在压实之前，应用大型推土机摊铺平整。个别不平处应用人工配合以细石屑找平，使石块之间无明显高差台阶而便于压路机碾压，或使夯锤下坠到地面时受力基本均匀，不致使夯锤倾倒。

填石路堤填料石块本身是密实而不能压缩的，压实工作是使各石块之间松散接触状变为紧密咬合状态。由于石块粒径较大，质量较大，必须选用工作质量 12 t 以上的重型动压路机、工作质量 2.5 t 以上的夯锤或 25 t 以上的轮胎压路机压（夯）实，才能达到规定的紧密状态。用振动压路机或夯锤能在压实时产生振动力和冲击力，可使石块产生瞬时振动面向紧密咬合状态移位，静载光轮压路机则很难产生这种功效。当缺乏上述两种压实机具，只能采用重型静载光轮压路机或轮胎压路机压实时，应减少每层填筑厚度和石料粒径，其适宜的压实厚度和粒径应通过试验确定，但不应大于 50 cm。我国《公路路基施工技术规范》（JTGF 10—2006）规定的压实标准为：以 12 t 以上的振动压路机进行压实试验，当压实层顶面稳定，不再下沉（无轮迹）时，可判为密实状态。

填石路堤应先压两侧后压中间，压实路线对于轮碾应纵向互相平行，反复碾压。压实路线对夯锤应成弧形，当夯实密实程度达到要求后，再向后移动一夯锤位置。行与行之间应重叠 40～50 m；前后相邻区段应重叠 1.0～1.5 m。

填石路堤顶面至路床顶面 30～50 cm（高速公路、一级公路为 50 cm，其他公路为 30 cm）范围内填筑符合路床要求的土，并按土方填筑要求进行压实。

五、路堤预留沉降量

当路堤填料按压实要求压实后，仍可在路堤竣工后产生一定的沉降量。路堤本体的沉降和施工碾压质量、填土高度、填料土质等因素有关。在正常情况下按堤高的 1%～3%预留。

高路堤则应将地基和堤身分开考虑并应有设计。因此，施工期要加强沉降量观测和管理工作。

第二节　石质路堑施工

在路基工程中，当线路通过山区、丘陵及傍山沿溪地段时，往往会遇到集中的或分散的岩石区域，这就必须进行石方的破碎、挖掘作业。岩土的破碎开挖，主要采用2种方法：一是松土机械作业法；二是爆破作业法。

（1）松土机械作业法是利用大型、整体式松土器，耙松岩土后由铲运机械装运。其特点是：作业过程比较简单，具有较高的作业效率。高等级公路施工中常用的松土机械是带松土器的推土机。一般地，砂岩、石灰岩、页岩以及砾岩等水成岩，呈层状结构，比较适宜于松土器作业。片麻岩、片岩、石英岩等变成岩，岩层较薄也可采用松土器施工。花岗岩、玄武岩、安山岩等火成岩及较厚的片麻岩、片岩、石英岩，一般需经预裂爆破后方可进行松土器施工作业。根据作业条件，松土机可采取交叉松土、串联松土、预裂爆破后松土等方法。

（2）爆破作业法是利用炸药爆炸时所产生的热和高压，使岩石或周围的介质受到破坏或移位。其特点是施工进度快，并可减轻繁重的体力劳动，提高劳动生产率。但这种方法是一种带有危险性的作业，需要有充分的爆破知识和必要的安全措施。

一、一般规定

路基边坡的形状，一般可分为直线、折线和台阶形三种。当挖方边坡较高时，可根据不同的土质、岩石性质和稳定要求开挖成折线式或台阶式边坡，边沟外侧应设置碎落台，其宽度不宜小于1.0 m；台阶式边坡中部应设置边坡平台，边坡平台的宽度不宜小于2 m。

边坡坡顶、坡面、坡脚和边坡中部平台应设置地表排水系统，当边坡有积水湿地、地下水渗出或地下水露头时，应根据实际情况设置地下渗沟、边坡渗沟或仰斜式排水孔，或在上游沿垂直地下水流向设置拦截地下水的排水隧洞等排导设施。

根据边坡稳定情况和周围环境确定边坡坡面防护形式，边坡防护应采取工程防护与植物防护相结合，稳定性差的边坡应设置综合支挡工程。条件许可时，宜优先采用有利于生态环境保护的防护措施。

当岩石挖方边坡高度超过 30 m 和不良地质地段路堑边坡，应按有关规定进行路基高边坡个别处理设计。

二、工程爆破

爆破是石质路堑施工最有效的施工方法，也可用以爆破松动土，炸除软土、淤泥，扩孔等。山区公路路基石方工程量大而且集中，采用爆破方法施工，不但大大提高功效，缩短工期，节省劳动力，降低工程造价，而且可以改善线形，提高公路使用质量。

爆破法施工程序见图 9.1。

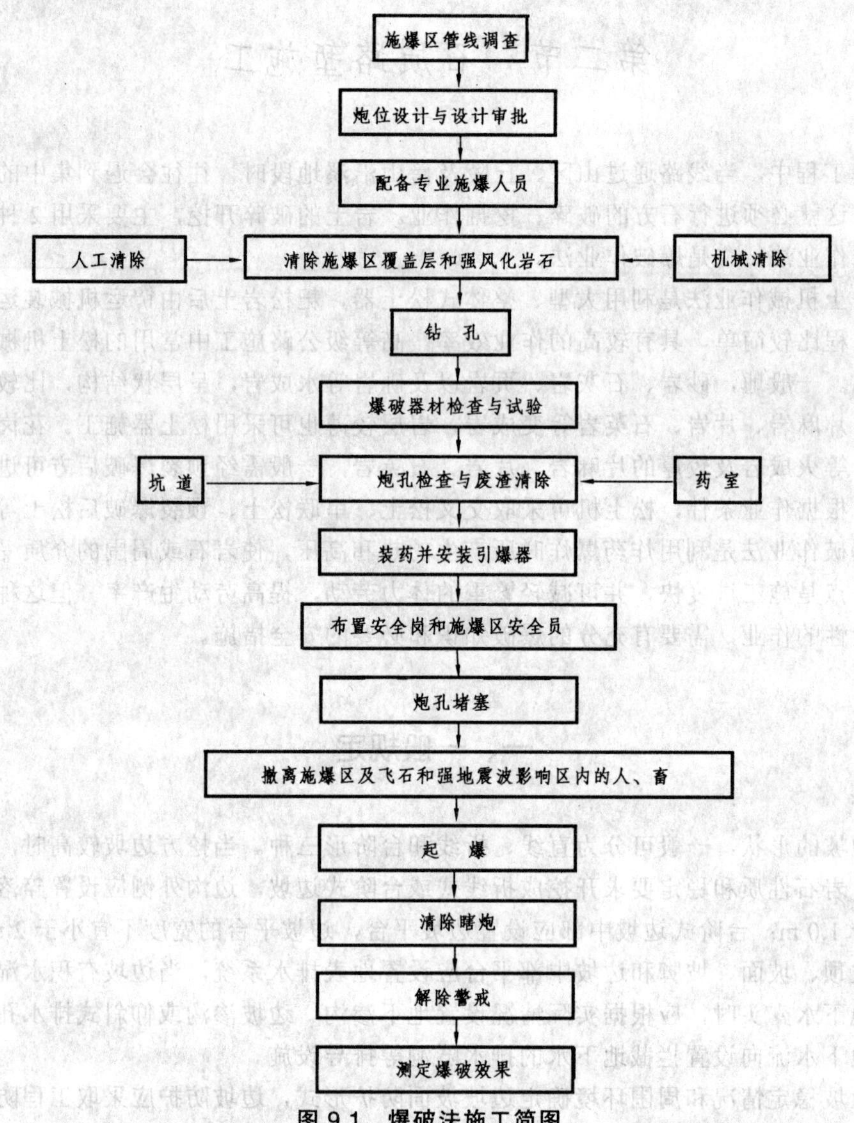

图 9.1 爆破法施工简图

1. 爆破常用参数

1）最小抵抗线 W

指药包中心至地表的最小距离。

2）爆破作用指数 n

$$n=\frac{r}{W} \tag{9.1}$$

式中 r——漏斗口半径，当地面坡度等于零时，用 r_0 表示。

n 大，则爆破漏斗浅而宽；n 小，则漏斗深而窄。爆破作用指数 n 值是决定破坏范围大小及抛掷距离远近的主要参数，可根据抛掷率 E 与地面坡角 α 按下式计算：

$$n=\left(\frac{E}{55}+0.51\right)\cdot\sqrt[3]{f(\alpha)} \tag{9.2}$$

在半路堑抛坍爆破中，$n=1$。

3）单位耗药量 K

单位耗药量 K 值是在水平边界条件下，形成标准抛掷漏斗时，爆破单位体积介质所需要的炸药用量。它是衡量岩石爆破性能的综合性指标。

4）炸药换算系数 e

以标准炸药为准，令其换算系数 $e=1$，若所用炸药不是标准炸药，则按下式换算：

$$e=\frac{300}{\text{所用炸药的实际爆力}} \quad \text{或} \quad e=\frac{11}{\text{所用炸药的实际猛度}} \tag{9.3}$$

5）堵塞系数 d

从导洞至药室的转弯长度小于 1.5 m 或堵塞长度小于 1.2 m 时，d 在 1.0～1.4 的范围内选用，一般 $d=1$。

6）抛掷率 E

抛掷率，即爆破后抛出石方体积与爆破漏斗总体积之比，它不但是爆破设计的主要参数，同时也是检查爆破效果的主要指标，应根据地形、地质条件，结合工程的要求来确定。

7）药包间距

在工程中，为了使爆破能形成所需要的路堑形状，必须采用药包群。如药包间距太大，爆破后将形成一个个互不联系的爆破漏斗，其间残留一部分没有破碎的岩埂；药包间距太小，则爆破作用的重复性太大，增加导洞药室开挖工作量，浪费大量炸药，影响边坡稳定性，飞石安全距离也无法保证。因此，必须确定一个适合的药包间距，保证药包爆破时互相产生比较理想的共同作用。

8）爆破区安全距离

爆破区安全距离是指爆破时的飞石、地震波、空气冲击波可能伤及人、畜、建筑物的距离。在这个距离内是危险区。飞石距离、地震安全距离、空气冲击波安全距离的确定可参见相关资料。

2. 爆破常用方法

开挖岩石路基所采用的爆破方法，应根据石方的集中程度、地形、地质条件及路线横断面形状等具体情况而定。一般可分为小炮和大爆破两大类。小炮主要包括裸露药包法、钢钎炮、葫芦炮、猫洞炮等；大爆破则随药包性质、断面形状和地形的变化而不同。用药量在 1 000 kg 以下为小炮，1 000 kg 以上为大炮。常用爆破方法如下。

1）裸露药包法

裸露药包法是将药包置于被炸物体表面或经清理的岩缝中，药包表面用草皮或稀泥覆盖，然后进行爆破。主要用于破碎大孤石或进行大块石的二次爆破。

2）钢钎炮法（炮眼法）

钢钎炮通常指炮眼直径和深度分别小于 7 cm 和 5 m 的爆破方法。由于其炮眼直径小，装药量不多，爆破的石方量不大，在路基石方工程集中且数量大时，较少采用这种炮型。但此法操作简便，机动灵活，耗药量少，在工程分散、石方量少时（如整修边坡、清除孤石），仍然是适用的炮型。此外，也常用此法为大型炮创造有利地形（见图 9.2）。

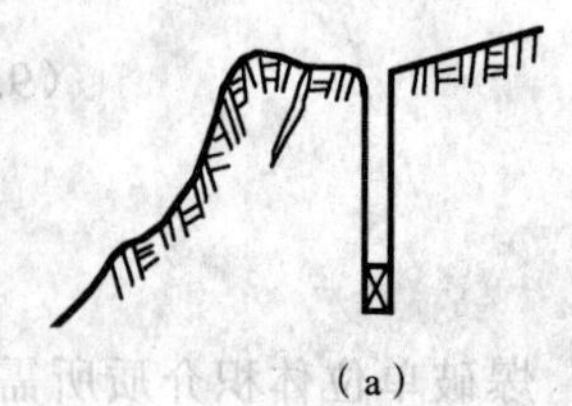
(a)
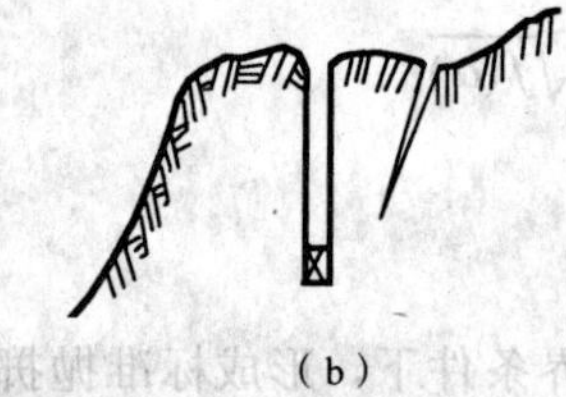
(b)

(c)

图 9.2 钢钎炮法炮眼布置

通常炮眼深度等于要炸去的阶梯高度。根据岩石的坚硬程度决定炮眼深度时，按下式计算：

$$L = CH \tag{9.4}$$

式中 L——炮眼深度（m）；

C——系数，坚石采用 1.0～1.15，次坚石为 0.85～0.95，软石为 0.7～0.9；

H——爆破岩石的厚度或阶梯高度（m）。

用成排炮眼爆破时，同排各炮眼的间距可视岩石的硬度及黏结性参照下式计算确定：

$$a = bW \tag{9.5}$$

式中 a——炮眼间距（m）；

b——系数，采用火花起爆为 1.2～2.0，采用电力起爆为 0.8～2.3；

W——最小抵抗线（m）。

用多排炮眼爆破时，炮眼应按梅花形交错布置，排与排之间的间距约等于同排间炮眼距离的 0.86 倍。

炮眼的装药深度，一般约为炮眼全长的 1/3～1/2，特殊情况下不得超过 2/3。

3）药壶炮法（葫芦炮）

药壶炮是指在深 2.5 m 以上的炮眼底部用少量炸药经一次或多次烘膛，使炮眼底部扩大成药壶形（葫芦形），将炸药集中装入“药壶”中进行爆破，如图 9.3 所示。由于炮眼底部容积增大，装药较多，爆炸能量集中，从而可提高爆破效果。

此法适用于结构均匀致密的硬土、次坚石、坚石。当炮眼深度小于 2.5 m，或是节理发育的软石、岩层很薄，渗水或雨季施工时，不宜采用。

选择炮位应与阶梯高度相适应，遇高阶梯时，宜用分层分排的炮群。炮眼深度一般以 5～7 m 为宜。为避免超爆，药壶距边坡应预留一定间隙。扩大药壶时应不致将附近岩层震垮。药壶法的用药量由下式计算确定：

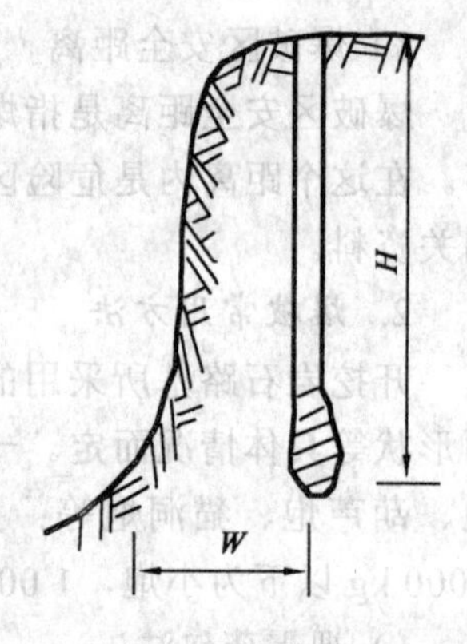

图 9.3 药壶炮法

$$Q = KW^3 \tag{9.6}$$

式中 Q——炸药用量（kg）；

K——单位岩石的硝铵炸药消耗量（kg/m^3），一般软石用 0.26～0.28，次坚石用 0.28～0.34，坚石用 0.34～0.35；

W——最小抵抗线（m），一般为阶梯高度的 0.5～0.8 倍。

单排炮群用电雷管起爆时，每排药包间距为 $a = (0.8～1.0)W$；用火雷管起爆时，每排药

包间距为 $a = (1.4 \sim 2.0)W$。当组织多排药壶炮群时，各排之间的药包间距为 $b = 1.5W$。炮眼布置成三角形时，上下层药包间距 $a = 2W_{下}$（$W_{下}$ 为下层最小抵抗线）。

4）猫洞炮法

猫洞泡是指炮眼直径为 0.2～0.5 m，深度为 2～6 m，炮眼成水平或略有倾斜，用集中药包进行爆破的方法，如图 9.4 所示。其特点是充分利用岩体本身的崩坍作用，能用较浅的炮眼爆破较高的岩体。其最佳使用条件是：岩石为 V～Ⅶ级，阶梯高度至少应大于炮眼深度的 2 倍，自然地面坡度在 70° 左右。在有裂缝的软石和坚石中，阶梯高度大于 4 m，采用此法可获得好的爆破效果，对独岩包和特大孤石的爆破效果更佳。

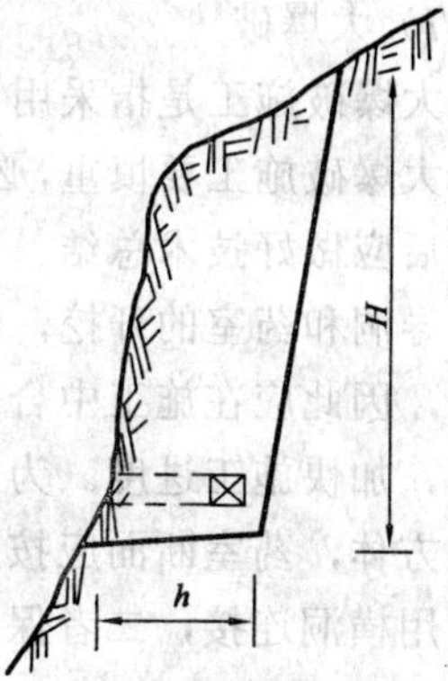

图 9.4 猫洞炮法

猫洞炮的药量按下述两种情况计算。

（1）当被炸松的岩体能坍滑出路基时：

$$Q = KW^3 f(\alpha)\, d \tag{9.7}$$

（2）当被炸松的岩体不能坍滑出路基时：

$$Q = 0.35KW^3 D \tag{9.8}$$

式中 K —— 形成标准抛掷漏斗的单位耗药质量（kg/m^3）；

$f(\alpha)$ —— 抛坍系数，$f(\alpha) = 26/\alpha$，其中 α 为地面横坡度；

d —— 堵塞系数，可近似用 $d = 3/h$ 计算，其中 h 为眼深（m）。

药包间距 $a = (1.0 \sim 1.3)W$，W 为相邻两药包计算抵抗线的平均值。

5）微差爆破

微差爆破是指两相邻药包或前后排药包以毫秒的时间间隔（一般为 15～75 ms）依次起爆，也称毫秒爆破。多发一次爆破最好选用毫秒雷管。其优点是：当装药量相等时，可减震 1/3～2/3 左右；前发药包为后发药包开创了临空面，加强了岩石的破碎效果；降低多排孔一次爆破的堆积高度，有利于挖掘机作业；由于是依次爆破，减少岩石挟制力，可节省炸药 20%，并可增大孔距，提高每米钻孔的爆落石方。多排孔微差爆破是浅孔、深孔爆破的发展方向。

6）光面爆破和预裂爆破

光面爆破是在开挖限界的周边，适当排列一定间隔的炮孔，在有侧向邻空面的情况下，用控制抵抗线和药量的方法进行爆破，使之形成一个光滑平整的边坡。

预裂爆破是在开挖限界处，按适当间隔排列炮孔，在没有侧向临空面和最小抵抗线的情况下，用控制药量的方法预先炸出一条裂缝，使拟爆体与山体分开，作为隔震减震带，起保护开挖限界以外山体或建筑物的作用。

进行光面爆破或预裂爆破时，应严格保持炮孔在同一平面内，炮孔间距 a 和抵抗线 W 之比应小于 0.8。装药量应控制恰当，并采用合理的药包结构，通常使炮孔直径大于药卷直径 1～2 倍。或采用间隔药包、间隔钻孔装药。预裂炮的起爆时间在主炮之前，光面炮在主炮之后，其间隔时间可取 25～50 ms。同一排孔必须同时起爆，最好用传爆线起爆，否则会影响爆破质量。光面爆破和预裂爆破的主要设计参数归纳如下：

（1）光面炮眼间距

$$a_1 = 16d \tag{9.9a}$$

（2）预裂炮眼间距

$$a_2 = (8 \sim 12)d \tag{9.9b}$$

（3）光面炮眼抵抗线

$$W = 1.33a_1 = 21.5d \tag{9.9c}$$

（4）装药密度（即每米钻孔装药量）

$$q' = 9d^2 \quad (\text{kg/m}) \tag{9.9d}$$

式中　d——钻孔直径（cm）。

7）大爆破

大爆破施工是指采用导洞和药室装药，用药量在 1 000 kg 以上的爆破，如图 9.5 所示。采用大爆破施工要慎重，必须在施工前做好技术设计，爆破后应做好技术总结。

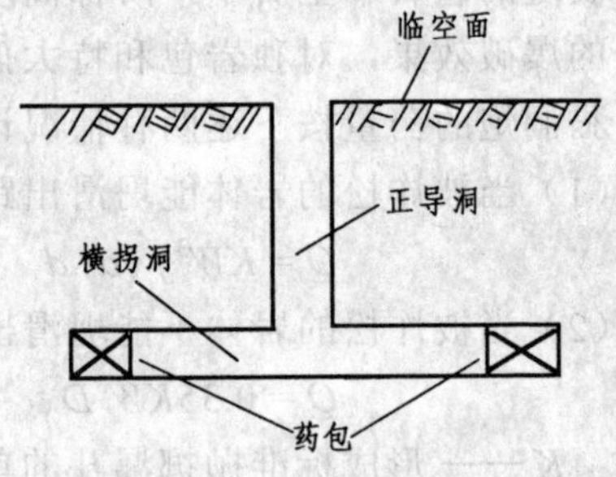

图 9.5　大爆破施工

导洞和药室的开挖，约占大爆破全部工作时间的 70%，因此应在施工中合理组织人力，充分发挥机械效率，加快施工进度。为使药包集中，药室应做成近似立方体，药室断面应按设计规范开挖。导洞与药室之间用横洞连接，二者保持垂直，药室中心与导洞中心一般不小于 2.5 m。

导洞分竖井和平洞两种，竖井深度不宜大于 16 m，如超过或有地下水时，最好采用平洞，平洞总长度以 30 m 为宜。选用竖井或平洞时，除考虑施工进度外，还应考虑爆破效果。

大爆破主要用于石方大量集中、地势险要或工期紧迫的路段。

三、爆炸药品的管理

爆破施工中为确保安全，除遵守有关规定外，对于工地的爆炸物品要妥善保管，管理要点包括：

（1）所有爆破器材、雷管、炸药要在指定地点分别存放，相距不得小于 1 km，距施工现场不小于 3 km，并不得露天存放，决不允许个人保存。

（2）存放地点应有牢靠的固定仓库，库内通风良好，仓址四角应有正式的避雷设备，库址周围应有牢固的围墙和门扉，并有排水沟道保证仓库干燥。

（3）仓库应有警卫人员日夜负责看守，并有良好的防火设备。

（4）存放炸药、雷管的仓库周围 500 m 半径内，不得安置有发电机、变压器、高压线和有各类发电、导电、明火操作的电焊机、瓦斯机等机械。

（5）爆破器材应有专人负责入库、发放，炸药、雷管的领用手续要严格、健全，库房内只准使用绝缘手电。在雷雨、浓雾天气及黑夜，不办理爆炸物品的收领工作。

四、石质路堑施工方法

较平缓地段上的浅路堑（中心高小于 5 m），可不分层开挖；较深路堑应分层开挖（每层高度不大于 5 m)；路堑较长时，可适当开设运渣马口。分层开挖可根据地形和选定的施工机具设备等因素，采用逐层顺坡开挖法或纵向台阶开挖法施工。

路堑，尤其是地形起伏大的深路堑，应当先做好堑顶截水沟、天沟后再挖。在路堑施工期间及竣工时，注意检查维护，其排水口应引入自然沟或排水建筑。

石方开挖须从上而下进行，严禁掏底开挖。当岩层层理大体与边坡平行时，在岩层的走向、倾角不利于边坡稳定和施工安全的地段，应顺层开挖；当层理与边坡成较大夹角时，应采用预裂、光面爆破开挖边坡。

石质路堑常用施工方法如下。

1. 纵向台阶开挖法

路堑开挖平均深度在 10 m 以上时，宜从上到下分层依次进行。图 9.6 所示为路堑分成两层的开挖形式。在路堑两侧边坡都可进行台阶开挖。特点是工作面多，临空面多，炸出的石渣大部分散落在山谷中，较易清除。但工作面窄，投入的劳力受限制，因而进度慢，出渣困难，效率低。如上层的土方数量过大，可沿等高线顺两侧边坡设置开挖工作面，挖除上台阶的土石数量。待上台阶开挖到一定程度，不影响下台阶工作安全时，即可同时进行下台阶的开挖作业，挖除下台阶可挖的数量。

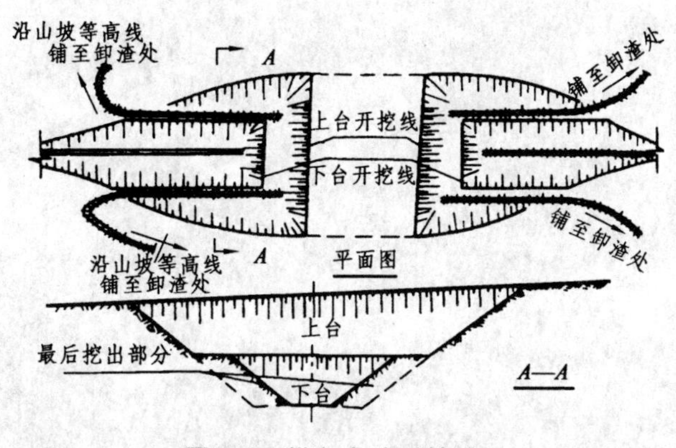

图 9.6　纵向台阶开挖法

2. 纵向分段开挖

路堑过长、运距较远，采用分层开挖仍不能满足施工期限时，可用纵向分段开挖或分层分段相结合的形式。

当傍山路堑一侧堑壁不厚时，可适当选择一处或几处将堑壁挖穿（俗称“马口”），把长路堑变成几段进行开挖，增加工作面，如图 9.7 所示。分段开挖的分段长度以不小于 8～10

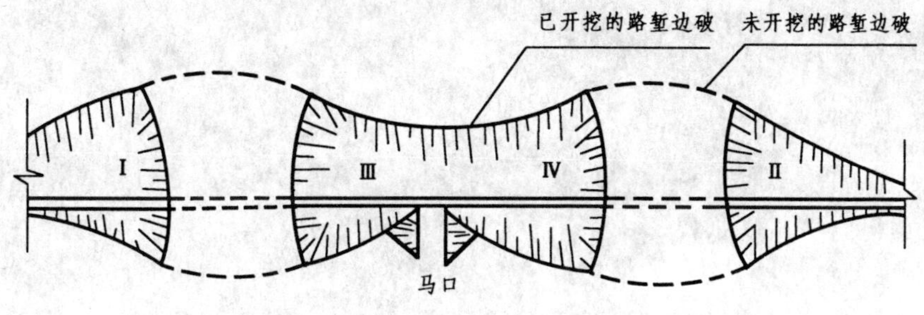

图 9.7　纵向分段开挖法

倍的开挖深度为宜。如果马口开挖数量不大，路堑深度较浅，则开挖出渣高程可一次设计在路基高程上；如果马口开挖数量较多，路堑较深，则出渣高程需分层确定。

思考与练习

9.1 填石路堤如何判断是否压实，填料如何选择？

9.2 爆破设计参数如何选用？

9.3 常用爆破方法有哪几种？各方法的爆破参数如何确定？各适用于什么情况？

9.4 爆破作业应遵循哪些程序？各程序应注意哪些问题？

9.5 石质路堑常用开挖方法有哪些？开挖施工中应注意哪些问题？

第十章　路基工程质量检测

学习目标

① 掌握工程质量评定的方法。
② 掌握路基工程评定的方法。
③ 掌握压实度检测的方法及评定。

第一节　路基工程质量检查项目

一、概　述

为了保证道路工程质量，加强道路工程质量管理，根据建设任务、施工管理和质量检验评定需要，应在施工准备阶段将建设项目划分为单位工程、分部工程和分项工程，以便施工单位、工程监理单位和建设单位按照工程中划分的相同项目进行质量监控和管理。

建设项目又称基本建设项目，是指经批准在一个设计任务书范围内按同一总体设计进行建设的全部工程。在建设项目中，根据签订的合同，具有独立施工条件的工程称为单位工程（或标段）。在单位工程中，按结构部位、路段长度及施工特点或施工任务又划分为若干个分部工程。在分部工程中，按不同的施工方法、材料、工序及路段长度等又可划分为若干个分项工程。施工单位、监理工程师和质量监督部门应按此种工程划分，逐级进行工程质量的监控和管理。路基工程的项目划分见表 10.1。

表 10.1　路基工程的分部工程和分项工程划分

单位工程	分部工程	分项工程
路基工程（每 10 km 或每标段）	路基土石方工程*①（1～3 km 路段）②	土方路基*，石方路基*，软土地基*，土工合成材料处治层*等
	排水工程（1～3 km 路段）	管节预制，管道基础及管节安装*，检查（雨水）井砌筑*，土沟，浆砌排水沟*，盲沟，跌水，急流槽*，水簸箕，排水泵站等
	小桥及符合小桥标准的通道*，人行天桥，渡槽（每座）	基础及下部构造*，上部构造预制、安装或浇筑*，桥面*，栏杆，人行道等
	涵洞、通道（1～3 km 路段）	基础及下部构造*，主要构件预制、安装或浇筑*，填土，总体等
	砌筑防护工程（1～3 km 路段）	挡土墙*，墙背填土，抗滑桩*，锚喷防护*，锥、护坡，导流工程，石笼防护等

续表 10.1

单位工程	分部工程	分项工程
路基工程（每 10 km 或每标段）	大型挡土墙*，组合式挡土墙*（每处）	基础*，墙身*，墙背填土，构件预制*，构件安装*，筋带，锚杆、拉杆，总体*等

注：① 表内标注*者为主要工程，评分时给以 2 的权值；不带*者为一般工程，权值为 1。

② 按路段长度划分的分部工程，高速公路、一级公路宜取低值，二级及二级以下公路可取高值。

公路工程质量检验评分以分项工程为单元，采用百分制进行。在分项工程评分的基础上，逐级计算各相应分部工程、单位工程、建设项目（包括各合同段）的评分值。因此，分项工程质量检验是工程质量检查验收的根本。

二、路基分项工程质量评分

分项工程质量检验内容包括基本要求、实测项目、外观鉴定和质量保证资料四个部分。其中，基本要求具有否决权，只有在其使用的原材料、半成品、成品及施工工艺符合基本要求的规定，且无严重外观缺陷和质量保证资料真实并基本齐全时，才能对分项工程质量进行检验评定。分项工程的评分值满分为 100 分，按实测项目采用加权平均法计算。

$$\text{分项工程得分} = \frac{\Sigma(\text{检查项目得分} \times \text{权值})}{\Sigma\,\text{检查项目权值}} \qquad (10.1a)$$

$$\text{检查项目得分} = \text{检查项目合格率} \times 100 \qquad (10.1b)$$

$$\text{检查项目合格率} = \frac{\text{检查合格的点(组)数}}{\text{该检查项目的全部检查点(组)数}} \times 100\% \qquad (10.1c)$$

$$\text{分项工程评分值} = \text{分项工程得分} - \text{外观缺陷减分} - \text{资料不全减分} \qquad (10.1d)$$

（一）土方路基

1. 基本要求

（1）在路基用地和取土坑范围内，应清除地表植被、杂物、积水、淤泥和表土，处理坑塘，并按规范和设计要求对基底进行压实。

（2）路基填料应符合规范和设计的规定，经认真调查、试验后合理选用。

（3）填方路基须分层填筑压实、每层表面平整，路拱合适、排水良好。

（4）施工临时排水系统应与设计排水系统结合，避免冲刷边坡，勿使路基附近积水。

（5）在设定取土区内合理取土，不得滥开滥挖。完工后应按要求对取土坑和弃土场进行修整，保持合理的几何外形。

2. 实测项目

土方路基实测项目见表 10.2。

3. 外观鉴定

（1）路基表面平整，边线直顺，曲线圆滑。不符合要求时，单向累计长度每 50 m 减 1～2 分。

（2）路基边坡坡面平顺、稳定，不得亏坡，曲线圆滑。不符合要求时，单向累计长度每 50 m 减 1～2 分。

（3）取土坑、弃土堆、护坡道、碎石台的位置适当，外形整齐、美观，防止水土流失。不符合要求时，每处减 1～2 分。

表 10.2　土方路基实测项目

<table>
<tr><th rowspan="3">项次</th><th rowspan="3" colspan="3">检　查　项　目</th><th colspan="3">规定值或允许偏差</th><th rowspan="3">检查方法和频率</th><th rowspan="3">权值</th></tr>
<tr><th rowspan="2">高速公路、一级公路</th><th colspan="2">其他公路</th></tr>
<tr><th>二级公路</th><th>三、四级公路</th></tr>
<tr><td rowspan="5">1△</td><td rowspan="5">压实度/%</td><td rowspan="2">零填及挖方/m</td><td>0～0.30</td><td>—</td><td>—</td><td>94</td><td rowspan="5">按规范要求检查，采用密度法，每 200 m 每压实层测 4 处</td><td rowspan="5">3</td></tr>
<tr><td>0～0.80</td><td>≥96</td><td>≥95</td><td>—</td></tr>
<tr><td rowspan="3">填方/m</td><td>0～0.80</td><td>≥96</td><td>≥95</td><td>≥94</td></tr>
<tr><td>0.80～1.50</td><td>≥94</td><td>≥94</td><td>≥93</td></tr>
<tr><td>> 1.50</td><td>≥93</td><td>≥92</td><td>≥90</td></tr>
<tr><td>2△</td><td colspan="3">弯沉/0.01 mm</td><td colspan="3">不大于设计值</td><td>按规范要求检查</td><td>3</td></tr>
<tr><td>3</td><td colspan="3">纵断高程/mm</td><td>+10，−15</td><td colspan="2">+10，−20</td><td>采用水准仪，每 200 m 测 4 个断面</td><td>2</td></tr>
<tr><td>4</td><td colspan="3">中线偏位/mm</td><td>50</td><td colspan="2">100</td><td>采用经纬仪，每 200 m 测 4 点，弯道加 HY、YH 两点</td><td>2</td></tr>
<tr><td>5</td><td colspan="3">宽度/mm</td><td colspan="3">不小于设计值</td><td>用尺量，每 200 m 测 4 处</td><td>2</td></tr>
<tr><td>6</td><td colspan="3">平整度/mm</td><td>15</td><td colspan="2">20</td><td>用 3 m 直尺，每 200 m 测 2 处×10 尺</td><td>2</td></tr>
<tr><td>7</td><td colspan="3">横坡/%</td><td>±0.3</td><td colspan="2">±0.5</td><td>用水准仪，每 200 m 测 4 个断面</td><td>1</td></tr>
<tr><td>8</td><td colspan="3">边坡</td><td colspan="3">不陡于设计值</td><td>用尺量，每 200 m 测 4 处</td><td>1</td></tr>
</table>

注：① 表列压实度以重型击实试验法为准，评定路段内的压实度平均值下置信界限不得小于规定标准，单个测定值不得小于极值（表列规定值减 5 个百分点）。小于表列规定值 2 个百分点的测点，按其数量占总检查点的百分率计算减分值。

② 采用核子仪检验压实度时，应进行标定试验确认其可靠性。

③ 特殊干旱、特殊潮湿地区或过湿土路基，可按交通运输部（原交通部）颁发的路基设计、施工规范所规定的压实度标准进行评定。

④ 三级公路修筑沥青混凝土或水泥混凝土路面时，其路基压实度应采用二级公路标准。

⑤ 表中“△”标志表示该项目为关键项目。

（二）石方路基

1. 基本要求

（1）石方路堑的开挖宜采用光面爆破法。爆破后应及时清理险石、松石，确保边坡安全、稳定。

（2）修筑填石路堤时应进行地表清理，逐层水平填筑石块，摆放平稳，码砌边部。填筑层厚度及石块尺寸应符合设计和施工规范规定，填石空隙用石碴、石屑嵌压稳定。上、下路床填料和石料最大尺寸应符合规范规定。采用振动压路机分层碾压，压至填筑层顶面石块稳定，18 t 以上压路机振压 2 遍无明显高程差异。

（3）路基表面应整修平整。

2. 实测项目

石方路基实测项目见表 10.3。

表 10.3　石方路基实测项目

项次	检查项目		规定值或允许偏差		检查方法和频率	权值
			高速公路、一级公路	其他公路		
1	压实		层厚和碾压遍数符合要求		查施工记录	3
2	纵断高程/mm		+10，−20	+10，−30	用水准仪，每 200 m 测 4 断面	2
3	中线偏位/mm		50	100	用经纬仪，每 200 m 测 4 点，弯道加 HY、YH 两点	2
4	宽度/mm		不小于设计值		用米尺，每 200 m 测 4 处	2
5	平整度/mm		20	30	用 3 m 直尺，每 200 m 测 2 处×10 尺	2
6	横坡/%		±0.3	±0.5	用水准仪，每 200 m 测 4 个断面	1
7	边坡	坡　度	不陡于设计值		每 200 m 抽查 4 处	1
		平顺度	符合设计要求			

注：土石混填路基压实度或固体体积率可根据实际可能进行检验，其他检测项目与石方路基相同。

3. 外观鉴定

（1）上边坡不得有松石。不符合要求时，每处减 1～2 分。

（2）路基边线直顺，曲线圆滑。不符合要求时，单向累计长度每 50 m 减 1～2 分。

三、分部工程和单位工程质量评分

进行分部工程和单位工程评分时，采用加权平均值计算法确定相应的评分值。

$$\text{分部工程评分值} = \frac{\Sigma(\text{分项工程评分值} \times \text{相应权值})}{\Sigma\,\text{分项工程权值}} \tag{10.2a}$$

$$\text{单位工程评分值} = \frac{\Sigma(\text{分部工程评分值} \times \text{相应权值})}{\Sigma\,\text{分部工程权值}} \tag{10.2b}$$

四、建设项目工程质量评分

合同段和建设项目工程质量评分值按《公路工程竣（交）工验收办法》计算。

$$\text{合同段工程质量得分} = \frac{\Sigma(\text{单位工程得分} \times \text{单位工程投资额})}{\Sigma\,\text{单位工程投资额}} \tag{10.3a}$$

$$\text{建设项目工程质量评分值} = \frac{\Sigma(\text{合同段工程质量鉴定得分} \times \text{合同段工程投资额})}{\Sigma\,\text{合同段工程投资额}} \tag{10.3b}$$

第二节　路基压实度检测方法

一、压实度的概念

压实度是路基施工质量检测的关键指标之一，表征现场压实后的密实状况。压实度越高，密实度越大，材料整体性能越好。

路基压实就是用某种工具或机械增加土体体积内固体颗粒的数量，减少孔隙率，从而提高土基的强度和稳定性。压实度是指土压实后的干密度与该土的标准最大干密度之比，用百分率表示，计算式为：

$$k = \frac{\rho_d}{\rho_0} \times 100\% \tag{10.4}$$

式中　k —— 压实度；

ρ_d —— 压实土的干密度（g/m^3）；

ρ_0 —— 压实土的标准最大干密度（g/m^3）。

干密度的计算式为：

$$\rho_d = \frac{\rho}{1+0.01w} \tag{10.5}$$

式中　ρ —— 湿密度（现场密度）（g/cm^3）；

w —— 现场（或实验室）测试试样的含水量。

二、压实度的检测方法

压实度是土压实后的干密度与该土的标准最大干密度之比，因此压实度的检测主要包括室内标准密度（最大干密度）检测和现场密度检测。

（一）标准密度（最大干密度）检测

室内试验得出的标准密度（最大干密度）是压实度评定的基准值，直接决定着评定结果的可靠性。根据路基土类别与性质的不同，路基土最大干密度试验方法主要有击实法、振动台法和表面振动压实仪法。

1. 击实法

击实试验是我国路基土及路面材料最大干密度确定的主要方法，通过试验得出的击实曲线，确定最佳含水量和最大干密度。根据击实功的不同，可分为重型和轻型击实，重型击实功是轻型击实功的4.5倍。

2. 振动台法与表面振动压实仪法

振动台法与表面振动压实仪法均是采用振动方法测定土的最大干密度。前者是整个土样同时受到垂直方向的振动作用，而后者是振动作用自土体表面垂直向下传递。研究结果表明，对于无黏聚性自由排水土，这两种方法最大干密度试验的测定结果基本一致，但前者试验设备及操作较复杂，后者相对容易，且更接近于现场振动碾压的实际状况。因此，应优先采用表面振动压实仪法。

（二）现场密度检测方法

测定密度常用的方法有环刀法、灌砂法、水袋法、核子密度湿度仪法等。其中细粒土现场压实度检查可以采用灌砂法或环刀法；粗粒土及路面结构层压实度检查可以采用灌砂法、水袋法或钻孔取样蜡封法。应用核子密度湿度仪时，须经对比试验检验，以确认其可靠性。

1. *环刀法*

环刀法是测量现场密度的传统方法。此种方法是采用一定体积的环刀切削土样，使土充满其中，测环刀中土重，根据已知环刀的体积就可按定义计算土的密度。

用环刀法测得的密度是环刀内土样所在深度范围内的平均密度，它不能代表整个碾压层的平均密度。由于碾压土层的密度一般是上层比下层大，若环刀取在碾压层的上部，则得到的数值偏大，若环刀取的是碾压层的底部，则所得的数值将偏小。施工现场检查填土密度时，因每层土压实程度上下不均，而每一层压实厚度达 20～30 mm，环刀容积过小，所测的密度与本层的密度误差较大，为此可选用大容积环刀提高测试精度。

另外，环刀法适用面较窄，对于含有粒料的稳走土及松散性材料无法使用。

2. *灌砂法与灌水法*

对含有碎石的土层或人工填土层无法用环刀取样，则可在现场测点挖一测坑，挖的同时测其挖出土石的质量和含水量，挖出的土质一般不少于 300 kg。对不规则的试坑体积测量，可将不透水的薄膜袋放在坑内通过灌水求试坑的体积或直接在坑内灌砂求试坑的体积，并按定义计算其密度。

（1）灌砂法是利用均匀颗粒的砂去置换试洞的体积，是当前最通用的方法，很多工程都把灌砂法列为现场测定密度的主要方法。该方法可用于测试各种土或路面材料的密度，它的缺点是需要携带较多的量砂，而且称量次数较多，因此测试速度较慢。采用此方法时，应符合下列规定：

① 当集料的最大粒径小于 15 mm，测定层的厚度不超过 150 mm 时，宜采用ϕ100 mm 的小型灌砂筒测试。

② 当集料的粒径等于或大于 15 mm 但不大于 40 mm，测定层的厚度超过 150 mm 但不超过 200 mm 时，应用ϕ150 mm 的大型灌砂筒测试。

（2）灌水法是利用聚乙烯塑料薄膜内装的水去置换试洞的体积，适用于现场测定粗粒土和巨粒土的密度。

3. *核子密度湿度仪法*

该法是利用放射性元素（通常是 γ 射线和中子射线）测量土或路面材料的密度和含水量。这类仪器的特点是测量速度快、需要人员少。该类方法适用于测量各种土或路面材料的密度和含水量，有些进口仪器可储存打印测试结果。它的缺点是，放射性物质对人体有害，另外需要打洞的仪器，在打洞过程中使洞壁附近的结构遭到破坏，影响测定的准确性。对于核子密度湿度仪法，可作施工控制使用，但需与常规方法比较，以验证其可靠性。

三、压实度的评定

压实度评定是以 1～3 km 长的路段为检测评定单元，按规范要求的检测频率及方法进行现场压实度抽样检查，计算出每一测点的压实度 K_i。

评定单元的压实度代表值 K（算术平均值的下置信界限）的计算式为：

$$K=\bar{k}-\frac{t_\alpha}{\sqrt{n}}S\geqslant K_0 \tag{10.6}$$

式中 $\bar{k}$——检验评定段内各测点压实度的平均值；

t_α——T 分布表中随测点数和保证率（或置信度 α）而变的系数，见表 10.4，采用保证率为高速、一级公路 95%（基层、底基层为 99%，面层为 95%），其他公路 90%（基层、底基层为 95%，面层为 90%）；

S——检测点的均方差；

n——检测点数；

K_0——压实度标准值。

路基（路面）压实度评分方法如下。

（1）路基（基层或底基层）：

① $K\geqslant K_0$，且单点压实度 K_i 全部大于或等于规定值减 2 个百分点时，评定路段的压实度合格率为 100%；当 $K\geqslant K_0$，且单点压实度全部大于或等于规定极值时，按测定值不低于规定值减 2 个百分点的测点数计算合格率。

② $K<K_0$ 或某一单点压实度 K_i 小于规定极值时，该评定路段压实度为不合格，相应分项工程评为不合格。

（2）沥青面层：

① 当 $K\geqslant K_0$ 且全部测点大于或等于规定值减 1 个百分点时，评定路段的压实度合格率为 100%；当 $K\geqslant K_0$ 时，对于测定值低于规定值减 1 个百分点的测点数计算合格率。

② $K<K_0$ 时，评定路段的压实度为不合格，相应分项工程评为不合格。

表 10.4　$\frac{t_\alpha}{\sqrt{n}}$ 值

保证率 / n	99%	95%	90%	保证率 / n	99%	95%	90%
2	22.501	4.465	2.176	10	0.892	0.580	0.437
3	4.021	1.686	1.089	11	0.833	0.546	0.414
4	2.270	1.177	0.819	12	0.785	0.518	0.393
5	1.676	0.953	0.686	13	0.744	0.494	0.376
6	1.374	0.823	0.603	14	0.708	0.473	0.361
7	1.188	0.734	0.544	15	0.678	0.455	0.347
8	1.060	0.670	0.500	16	0.651	0.438	0.335
9	0.966	0.620	0.466	17	0.626	0.423	0.324

续表 10.4

保证率 / n	99%	95%	90%	保证率 / n	99%	95%	90%
18	0.605	0.410	0.314	29	0.458	0.316	0.244
19	0.586	0.398	0.305	30	0.449	0.310	0.239
20	0.568	0.387	0.297	40	0.383	0.266	0.206
21	0.552	0.376	0.289	50	0.340	0.237	0.184
22	0.537	0.367	0.282	60	0.308	0.216	0.167
23	0.523	0.358	0.275	70	0.285	0.199	0.155
24	0.510	0.350	0.269	80	0.266	0.186	0.145
25	0.498	0.342	0.264	90	0.249	0.175	0.136
26	0.487	0.335	0.258	100	0.236	0.166	0.129
27	0.477	0.328	0.253	> 100	$\frac{2.3265}{\sqrt{n}}$	$\frac{1.6449}{\sqrt{n}}$	$\frac{1.2815}{\sqrt{n}}$
28	0.467	0.322	0.248				

思考与练习

10.1　什么是建设项目、单位工程、分部工程、分项工程？

10.2　如何评定路基工程的质量？

10.3　土方路基的检测项目有哪些？各用什么方法检测？检测频率为多少？

10.4　石方路基的实测项目有哪些？各用什么方法检测？检测频率为多少？

10.5　压实度的检测方法有哪些？

10.6　如何进行压实度评定？

第二篇

路面工程

第十一章 路面工程概述

学习目标

① 掌握路面的功能及对路面的基本要求。

② 了解路面的类型及路面的分类。

③ 掌握路面各结构层的划分及各层的功能。

④ 了解水泥混凝土路面和沥青混凝土路面常用的施工机械。

第一节 路面的使用要求

一、路面的概念

公路路面是用各种筑路材料铺筑在公路路基上供汽车行驶的层状结构物，是道路工程的主要组成部分。

路面的质量对行车的安全、行驶的速度、运输成本以及舒适性都有决定性的作用，常见的路面类型有沥青类路面、水泥混凝土路面、碎（砾）石路面等。其作用是加固行车部分，使汽车在其上安全、舒适、经济地行驶。

二、对路面的基本要求

为了保证公路最大限度地满足车辆运行的要求，保证道路的通行能力，提高行车速度，增强安全性和舒适性，降低运输成本和延长道路使用年限，路面结构应满足以下几个方面的基本要求。

1. 具有足够的强度和刚度

路面的强度和刚度是两个既相互联系又相互区别的力学特性。

强度是指承受荷载的能力。

行驶在路面上的车辆通过车轮把垂直力和水平力传给路面；由汽车发动机产生的机械振

动和悬挂系统与车身的相对运动使路面受到车辆的振动力和冲击力作用；在车身后面还会产生真空吸力作用。

在上述各种外力的综合作用下，路面结构内会产生不同大小的压应力、拉应力和剪应力，如果这些应力超过路面结构整体或某一组成部分的强度，路面会出现断裂、沉陷、波浪和磨损等破坏，从而会影响道路的使用质量，严重时还可能中断交通。因此，路面结构整体及其各组成部分必须具备足够的强度，以抵抗在行车作用下所产生的各种应力，避免破坏。

刚度是指路面抵抗变形的能力。

路面结构应具有足够的刚度，使得在车轮荷载作用下不发生过大的变形和位移，保证路面不发生深陷、车辙或波浪等病害。

2. 具在足够的稳定性

路面的稳定性是指路面保持其本身结构强度的性能，也就是指在外界各种影响因素（主要是温度和水分）的作用下，路面强度的变化幅度。

大气降水使路面结构内部的湿度发生变化从而影响路面结构的稳定性。水泥混凝土路面，如果不能及时将水分排出结构层，会发生唧泥、冲刷基层，导致结构层提前破坏；沥青混凝土路面中由于水分的侵蚀，会引起沥青结构层剥落、结构松散等水损害。

大气温度周期性的变化对路面结构的稳定性有重要影响。高温季节沥青路面软化，在车辆荷载作用下产生车辙、波浪、推挤等永久变形，低温时沥青面层又可能因收缩或变脆而开裂；水泥混凝土路面在高温时会发生拱胀开裂，低温时出现收缩裂缝以及在温度梯度作用下产生翘曲而破坏等。在低温冰冻季节，温度和湿度的共同作用会引起路基路面结构的冻胀，春融季节在重要交通路段易产生翻浆。

3. 具有足够的表面平整度

路表面平整度是影响行车安全、行车舒适性以及运输效益的重要指标。

不平整的路表面会增大行车阻力，并使车辆产生附加的振动作用。这种振动作用会造成行车颠簸影响行车的速度和安全、驾驶的平稳和乘客的舒适；同时，振动作用还会对路面施加冲击力，从而加速路面损坏、汽车机件的损坏和轮胎的磨损，并增大油料的消耗；而且，不平整的路面还会积滞雨水，加速路面的破坏。

4. 具有足够的表面抗滑性

路面表面要求平整度好，但不宜光滑。若汽车在光滑的路面上行驶，车轮与路面之间缺乏足够的附着力或摩擦阻力。在雨天高速行车、紧急制动、突然启动、爬坡或转弯时，车轮也易产生空转或打滑，致使行车速度降低，油料消耗增多，甚至引起严重的交通事故。

5. 具有足够的耐久性

路面结构要承受车辆荷载的反复作用和大气水温因素的重复作用，使用性能逐年下降，强度和刚度逐年衰减，如路面出现疲劳破坏和塑性变形累积等。

6. 具有低噪声、低扬尘性并减小对环境的负面影响

汽车在砂石路面上行驶时，车身后面产生真空吸力会将表层中较细材料吸出而使尘土飞扬，甚至导致路面松散、脱落和坑洞等破坏。

在车辆行驶时引起的灰尘以及车辆在各类路面上产生的噪声，对旅客、沿路居民的环境卫生、货物和路旁农作物以及车辆均带来不良影响。因此，要求路面在行车过程中尽量减少扬尘，降低噪声。

第二节　路面的分级与分类

一、路面等级

原《公路工程技术标准》（JTJ 001—1997）将路面分为4个等级即高级、次高级、中级及低级，并与公路等级相对应，而现行的《公路工程技术标准》（JTGB 01—2003）没有规定路面等级，只列出路面类型的适用范围，见表11.1。

表11.1　我国路面面层类型及其适用范围

面层类型	适用范围
沥青混凝土	高速、一级、二级、三级、四级公路
水泥混凝土	高速、一级、二级、三级、四级公路
沥青贯入、沥青碎石、沥青表面处治	三级、四级公路
砂石路面	四级公路

注：砂石路面是以砂石等为骨料，以土水灰结合料通过一定的配比铺筑而成的路面的统称，包括级配碎（砾）石路面、泥结碎（砾）石路面、水结碎石路面、填隙碎石路面及其他粒料路面。

二、路面分类

路面类型可以从不同角度来划分，但是一般都按面层所用的材料区划，如水泥混凝土路面、沥青路面、砂石路面等。但是在工程设计中主要从路面结构的力学特性和设计方法的相似性出发，将路面划分为柔性路面、刚性路面和半刚性路面三类。

1. 柔性路面

柔性路面刚度较小，在车辆荷载作用之下产生较大的弯沉变形，路面结构本身的抗弯拉强度较低，它通过各结构层将车辆荷载传递给土基，使土基承受较大的单位压力，因而对土基的强度和稳定性要求较高。柔性路面主要包括各种未经处理的粒料基层和各类沥青面层所组成的路面结构。

2. 刚性路面

刚性路面主要指用水泥混凝土作面层或基层的路面结构。水泥混凝土的强度和刚度高，弹性模量大。在车辆荷载作用下，水泥混凝土结构层处于板体工作状态，竖向弯沉较小，通过板体的扩散分布作用，传递到土基的应力较小。

3. 半刚性路面

用水泥、石灰等无机结合料处治的土或碎（砾）石及含有水硬性结合料的工业废渣修筑的基层，在前期具有柔性路面的力学性质，后期的强度和刚度均有较大幅度的增长，但是最终的强度和刚度仍远小于水泥混凝土。这种材料的刚性处于柔性路面与刚性路面之间，因此把这种基层和铺筑在它上面的沥青面层统称为半刚性路面，这种基层称为半刚性基层。

刚性路面、柔性路面和半刚性路面，这种以力学特性为标准的分类方法主要是为了便于

层，以及厚度不超过 1 cm 的简易沥青表面处治，不能作为一个独立的层次，应看做是面层的一部分。

面层是直接同行车和大气接触的表面层次，它承受较大的行车荷载的垂直力、水平力和冲击力的作用以及雨水和气温变化的不利影响。因此，同其他层次相比，面层应具备较高的结构强度、刚度和稳定性，而且应当耐磨、不透水，其表面还应有良好的抗滑性和平整度。中、下面层应密实且基本不透水，并具有高温抗车辙、抗剪切、抗疲劳的力学性能。

修筑面层所用的材料主要有：沥青混凝土、水泥混凝土、沥青碎（砾）石混合料、砂砾或碎石掺土或不掺土的混合料以及块石等。

2. 基　层

基层是主要承重层，承受由面层传来的车辆荷载的垂直力，并扩散到下面的垫层和土基中去，应具有稳定、耐久、较高的承载能力。基层可为单层或双层，双层称为上、下基层。对基层质量的要求可低些，可使用当地材料来修筑。

基层遭受大气因素的影响虽然比面层小，但是仍然有可能经受地下水和通过面层渗入的雨水作用，所以基层结构应具有足够的水稳性。基层顶面也应平整，具有与面层相同的横坡，以保证面层厚度均匀。

修筑基层的材料主要有各种结合料（如石灰、水泥或沥青等）稳定土或稳定碎（砾）石、贫水混凝土、天然砂砾，各种碎石或砾石、片石、块石或圆石，各种工业废渣（如煤渣、粉煤灰、矿渣、石灰渣等）和土、砂、石所组成的混合料等。

3. 垫　层

垫层介于土基与基层之间，是在路基土质较差、水温状况不良时，或者在路面结构厚度小于最小防冻厚度要求时设置的，起排水、隔水、防冻胀和扩散应力等作用。垫层可采用颗粒材料（如砂砾、煤渣等）或无机结合料稳定粗粒土等铺筑。垫层应比基层（底基层）每侧至少宽出 25 cm，或与路基同宽。

以上只是典型路面结构的划分，实际上，路面不一定具有这么多的结构层次。此外，路面各结构层次的划分也不是一成不变的。

第四节　路面施工机械与设备

一、水泥混凝土路面机械

水泥混凝土路面是将水泥、碎石、砂和水按一定比例配合，拌和后经摊铺、振捣、整平和养生而成的板状路面。水泥混凝土路面机械主要有：搅拌设备、输送设备、摊铺机、整面机、切缝机、真空脱水设备等。

（一）水泥混凝土搅拌机

水泥混凝土搅拌机是将一定配合比的水泥、砂子、碎石和水等拌制成水泥混凝土的机械。

1. 水泥混凝土搅拌机的类型

（1）按作业方式分，有循环作业和连续作业式两种。循环作业式是将供料、搅拌、卸料三道工序按一定的时间间隔周期进行的，按份拌制；连续作业是将上述三道工序在一个筒体内连续进行的。目前前者的方式使用较多。

（2）按搅拌方式分，有自落式搅拌和强制式搅拌两种。自落式搅拌机是把混合料放在一个旋转的搅拌鼓中，随着搅拌鼓的旋转，鼓内的叶片把混合料提升到一定的高度，然后靠自重落下来；强制式搅拌机是搅拌鼓不动，而由鼓内旋转轴上均置的叶片强制搅拌。前者适用于搅拌塑性和半塑性混凝土，后者适用于搅拌硬性混凝土。

（3）按出料方式分为倾翻式和非倾翻式两种；按装置方式分为固定式和移动式两种；按搅拌容量分为大型（出料 1 000～3 000 L）、中型（出料 300～500 L）和小型（出料 50～250 L）。

2. 搅拌机的工艺

（1）按要求的配合比，准确称量碎石、砂子和水；

（2）调整水箱指示牌上的指针，控制供水量；

（3）向斗内装料，先加入碎石，其上加入水泥，最后加入砂子；

（4）搅拌后，向搅拌鼓中倒入一些碎石或砂子，搅拌 10 min 后再放出。

（二）水泥混凝土摊铺机

水泥混凝土摊铺机是将从搅拌输送车或自卸车中卸出的混合料，沿路基按给定厚度、宽度进行摊铺的机械。

水泥混凝土摊铺机的类型主要有轨模式摊铺机和滑模式摊铺机两种。轨模式摊铺机是由摊铺机、整面机、修光机等组成的摊铺列车。轨模即水泥混凝土模板，施工时，列车在轨模上摊铺，即可铺筑一条行车带。滑模摊铺机由动力传动、主机架四条履带支腿、螺旋布料器、虚方控制板、振捣棒、捣实板、成型模板、浮动模板、边模板、自动找平和自动转向系统组成。

若按形式不同又可分为螺旋式、回转式和箱式。

二、沥青路面施工机械

沥青路面施工是指在柔性基层、半刚性基层上铺筑一定厚度的沥青混合料面层。沥青混合料是按一定的配合比将经烘干加热的碎石、砂子等热骨料和热沥青（加入一定的石粉）均匀拌制而成。沥青路面机械是用来完成沥青混凝土的拌制、运输、铺筑和压实的机械。主要有沥青洒布机、沥青混凝土拌和机、沥青混凝土摊铺机等。其中，摊铺沥青混凝土是修筑沥青混凝土路面最重要的工作之一，采用沥青混凝土摊铺机、自卸车和压路机进行联合作业就可以完成沥青混凝土路面铺筑的全部过程。

（一）沥青混凝土拌和机

1. 沥青混凝土拌和机的类型

目前沥青混凝土拌和机的类型很多，其主要类型可按不同分类方式划分。

（1）按拌和规模和搬移情况分为固定式、半固定式和移动式三种。

① 固定式沥青混凝土拌和机又称为拌和楼，是将全部机组固定安装在预先选好的场地上，规模较大，生产率较高，设备较完善，可进行多种配套工程生产。适用于城市道路或工程量较大且集中的路面铺筑工程。

② 半固定式沥青混凝土拌和机是将全部设备分装在数辆特制的平板挂车上，拖运到预定施工地点后，利用辅助起重设备，迅速拼装架设起来，投入工作。转移地点时，可迅速拆除，分别拖运。

③ 移动式沥青混凝土拌和机是将有关设备都安装在一辆特制的平板挂车上，其生产率大多在 20 t/h 以下。适用于路面的改建和修理工作，也可用于工程量小且分散的路面施工。

(2) 按作业方式分为循环作业式、连续作业式和综合作业式等。

循环作业式指在混合料中各类材料的烘干、称量、拌和、出料等工艺过程都按一定的时间间隔周期进行的；连续作业式在工艺过程中是连续的；综合作业式是循环和连续作业式的综合，其特点是配合比准确，生产率较高，且燃料消耗较少，因此运用比较广泛。

(3) 按拌和方式分有强制拌和式、自由拌和式两种。强制拌和式是先后在不同设备中将砂石材料进行烘干、加热及与热沥青拌和，拌和是利用旋转的叶桨，将热砂石材料与热沥青强制搅拌，拌和的质量较好，运用较广泛；自由拌和式是在同一滚筒中将砂石材料烘干、加热及与热沥青拌和，拌和是依靠砂石在旋转滚筒内的自由跌落实现与沥青的裹敷。

2. 沥青混合料拌和机的主要组成

拌和机一般需要有下列主要设备和系统：砂石料的筛分与称量设备，砂石料的烘干与加热设备，相应的升运设备，沥青的加热与保温设备，沥青的称量设备，拌和设备，传动系统和操纵系统，其他配套设备等。

3. 沥青混合料拌和机的工艺

(1) 将砂石料烘干加热至 433～473 K（160～200 °C），筛分后按比例称量；

(2) 将沥青加热熔化至 393～433 K（120～160 °C），保温，按容量或质量称量；

(3) 将热砂石料（加入适量的石粉）与热沥青均匀拌和成所需的混合料，出料温度为 110～170 °C。

（二）沥青混凝土摊铺机

沥青混凝土摊铺机是将已拌和好的沥青混合料按一定的技术要求（横断面的形状和厚度）迅速而均匀地摊铺在已整好的路基或底基层上，并给予初步捣实和整平。

1. 沥青混凝土摊铺机的分类

(1) 按摊铺宽度分有小型、中型、大型和超大型四种。小型摊铺机摊铺宽度一般小于 3.6 m，主要用于沥青混凝土路面的养护和低等级路面的摊铺；中型摊铺机摊铺宽度一般为 4～5 m，主要用于二级以下公路的修筑和养护作业；大型摊铺机摊铺宽度为 5～10 m，主要用于高等级路面的摊铺；超大型摊铺机摊铺宽度在 10 m 以上，主要用于高速公路的施工。

(2) 按行走装置的不同分为轮胎式和履带式。

(3) 按动力传动系统分为液压式、机械式和液压机械式三种。

2. 沥青混凝土摊铺机的构造

沥青混凝土摊铺机主要由一台特制的轮胎式或履带式基础车、供料设备、工作装置等部分组成。供料设备由料斗、刮板输送器和闸门组成；工作装置由螺旋摊铺器、夯实板和熨平板组成。此外，现代摊铺机都设有自动找平系统，可根据道路不平度的变化随时调节两大臂牵引点垂直高度，使摊铺的路面平整度符合技术要求。

思考与练习

11.1 什么是路面？对路面有哪些基本要求？

11.2 从路面结构的力学特性和设计方法的相似性出发，可将路面划分为几类？各具有什么特点？

11.3 按照各个层位功能的不同，路面工程可划分为几个层次？各具有什么特点？

11.4 水泥混凝土路面与沥青混凝土路面施工机械各有哪些？

第十二章 路面基（垫）层

学习目标

① 了解路面对基层、垫层的要求及基层与垫层的分类。

② 掌握石灰稳定土、水泥稳定土强度形成原理及影响因素。

③ 掌握石灰稳定土、水泥稳定土施工的流程。

第一节 概 述

基层是路面结构中的主要承重层，它主要承受由面层传递的车辆荷载的垂直力，并扩散到下面的土基或垫层上。因此，基层应具有足够的强度与刚度，并具有良好的扩散应力的能力。基层可为单层或双层，双层称为上、下基层。

底基层是设置在基层之下，并与面层、基层一起承受车轮荷载反复作用的次要承重层。因此，对底基层材料的技术指标要求可比基层材料略低，底基层也可分为上、下底基层。

一、路面对基层的要求

基层受自然因素的影响虽然比面层小，但是仍然有可能受到地下水和通过面层渗入的雨水的浸湿，同时也会产生一定幅度温差变化和低温作用。因此，路面的基层应具有足够的水稳定性和良好的抗冻性以及良好的抗冲刷及抗裂性能。基层表面虽不直接供车辆行驶，但仍然要求有较好的平整度，这是保证沥青面层平整度及水泥混凝土路面板厚度的基本条件。

路面对基层的要求一般有以下几方面。

1. *具有足够的强度和刚度*

基层是路面的主要承重层，基层要能承受车轮及路面板荷载的反复作用，在预计的设计标准轴次的反复作用下，基层不应产生过大的残余变形及剪切破坏或疲劳弯拉破坏。因此，除要求基层具有必需的厚度外，还要求基层材料具有足够的强度和刚度。

2. *有足够的水稳性和冰冻稳定性*

由于透水的路面面层、两侧的路肩、路面与路肩的结合处、中央分隔带缘石与路面结合处渗入的地面水可能进入路面的结构层中，地下水位高而填土不高时地下水可能通过毛细作用上升到路面结构层中，因此要求基层必须具有足够的水稳定性。在冰冻地区，由于冻融循环的交替作用，水造成的危害更大。

3. *具有足够的抗冲刷能力*

当面层渗下的水不能及时排除，而是停留在面层与基层的交界面上时，就会造成基层局部潮湿甚至接近饱和。特别是当路面面层和下面基层都存在裂（接）缝的情况下，基层裂缝中往往会充满自由水。在行车荷载作用下，路面结构层内或基层中的自由水会产生相当大的水压力，这种有压力的水会冲刷基层中的细料，在裂缝中形成细料浆。在行车荷载的反复作用下，细料浆被逐渐压挤出裂（接）缝，形成唧泥现象。

4. 具有较小的收缩性

半刚性基层材料的收缩性包括两个方面：一是由于水分减少而收缩（干缩）；二是由于温度降低而收缩（温缩）。

缩性大的半刚性材料基层铺筑后，铺筑面层之前就可能产生干缩裂缝。含细粒土较多的基层材料，如果不及时养生或养生结束后未及时铺筑面层或沥青封层，经暴晒后就可能出现干缩裂缝，随暴晒时间增长，裂缝越加严重，乃至形成网裂。

半刚性基层内部的温度变化和温度坡差会引起温度应力。在温度下降时，半刚性基层表面的温度低于底部，因而会在基层顶面产生拉应力；在温度上升时，半刚性基层表面的温度高于底部，因而会在基层底面产生拉应力。这两种拉应力与行车荷载引起的拉应力相结合，会促使基层开裂。

5. 具有足够的平整度

基层的平整度对沥青面层的平整度有着重要影响。同时，较差的基层平整度会引起沥青及水泥混凝土面层的厚度不匀，从而导致沥青面层在使用过程中平整度很快降低及路面有效承载厚度的不足。

6. 与面层具有良好的结合性

面层与基层间的良好结合，可以减小面层底面由行车荷载引起的拉应力和拉应变，减小由温度变化引起的沥青面层内的拉应力和拉应变；面层与基层的良好结合还可以使薄沥青面层不产生滑移、推移等破坏。为此，基层表面应该稳定并且具有一定的粗糙度，表面应该结构均匀，无松散颗粒。

二、基层的分类

基层可按以下 3 种方法进行分类：

（1）按材料力学特性可划分为柔性基层、半刚性基层、刚性基层和复（混）合性基层。

① 柔性基层是用热拌或冷拌沥青混合料、沥青贯入碎石以及不加任何结合料的粒料类等材料铺筑的基层，包括级配碎石、级配砾石，符合级配的天然砂砾，部分砾石经轧制掺配而成的级配碎、砾石，以及泥结碎石、泥灰结碎石、填隙碎石等材料结构层。

② 半刚性基层是用无机结合料稳定土类（水泥稳定类、石灰稳定类和石灰工业废渣稳定类等）的材料铺筑一定厚度的基层。

③ 刚性基层是用素混凝土、低等级混凝土、贫混凝土、钢筋混凝土、连续配筋混凝土等材料做的基层。贫混凝土基层与其他基层相比具有较高的强度、刚度，较好的整体性和稳定性，良好的抗冲刷和抗裂性，多孔透水贫混凝土还兼有内部排水功能。

④ 复（混）合式基层，即上部使用柔性基层，下部使用半刚性基层。

（2）按材料组成可划分为有结合料稳定类（包括稳定集料类、稳定细粒土类）和无黏结料类。其中有结合料稳定类可分为有机结合料稳定类和无机结合料稳定类。

（3）按其组成结构状态可划分为悬浮密实结构类、骨架空隙结构类、骨架密实结构类、均匀密实结构类。

悬浮密实类混合料中细料的压实体积应大于粗集料形成的空隙体积，即粗集料在压实混合料中处于“悬浮状态”；骨架空隙型混合料中细料的压实体积则小于粗集料形成的空隙体积，压实后混合料中形成的粗集料之间仍存有一定的空隙；骨架密实型混合料中细料的压实体积应“临界”于粗集料形成的空隙体积，粗集料在压实混合料中起“骨架作用”，恰当的细料含量填充骨架之间的空隙。

三、垫层的选用条件及分类

垫层是处于基层（或底基层）和土基之间的结构层，其主要作用是调节和改善土基的水温状况，以保证面层和基层具有必要的强度、稳定性、抗冻胀能力及基层的荷载应力，减小土层所产生的变形。因此，垫层的材料选择、结构形式和施工工艺须满足其排水、隔水、防冻或防污等方面的要求。

1. 设置垫层的条件

为排除路面路基中滞留的自由水，确保路面结构处于干燥或中湿状态，符合下列条件的路基应设置垫层：

（1）地下水位高，排水不良，路基经常处于潮湿、过湿状态的路段；

（2）排水不良的土质路堑，有裂隙水、泉眼等水文不良的岩石挖方路段；

（3）季节性冰冻地区的中湿、潮湿路段，可能产生冻胀需设防冻垫层的路段；

（4）基层或底基层可能受污染以及路基软弱的路段。

2. 垫层的分类

（1）垫层根据选用的材料不同，分为透水性垫层和稳定性垫层。

透水性垫层是由松散的颗粒材料如砂、砾石、炉渣、片石、锥形块石及圆石等构成。其对材料的强度要求不高，但水稳性、隔热性和吸水性一定要好。

稳定性垫层是由整体性材料如水泥稳定土、煤渣石灰稳定土等构成。

（2）根据其设置目的和作用不同，又可细分为稳定层、隔离层、防冻层、防污层、整平层和辅助层。

目前，在路面工程中，常用的垫层有砂砾垫层、隔离层（透水性与不透水性）及煤渣石灰土、石灰土等形式的垫层。

第二节　无机结合料稳定类基（垫）层

采用一定的技术措施，在土中加入某些外掺剂，使土成为具有一定强度与稳定性的筑路材料，就称为稳定土。常用的稳定土基（垫）层有石灰稳定土、水泥稳定土和沥青稳定土，通常被称为半刚性或整体性基（垫）层，我国采用石灰稳定土较多，水泥稳定土次之，沥青稳定土几乎不用。

半刚性基层材料的显著特点是整体性强、承载力高、刚度大、水稳性强，可作为高速公路、一级公路及各级公路的基层、底基层。在我国已建成的高速公路和一级公路中，大多数路面采用了无机结合料稳定类基层，即半刚性基层。

一、石灰稳定土基层

在粉碎的土或原来松散的土（包括各种粗、中、细粒土）中，掺入一定量的石灰和水，按照一定的技术要求，经拌和，在最佳含水量下摊铺、压实及养生的路面基层称为石灰稳定土基层。

石灰稳定类材料适用于各级公路及城市道路路面的底基层，可用做二级以下公路和次干路以下城市道路路面的基层。

用石灰稳定细粒土得到的混合料，简称石灰土。用石灰稳定中粒土和粗粒土得到的混合料，原材料为天然砂砾土时，简称石灰砂砾土，原材料为天然碎石土时，简称石灰碎石土。用石灰土稳定级配砂砾（砂砾中无土）和级配碎石（包括未筛分碎石）时，分别简称石灰土砂砾或石灰土碎石。用石灰稳定土铺筑的路面基层和底基层，分别称为石灰稳定（土）基层和石灰稳定（土）底基层。

（一）强度形成原理

土中掺入石灰后，石灰与土发生了一系列的物理、化学作用，从而使土的性质发生根本变化，主要发生的作用有以下四个。

1. *离子交换作用*

土的微小颗粒具有一定的胶体性质，它们一般都带有负电荷，表面吸附着一定数量的钠、氢、钾等低价阳离子（Na^+、H^+、K^+）。石灰是一种强电解质，在土中加入石灰和水后，石灰在溶液中电离出来的钙离子（Ca^{2+}）就与土中的钠、氢、钾离子产生离子交换作用。原来的钠（钾）土变成了钙土，土颗粒表面所吸附的离子由一价变成了二价，减少了土颗粒表面吸附水膜的厚度，使土粒相互之间更为接近，分子引力随着增加，许多单个土粒聚成小团粒，组成一个稳定结构。

2. *结晶作用*

在石灰土中只有一部分熟石灰 $Ca(OH)_2$ 进行离子交换作用，绝大部分饱和 $Ca(OH)_2$ 自行结晶。熟石灰与水作用生成熟石灰结晶网格，其化学反应式为：

$$Ca(OH)_2 + H_2O \longrightarrow Ca(OH)_2 \cdot nH_2O$$

3. *火山灰作用*

熟石灰的游离 Ca^{2+} 与土中的活性 SiO_2 和氧化铝 Al_2O_3 作用生成含水的硅酸钙和铝酸钙，其反应式为：

$$xCa(OH)_2 + SiO_2 + nH_2O \longrightarrow xCaO \cdot SiO_2 \cdot (n+1)H_2O$$

$$xCa(OH)_2 + Al_2O_3 + nH_2O \longrightarrow xCaO \cdot Al_2O_3 \cdot (n+1)H_2O$$

上述所形成的含水的硅酸钙和铝酸钙结晶都是胶凝物质，具有水硬性并能在固体和水两相环境下发生硬化。这些胶凝物质在土颗粒团外形成一层稳定的保护膜，填充颗粒空隙，使颗粒间产生结合料，减少了颗粒间空隙与透水性，同时提高密实度，使石灰稳定土获得更高的强度和水稳定性，但这种作用比较缓慢。

4. 碳酸化作用

在土中的 $Ca(OH)_2$ 与空气中的 CO_2 作用，其化学反应式为：

$$Ca(OH)_2 + CO_2 \longrightarrow CaCO_3 + H_2O$$

$CaCO_3$ 是坚硬的结晶体，它和其他生成的复杂盐类把土粒胶结起来，从而大大提高了土的强度和稳定性。由于空气中的二氧化碳含量很少，且当石灰土的表层碳酸化后则形成一层硬壳，阻碍 CO_2 进一步渗入，因而碳酸化作用是个相当长的反应过程，也是形成石灰土后期强度的主要原因之一。

由于石灰与土发生了一系列的相互作用，从而使土的性质发生根本的改变。在初期，主要表现为土的结团、塑性降低、最佳含水量增大和最大干重度降低等，后期主要表现为结晶结构的形成，从而提高其板体性、强度和水稳性。

（二）影响石灰土强度的因素

1. 土　质

各种成因的土都可以用石灰来稳定，但实践表明，黏性土稳定效果好。当采用高液限黏土时，施工过程中不易粉碎；采用粉性土时，早期强度较低；采用低液性粉土时，易拌和，但难以碾压成型。采用的土质，既要考虑其强度，还要考虑到施工时易于粉碎便于碾压成型。一般认为，采用塑性指数 12～18 的黏性土效果较好。

2. 灰　质

石灰可采用消石灰粉或磨细生石灰粉，生石灰稳定土的效果优于消石灰。对于高速公路或一级公路宜用磨细生石灰粉，其原因是生石灰在土中消解时会放出大量水化热，促进石灰与土之间各种反应的进行。另外，刚刚消解的石灰具有更高的活性，有利于与土发生反应。

石灰的等级越高（即 $CaO + MgO$ 的含量越高）时，稳定效果越好；石灰的细度越大，其比表面积越大，在相同剂量下与土粒的作用越充分，因而效果越好。石灰质量应符合Ⅲ级以上的技术指标，并要尽量缩短石灰的存放时间，最好在生产后不迟于 3 个月投入使用。

3. 石灰剂量

石灰剂量是指石灰质量占全部粗细土颗粒（即砾石、碎石、砂砾、粉粒和粘粒）干质量的百分率。

石灰剂量对石灰稳定土的强度影响显著。石灰剂量较低时，石灰主要起稳定作用，土的塑性、膨胀性和吸水量减小，水稳定性提高；随着石灰剂量的增加，石灰稳定土的强度和水稳性不断提高；当石灰剂量超过一定范围时，由于自由石灰的过量存在，强度和水稳性反而降低。最佳剂量应根据结构层技术要求通过混合料组成设计确定。

4. 含水量

水是石灰稳定土的重要组成部分，也是促使石灰稳定土发生物理化学变化、提高强度及土粉碎、拌和与压实的必要条件。不同的土质和石灰剂量，其最佳含水量不同，需通过标准击实试验确定。所用的水应是干净可供饮用的水。

5. 密实度

石灰稳定土的强度随密实度的增加而增大。一般情况下，密实度每增减 1%，其强度约增减 4%左右。而且密实的石灰稳定土，其抗冻性、水稳定性也好，缩裂现象也少。

6. 龄　期

石灰稳定土的强度具有随龄期增长的特点，石灰稳定土初期强度低，随着时间的逐渐增长而趋于稳定。一般情况下石灰稳定土的强度在 90 d 以前增长比较显著，以后就比较缓慢。

7. 养生条件

养生条件主要指温度与湿度。

当温度高时，其物理化学反应迅速，强度增长快；反之强度增长慢，在负温条件下甚至不增长。因此，要求施工期的最低温度在 5 °C 以上，并在第一次重冰冻（−5～−3 °C）到来之前 1 个月至 1 个半月完成。多年的施工经验证明，夏季施工的石灰稳定土强度高，质量可以保证，一般在使用中很少损坏，但要尽量避免在雨季施工。

养生的湿度条件对石灰稳定土的强度也有很大影响。在一定潮湿条件下养生，强度的形成比在一般空气中养生条件要好。

（三）石灰稳定土基层防裂措施

（1）控制压实含水量。因含水量过多时产生的干缩裂缝显著，因而压实时含水量不宜过大。

（2）当基层的含水量接近最佳含水量以及温度在−10～0 °C 时，温缩最显著。因此，基层施工要在当地气温进入 0 °C 前 1 个月至 1 个半月完工。

（3）石灰稳定土成型时期干缩最为显著。因此，要重视初期养护，保证其表面处于潮湿状态。

（4）石灰稳定土基层完工后要及早铺筑面层，以减轻干缩和温缩裂缝。

（5）石灰稳定土中掺加粗集料可提高其抗裂性。

（四）石灰土基层的施工

石灰稳定土属于整体性半刚性材料，后期刚度较大。为避免灰土层受弯拉而断裂，并使其在施工碾压时能够压稳而不起皮，灰土层厚度不宜小于 10 cm。为便于拌和均匀和碾压密实，用 12～15 t 压路机碾压时，厚度不宜大于 15 cm；用 15～20 t 压路机碾压时，压实厚度应大于 20 cm，且采用先轻后重碾压次序（分层铺筑时，下层宜稍厚）。

1. 备　料

1）准备原材料

（1）石灰。

石灰应符合设计要求，生石灰应在使用前 7～10 d 进行充分消解成消石灰粉，并过 10 mm 筛，且消石灰粉应尽快使用，不宜存放过久；进场的生石灰块应妥善保管，加棚盖或覆土储存，应尽量缩短生石灰的存放时间；石灰应集中堆放在公路两侧宽敞而临近水源且地势较高的场地；消解后的石灰应保持一定的湿度，以免过干飞扬污染环境，但也不能过湿成团而造成使用困难。

（2）土。

石灰土混合料的用土应按照土工试验规程的规定试验，其塑性指数 I_P 宜为 12～18（100 g 平衡锥法），I_P 过高时粉碎困难。粉碎土中 10～25 mm 团块的含量不得超过 5%。土中硫酸钠含量应不大于 0.8%，腐殖质含量应不超过 10%。

2）确定混合料配比

应按指定的配比，在石灰土层施工前 10～15 d 进行现场试配。按照无机结合料稳定材料试验规程的规定进行试验，养生湿度为 95%，温度为（25±2）°C，养生 6 d，然后饱水 1d 后进行无侧限抗压强度试验。试件为 5 cm × 5 cm 的圆柱体。考虑到石灰在施工过程中的损耗，允许实际用灰量可比设计值高出 0.5%～1%。

3）计算材料用量

根据各路段石灰稳定土层的宽度、厚度及预定的干密度，计算各路段需要的干燥材料用量。

2. 施　工

以路拌法为例，石灰稳定土的施工流程如图 12.1 所示。

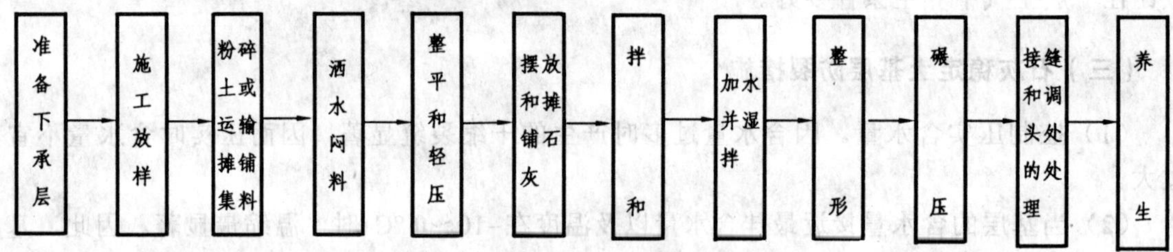

图 12.1　石灰稳定土路拌法施工的工艺流程

1）施工准备

下承层的准备：在施工前，应先处理下承层，要求下承层表面应平整、坚实，具有规定的路拱，下承层的平整度和压实度应符合施工技术规范的要求。

施工放样准备：在下承层（底基层或老路面或土基）上恢复中线，直线段每 15～20 m 设一桩，平曲线段每 10～15 m 设一桩，并在两侧路肩边缘外设。

2）备　料

3）路拌法摊铺与拌和

（1）摊铺。

先在土基上洒水润湿，但不应过分潮湿而造成泥泞；然后用平地机或其他合适的机具将土料均匀地摊铺在预定的宽度上，表面应力求平整，路拱横坡度与面层一致，在摊铺过程中，应将土中超尺寸颗粒及其他杂物清除干净；最后应量测石灰土的松铺厚度（应事先通过试验确定土的松铺系数），并校核石灰用量是否合适，不符合要求时，应予以修整。

除了洒水车外，严禁其他车辆在土层上通行。如黏土过干，应事先洒水闷料（一般至少闷料一夜）。

混合料松铺系数参考值：① 石灰土路拌 1.53～1.58；② 灰土集中拌和 1.65～1.70；③ 石灰土砂砾 1.52～1.56。

（2）拌和与成型。

石灰土拌和应采用拌和机（宝马机或功效与之相当的其他型号拌和机）。拌和机应先将拌和深度调整好，由两侧向中心拌和，每次拌和应重叠 10～20 cm，防止漏拌。先干拌一遍，然后视混合料含水情况，适当洒水（一般可比最佳含水量大 1% 左右），再进行补充拌和，拌和至混合料颜色一致，没有灰条、灰团和花面为止。

在路基上铺拌时应随时检查拌和深度，严禁在底部留有“素土”夹层，也应防止过多破坏土基表面，以免影响混合料的石灰剂量及底部压实。

洒水要求用喷管式洒水车，并及时检查混合料的含水量。洒水车起洒处和另一端“掉头”处都应超出拌和段 2 m 以上。洒水车不应在正在进行拌和的以及当天计划拌和的路段上“掉头”和停留，以防局部洒水量过大。

在两工作段的搭接部分，应在前一段拌和后留 5～8 m 不进行碾压，待后一段施工时，将前段留下未压部分一起再进行拌和。拌和机械及其他机械不宜在已压成的石灰土层上“掉头”，如必须在上面进行“掉头”时，应采取措施保护“掉头”部分，使石灰土表层不受破坏。

4）厂拌法拌和与摊铺

（1）拌和。

石灰稳定土应在中心站用稳定土拌和设备进行集中拌和。

在拌和前，应先调试拌和设备；然后按规定的配比和含水量准确配料；正式拌制时，应将土块粉碎，必要时，筛除原土中大于 15 mm 的土块。加水时，用量应略大于最佳含水量的 1% 左右，使混合料运至现场摊铺后碾压时的含水量能接近最佳含水量。

成品料露天堆放时，应减少临空面（可堆成圆锥体），并注意防雨水冲刷。对屡遭日光暴晒或受雨淋的料堆表面层材料应在使用前清除。上路摊铺前，应检测混合料中有效 CaO + MgO 含量。如达不到要求时，应在运料前加料（消石灰）重拌。成品料运达现场摊铺前应覆盖，以防水分蒸发。

（2）摊铺。

摊铺可用稳定土摊铺机、沥青混凝土摊铺机或水泥混凝土摊铺机摊铺混合料。如石灰土层分层摊铺时，应先将下层顶面拉毛，再摊铺上层混合料。

拌和机与摊铺机的生产能力应互相协调。如拌和机的生产能力较低时，在用摊铺机摊铺混合料时，应尽量采用最低速度摊铺，减少摊铺机停机待料的情况。

石灰土混合料摊铺时的松铺系数应视摊铺机机械类型而定，必要时，通过试铺碾压求得。场拌混合料的摊铺段，应当天摊铺，当天压实。

5）整　形

路拌混合料拌和均匀后或场拌混合料运到现场经摊铺达到预定的松铺厚度时，立即用平地机进行初平。在直线段，平地机由两侧向路中心刮平，在平曲线超高段，平地机由内侧向外侧刮平。然后可用履带拖拉机或轮胎压路机在初整形的石灰土上快速碾压 1～2 遍，再用平地机进行整形。每次整平都要按照要求的坡度和路拱进行，包括路肩。对局部低洼处，应用齿耙将其表层 5 cm 以上耙松，并用新拌的石灰土混合料找补平整，再用平地机整形 1 次。在整形过程中，禁止任何车辆通行。

6）碾　压

混合料表面整形后应立即开始碾压。混合料的压实含水量应在最佳含水量的 ±1% 范围内，如因整形工序导致表面水分不足，应适当洒水。

（1）确定压实方案。

根据路宽及压路机的轮宽和轮距的不同，制订碾压方案，以求各部分碾压到的次数尽量相同（通常路面的两侧应多压 2～3 遍）。

（2）确定压实层厚度。

用 12～15 t 三轮压路机碾压时，每层压实厚度不应超过 15 cm；有 15～18 t 三轮压路机或相应功能的振动压路机碾压时，每层压实厚度不应超过 20 cm。压实厚度超过上述规定时，应分层铺筑，每层的最小压实厚度为 10 cm。

（3）确定压实路线。

直线段由两侧路肩向路中心碾压，超高段由内侧路肩向外侧路肩碾压，碾压时后轮应重叠 1/2 的轮宽，后轮必须超过两段的接缝处。后轮（压实轮）压完路面全宽时，即为 1 遍。一般需碾压 6～8 遍。压路机碾压速度，头 2 遍采用 Ⅰ 挡（1.5～1.7 km/h）为宜，以后用 Ⅱ 挡（2.0～2.5 km/h）。

在碾压结束之前，用平地机再终平 1 次，使其纵向顺适，路拱和超高符合设计要求，且终平时必须将局部高出部分刮除，对于局部低洼处，不再进行找补，可等铺筑沥青面层或水泥混凝土面层时处理。

7）养　生

刚压实成型的石灰土底基层，在铺筑面层之前，至少在保持潮湿状态下养生 7 d。养生方法可视具体情况采用洒水、覆盖砂等。养生期间石灰土表层不应忽干忽湿，也不能使石灰土表面过湿，每次洒水后应用两轮压路机将表层压实。

在养生期间未采用覆盖措施的石灰稳定土层上，除洒水车外，应封闭交通。在采用覆盖措施（如覆盖砂养生或喷洒沥青膜养生）的石灰稳定土层上，不能封闭交通时，应当限制车速不得超过 30 km/h。

养生结束后，应根据面层厚度情况，尽快铺筑其上的结构层。如果其上直接为沥青面层，应立即铺沥青面层，以保护石灰稳定土基层，不让其产生收缩裂缝（对于较厚的沥青面层），或先铺一封层，通车一段时间，让石灰稳定土基层充分开裂后再铺筑沥青面层（对于较薄的沥青面层），以减少反射裂缝。

二、水泥稳定土基层

在粉碎的土或原来松散的土（包括各种粗、中、细粒土）中掺入适量的水泥和水，按照技术要求经拌和摊铺，在最佳含水量时压实及养护成型，当抗压强度符合规定的要求时得到的路面基层或底基层，称为水泥稳定土基层或水泥稳定土底基层。

水泥是水硬性结合料，绝大多数的土类（高塑性黏土和有机质较多的土除外）都可以用水泥来稳定，以此改善其物理力学性质，适应各种不同的气候条件与水文地质条件。水泥稳定土具有良好的整体性，足够的力学强度及抗水性和耐冻性。它的水稳性和抗冻性都较石灰稳定土好。它的初期强度较高，且随龄期增长。因此，水泥稳定土应用范围很广。近年来，在我国一些路面工程中，水泥稳定土即用于各种交通类道路的基层和底基层。但水泥土不宜作为高速公路、一级公路和城市快速路、主干路路面的基层，只能用做底基层。

（一）强度形成原理

在利用水泥来稳定土的过程中，水泥、土和水之间发生了多种复杂的作用，使土的性能发生了明显的变化。作用的形式归纳起来有以下几种。

1. 水化作用

水泥在水泥稳定土中发生水化反应，产生出具有胶结能力的水化产物：硅酸三钙（C_3S）、硅酸二钙（C_2S）、铝酸三钙（C_3A）、铁铝酸四钙（C_4AF）等，这些水化产物是水泥稳定土强度的主要来源。水化产物在土的孔隙中相互交织搭接，将土颗粒包覆连接起来，使土逐渐丧失了原有的塑性。

2. 离子交换作用

黏土颗粒表面通常带有一定量的负电荷，进而吸引周围溶液中的正离子，如 K^+、Na^+等，而在颗粒表面形成了一个双电层结构，这些与电位离子电荷相反的离子就称为反离子。黏土颗粒表面带上负电荷，即电位离子形成的电位，称为热力学电位。由于反离子的存在，离开颗粒表面越远电位越低，经过一定的距离电位将降为零，此距离称为双电层厚度。由于各个黏土颗粒表面都具有相同的双电层结构，因此黏土颗粒之间往往间隔着一定的距离。

硅酸盐水泥中，硅酸三钙和硅酸二钙占主要部分，其水化产物中 $Ca(OH)_2$ 占 25%。大量的氢氧化钙溶于水后，在土中形成一个富含 Ca^{2+} 的碱性溶液环境，Ca^{2+} 取代了 K^+、Na^+ 成为反离子。同时，Ca^{2+} 双电层电位的降低速度加快，双电层厚度降低，黏土颗粒间距离减小，相互靠拢，导致土的凝聚，从而改变土的塑性，使土具有一定的强度和稳定性。

3. 化学激发作用

随着水泥水化反应的深入，Ca^{2+} 数量超过上述离子交换的需要量后，使混合料呈现出一种碱性环境，从而激发出 SiO_2 和 Al_2O_3 的活性，与溶液中的 Ca^{2+} 进行反应，生成新的矿物。这些矿物主要是硅酸钙和铝酸钙系列。这些生成物同样也具有胶凝能力，并包裹在黏土颗粒表面，与水泥的水化产物一起，将黏土颗粒凝结成一个整体。因此，氢氧化钙对黏土矿物的激发作用，进一步提高了水泥稳定土的强度和水稳定性。

4. 碳酸化作用

水泥水化生成的 $Ca(OH)_2$，除了可与黏土矿物发生化学反应外，还可以进一步与空气中的 CO_2 反应生成碳酸钙晶体：

$$Ca(OH)_2 + CO_2 \longrightarrow CaCO_3 + H_2O$$

碳酸钙在生成过程中产生体积膨胀，可以对土体起到填充和加固作用，提高土的强度，但这种作用相对来讲比较弱，并且反应过程缓慢。

总之，水泥稳定土是水泥石的骨架作用与 $Ca(OH)_2$ 的物理化学作用的结果，后者使黏土微粒和微团粒形成稳定的团粒结构，而水泥石则把这些团粒包裹和连接成坚强的整体。

（二）影响强度的因素

1. 土　质

土的类别和性质是影响水泥稳定土强度的重要因素之一。各种砂砾土、砂土、粉土和黏土均可用水泥稳定，但稳定效果不同。实践证明，用水泥稳定级配良好的碎（砾）石和砂砾，效果最好，既可节约水泥，又能取得满意的稳定效果，不但强度高，而且水泥用量少；其次是砂性土；再次是粉性土和黏性土。一般土的塑性指数不应超过17，实际工作中往往选用塑性指数小于12的土。

2. 水泥类型及剂量

各种类型的水泥都可以用于稳定土，但效果不同。试验研究证明，水泥的矿物成分和分散度对其稳定效果有明显影响。对于同一种土，一般情况下，硅酸盐水泥的稳定效果较好，而铝酸盐水泥则较差。终凝时间较长（6 h以上）的低标号水泥应优先选用。

水泥稳定土的强度随水泥剂量的增加而增加，但过多的水泥用量，虽获得强度的增加，经济上却不一定合理，且容易开裂。考虑到水泥稳定土的抗温缩与抗干缩能力以及经济性，应有一个合理的水泥用量范围。试验和研究证明水泥剂量为4%～6%较为合理。

3. 含水量

含水量对水泥稳定土强度影响很大，当含水量不足时，水泥就要与土争水，若土对水有较大的亲和力，就不能保证水泥完成水化和水解作用，发挥不了水泥对土的稳定作用，影响强度形成。同时，含水量小，达不到最佳含水量也影响水泥稳定土的压实度。因此，使含水量达到最佳含水量的同时，也要满足水泥完全水化和水解作用的需要。

水泥正常水化所需的水量约为水泥量的20%，对于砂性土，完全水化达到最高强度的含水量较最佳密度的含水量为小，而对于黏性土则相反。

4. 施工工艺过程及养生

水泥、土和水拌和要均匀，且在最佳含水量下充分压实，既要达到最佳密实度的含水量，又能满足水泥完全水化和水解作用的需要。使之干密度最大，其强度和稳定性就高。水泥土从开始加水拌和到完成压实的延迟时间要尽可能最短，一般要在6 h以内。若时间过长，则水泥凝结，在碾压时，不但达不到压实度要求，而且也会破坏已结硬水泥的胶凝作用，反而使水泥稳定土强度下降。

水泥稳定土需湿法养生，以满足水泥水化形成强度的需要。养生温度越高，强度增长的越快。因此，要保证水泥稳定土养生的温度和湿度条件。

（三）水泥稳定土施工

水泥稳定土施工时，确定每一作业段的合理长度，必须采用流水作业，使各工序紧密衔接。特别是要尽量缩短从拌和到完成碾压之间的延迟时间。在施工时应做延迟时间对强度影响的试验，以确定合适的延迟时间，并使此时水泥稳定土的强度仍能满足设计要求。

1. 施工中注意事项

水泥稳定碎石基层施工期的最低气温应在5 °C以上，并在第一次冰冻到来之前半个月到1个月完成。确定每一作业段的合理长度时，必须综合考虑下列因素：① 水泥的终凝时间；② 施工季节和气候条件；③ 延缓时间对混合料密度和抗压强度的影响；④ 施工机械的效率和数量；⑤ 操作的熟练程度；⑥ 尽量减少接缝。

水泥稳定土结构层施工时必须遵守下列规定：① 细粒土应尽可能粉碎，土块最大尺寸不应大于 15 mm。② 配料必须准确。③ 路拌法施工时水泥必须摊铺均匀。④ 洒水、拌和必须均匀。⑤ 应严格掌握基层厚度和高程，其路拱横坡应与面层一致。⑥ 应在混合料处于或略小于最佳含水量时进行碾压，直到达到按重型击实试验法确定的要求压实度。

2. 施　工

1）施工准备

底基层按有关检验标准进行复检，凡不合格的路段应进行整修，使其达到标准。底基层表面应平整、坚实，具有规定的路拱，没有任何松散和软弱地点。

2）拌和与摊铺

混合料应在中心拌和厂拌和，可采用间歇式拌和设备。所有拌和设备都应按配合比例（质量比或体积比）加料，配料要准确，其加料方法应便于监理工程师对每盘的配合比进行核实。拌和要均匀，含水量要略大于最佳值，使混合料运到现场摊铺碾压时的含水量不小于最佳值。运距远时，运送混合料的车厢应覆盖，以防水分损失过多。

首先通过试验确定集料的松铺系数，混合料松铺系数参考值：水泥稳定砂砾为 1.30～1.35，水泥土为 1.53～1.58。用平地机或摊铺机按松铺厚度摊铺，但摊铺要均匀，如有粗细料离析现象，应以人工或机械补充拌匀。

3）整　形

对二级以下公路所用混合料，摊铺后立即用平地机初步刮平和整形。在直线段，平地机由内侧向路中心刮平；在平曲线段，平地机由内侧向外侧刮平，需要时再返回刮 1 遍。用轮胎拖拉机或平地机立即在刚初平的路段上快速碾压 1 遍，以暴露潜在的不平整，然后再用平地机整平 1 次。在摊铺和整平时，要严格掌握纵向坡度和路拱。

4）碾　压

水泥稳定土整平到需要的断面和坡度后，根据路宽及压路机的轮宽和轮距的不同，制订碾压方案。当混合料的含水量等于或略大于最佳含水量时，立即用重型轮胎压路机或振动压路机在路基全宽内进行碾压，碾压时的车速及路线控制同石灰稳定土施工相同。碾压过程中，水泥稳定土表面始终保持湿润，如水分蒸发过快，应及时补充少量的水。碾压过程在水泥初凝前达到要求的密度，同时没有明显轮迹，且在碾压前用平地机在终平 1 次，使其顺适，路拱或超高符合设计要求。

5）接缝处理

当天两工作段衔接处，应搭接拌和，即先施工的前一段尾部留 5～8 m 不进行碾压，待第二段施工时，对前段留下未压部分要再加部分水泥重新拌和，并与第二段一起碾压。应十分注意每天最后一段末端缝（即工作缝）的处理，工作缝应做成直线，且上下垂直。

经过摊铺整形的水泥稳定碎石当天应全部压实，不留尾巴。为了第二天铺筑时碾压成型的稳定边缘不致遭受破坏，应用方木（厚度与其压实后厚度相同）保护，碾压前将方木提出，再用混合料回填并整平。

6）养生及交通管制

每一段碾压完成后应立即开始养生，可以用潮湿的帆布、粗麻袋、稻草麦秸或其他合适的潮湿材料覆盖，但不能用潮湿的有黏性的土覆盖，养生结束后，必须将覆盖物清除干净。

水泥稳定土基层（底基层）分层施工时，宜养生 7 d 后铺筑上层水泥稳定土，底基层养生 7 d 后，方可铺筑基层。

在养生期间采用覆盖措施的水泥稳定土层上，除洒水车外，应封闭交通。在采用覆盖措施的水泥稳定土层上，不能封闭交通时，应限制重车通行，其他车辆车速不应超过 30 km/h。

第三节 碎（砾）石基（垫）层

碎（砾）石基（垫）层通常是指用粗、细碎（砾）石、黏土（或不含黏土）按照嵌挤原则或级配原则修筑而成的结构层，通常只能适应二级和二级以下公路的基层及各级公路的底基层。主要类型有级配碎石基（垫）层、泥结碎石基（垫）层以及天然级配的碎（砾）石基（垫）层等数种。

一、强度形成原理

（一）纯碎石材料

1. 嵌挤原则

嵌挤原则是指其强度的构成主要依靠矿料之间相互嵌挤的作用而产生较大的内摩阻力。

理论基础是填充理论，即大颗粒填料间空隙如何填充才能使空隙率最小，同时大小颗粒间又不会产生干涉（挤开）现象。因此，它的抗剪强度主要取决于剪切面上的法向应力和材料内摩阻角。它由3项因素构成：粒料表面的相互滑动摩擦，剪切时体积膨胀而需克服的阻力，粒料重新排列受到的阻力。

嵌挤结构强度主要取决于石料的强度、形状、尺寸、均匀性、表面粗糙度以及施工时的压实程度。当石料强度高，形状接近正立方体，有棱角，尺寸均匀，表面粗糙，压实度高时，内摩阻力就大。

2. 级配原则

级配原则是指采用颗粒大小不同的矿料按一定比例配合，或掺入一定数量的结合料，拌制成混合料。最佳级配组成的理论基础是C·A·G·魏矛斯（Weymooth）提出的干涉理论，认为颗粒间的空隙应由次一级颗粒填充，但填隙的颗粒不得大于其间隙的距离，否则大小颗粒间势必发生干涉现象。为避免干涉，大小粒子间应按一定数量分配，常见的粒料级配有连续级配与间断级配两类。

连续级配的级配曲线平顺圆滑，相邻粒径间有一定的质量比例，混合料不易离析。在连续级配中剔除其中一个或几个分级形成一种不连续的级配称为间断级配。间断级配的粗料可以互相靠拢而不受干涉，从而提高混合料的摩阻力，细料部分仍按连续级配原则以保持其黏聚力，且粗料的空隙以更小的粒径而不是次级骨料填充会得到更大的密实度。因此间断级配兼有嵌挤原则与级配原则的优点，是摩阻力、黏聚力、密实度最好的混合料。

（二）土-碎（砾）石混合料

土-碎（砾）石混合料的强度和稳定性取决于内摩阻力和黏结力的大小。当混合料中含土较少时，按嵌挤原则形成强度；反之，则按级配密实原则形成强度。其中，以集料大小分配，特别是主骨料与细料（0.074 mm以下颗粒）的比例最为重要，土-碎（砾）石混合料主要有3种物理状态：

第一种为不含或很少含细料（指 0.074 mm 以下颗粒）的混合料，它的强度和稳定性依靠颗粒之间的摩阻力获得。其密度较低，但透水性好，不易冰冻。由于这种材料没有黏结性，施工时压实困难。

第二种为含有足够的细料来填充颗粒间空隙的混合料，仍能够靠颗粒接触而获得强度，其抗剪强度、密实度有所提高，透水性低，施工时易压实。

第三种混合料含有大量细料，粗颗粒间没有直接接触，集料“浮”在细料之中。这种混合料施工时易压实，但密实度较低，易冰冻，难透水，强度和稳定性受含水量影响大。

二、碎（砾）石基层

1. 泥结碎石基层

泥结碎石基层是以碎石作为骨料，黏土作为填充料和黏结料经压实修筑成的一种结构。泥结碎石水稳性较差，当被用做沥青类不透气面层的基层时，只适用于干燥路段。

2. 填隙碎石基（垫）层

用单一尺寸的粗碎石作主骨料，形成嵌锁作用，并用石屑填满碎石间的孔隙，以增加密实度和稳定性的基（垫）层，称为填隙碎石基（垫）层。施工方法分干法和湿法两种，湿法施工称水结碎石，干法施工称干压碎石。干法施工的填隙碎石特别适用于干旱缺水地区。碎石间的孔隙当缺乏石屑时，也可以用细砾砂或粗砂等细集料填加，但其技术性质不如石屑。

3. 级配碎石基（垫）层

粗、细碎石集料和石屑各占一定比例的混合料，当其颗粒组成符合密实级配要求时，称为级配碎石。级配碎石基层强度主要来源是碎石本身的强度及碎石颗粒间的嵌挤力，它可适用于各等级公路的基层和底基层及垫层。

4. 级配砾石基（垫）层

粗细砾石集料和砂各占一定比例的混合料，当其颗粒组成符合密实级配要求时，称为级配砾石。由于砾石的内摩阻角小于碎石，因此级配砾石的强度和稳定性均低于级配碎石，在天然砂砾中掺加部分未筛分碎石组成的混合料称为级配碎砾石，其强度和稳定性也介于级配碎石和级配砾石之间。

三、级配碎（砾）石基层的施工

级配碎（砾）石的施工应做到：集料级配要满足要求，配料要准确，细料的塑性指数需符合规定，掌握好松铺厚度，路拱横坡符合规定，拌和均匀，避免粗细颗粒离析。级配碎（砾）石的施工一般采用路拌法，为保证质量要求，级配碎石有时采用集中拌和法。

（一）路拌法

路拌法的施工工艺如图 12.2 所示。

若施工方法采用拌和机集中拌制时，将路拌法中的拌和与整形改为拌和与摊铺整形即可。

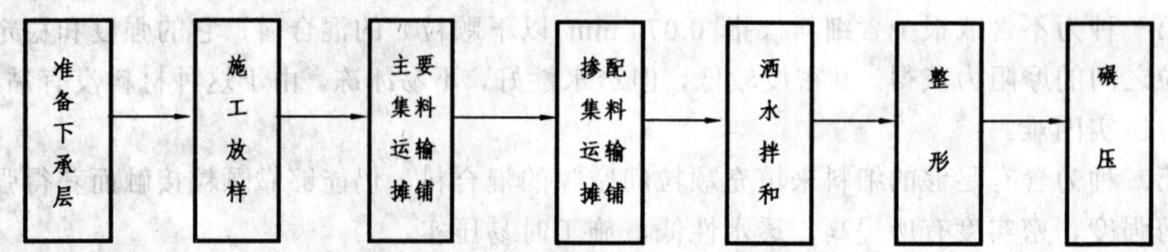

图 12.2 级配碎（砾）石路拌法施工的工艺流程

1. 准备下承层

（1）土基或垫层等下承层的表面应平整、坚实，具有一定的路拱，没有松散材料和软弱地方。

（2）下承层的平整度和压实度应满足规范要求。

（3）下承层必须用 12～15 t 的三轮或等效的压路机进行碾压（碾压 3～4 遍）检验，发现过干松散、低坑、搓板、车辙或过湿“弹簧”现象，应采用填补、耙松洒水碾压、挖开晒干、换土、掺石灰或集料等措施进行处理。

（4）对于底基层，压实度检查和弯沉测定的结果不符合要求的，应采用补充碾压、换填好料、挖开晾晒等措施。

（5）检查各断面的高程是否满足要求。

（6）槽式断面路段，两侧路肩每隔 5～10 m 应交错开挖泄水沟。

2. 施工放样

恢复中线，并在两侧路肩边缘外 0.3～0.5 m 设指示桩。逐个断面进行高程测量，并在指示桩上标记结构层的设计高度。

3. 计算材料用量

根据各路段基层或底基层的宽度、厚度及预定的干密度，计算所需要的各种集料的数量，并推算每车材料的堆放间距。

4. 运输和摊铺集料

同一料场的路段，运输应由远到近按计算的间距堆放，堆放的时间不宜过长，一般仅提前数天。料堆间每隔一定距离应留缺口用以排水。应事先通过试验确定集料的松铺系数，一般人工摊铺时为 1.40～1.50，平地机摊铺时为 1.25～1.35。级配碎石的未筛分碎石摊铺平整后，在其较湿润的情况下，向上运送石屑，用平地机并辅以人工将石屑均匀摊铺在碎石层上，或用石屑撒布机将石屑直接均匀撒布在碎石层上。采用粗细不同的多种集料时，应将粗集料铺在下面，并处于湿润状态，再将细集料铺在上面。

5. 拌和及整形

（1）对于级配碎石，应用稳定土拌和机拌和。若没有，也可用平地机或多铧犁与缺口圆盘耙配合拌和。对于级配砾石，可采用平地机拌和。

（2）拌和时，稳定土拌和机应拌 2 遍以上，且深度应到级配碎石底层，最后一遍拌和前，可先用多铧犁贴底面翻拌 1 遍。一般需拌 5～6 遍。结束时，混合料的含水量应均匀，并较最佳含水量大 1%左右，且不应出现离析现象。

（3）平地机整平，并具有一定的路拱后，用拖拉机、平地机或轮胎压路机快速初压 1 遍，再用平地机进行整平和整形。

（4）用拖拉机牵引四或五犁铧进行拌和。第一遍，由路中心开始，将混合料向中间翻，同时应慢速前进。第二遍应相反，从两边开始，将混合料向外翻。一般应拌 6 遍。

（5）在整形中，应禁止车辆通行。

6. 碾　压

（1）整形后，应立即用 12 t 以上三轮压路机、振动压路机或轮胎压路机进行碾压。应由两侧路肩向路中心，由曲线内侧向外侧进行碾压，后轮应重叠 1/2 轮宽，且须超过两段的接缝处。一般需碾压 6～8 遍，并使表面没有明显轮迹。头两遍的速度宜为 1.5～1.7 km/h，以后为 2.0～2.5 km/h。

（2）路面两侧区域应多压 2～3 遍。

（3）严禁在已完成或正在碾压的路段上“调头”或急刹车。

（4）含有土的级配碎（砾）石层，应进行滚浆碾压，直到表层没有多余的细土为止，然后将表层薄层土清除干净。

7. 接缝处理

作业段的衔接处，应搭接拌和。第一段拌和后，应留 5～8 m 不碾压；第二段施工时，将留下的部分一起加水拌和，整平后进行碾压。施工时，应尽量避免纵向接缝。当分两幅铺筑时，应搭接拌和。前半幅全宽碾压密实，后半幅拌和时，应将前半幅边部 0.3 m 左右搭接拌和，整平后一起碾压。另一种方法是：在前半幅的边部用高度与结构层的厚度相同的方木或钢模板作支撑，进行碾压；后半幅施工时，再拆除方木或钢模板，进行碾压。

（二）集中拌和法

级配碎石混合料可以在中心站利用强制式拌和机、卧式双转轴桨叶式拌和机、普通混凝土拌和机等进行集中拌和。将混合料运到现场后，用沥青混凝土摊铺机、水泥混凝土摊铺机或稳定土摊铺机等摊铺混合料。

（1）正式拌和前，应先调试所用的设备，使混合料的组成和含水量达到规定要求。

（2）运到现场的混合料，应按计算的间距堆放。

（3）应设专人消除集料的离析现象。

（4）用平地机进行整形与碾压，方法与路拌法相同。

（5）横缝、纵缝的处理与路拌法相同。

思考与练习

12.1　路面对基层有哪些要求？

12.2　石灰稳定土基层和水泥稳定土基层强度形成的原理是什么？

12.3　石灰稳定土基层如何施工？

12.4　水泥稳定土基层如何施工？

12.5　碎（砾）石基（垫）层强度形成的原理是什么？

12.6　碎（砾）石基（垫）层如何施工？

第十三章　沥青路面设计

学习目标

① 掌握沥青路面设计的内容及原则。

② 掌握沥青路面的分类以及各种类型的特点。

③ 掌握沥青路面的破坏形式及设计控制指标。

④ 掌握沥青路面结构组合设计应考虑的因素。

第一节　概　　述

一、沥青路面设计内容与要求

路面设计是公路设计中的一个非常重要的组成部分，设计的好坏直接影响路面的使用品质及使用后的养护工作。

沥青路面的设计包括原材料的调查与选择、沥青混合料配合比以及基层材料配合比设计、各项设计参数的测试与选定、路面结构组合设计、路面结构层厚度验算以及路面结构方案的比选等。对于高速和一级公路还包括路缘带、匝道、硬路肩、加减速车道、紧急停车带、收费站和服务区路面的设计，以及路面排水系统的设计等。

沥青路面设计应为汽车行驶提供快速、舒适、安全、稳定的服务功能，并需满足设计交通量下应具有足够的整体刚度（即承载能力）及各结构层的应力应变要求。现代高等级道路沥青路面应符合表 13.1 的各项技术要求。

表 13.1　沥青路面技术指标

项　　目	目　标　值	测　试　方　法
路面结构强度	弯沉 $l_s \leq l_d$，拉应力 $\sigma_m \leq \sigma_R$	程序计算
路表面平整度	国际平整度指数 *IRI*	平整度测试仪、多轮仪
路表面抗滑性能	横向力系数、构造深度	横向力系数 SFC60，铺砂法或激光法
沥青混合料高温稳定性	动稳定度	60 °C、0.7 MPa 轮碾车辙试验
沥青混合料低温抗裂性能	极限拉应变	0 或 −10 °C，50 mm/min
沥青混合料水稳定性	冻融劈裂试验强度比	冻融劈裂试验

二、沥青路面设计应遵循的原则

（1）开展现场资料调查和收集工作，做好交通荷载分析与预测，按照全寿命周期成本的理念进行路面设计。

（2）调查掌握沿线路基特点，查明土质、路基干湿类型，在对不良地质路段处理的基础上，进行路基路面综合设计。

（3）遵循“因地制宜、合理取材、节约投资”的原则，选择技术先进、经济合理、安全可靠、方便施工的路面结构方案。

（4）结合当地条件，积极、慎重地推广新技术、新结构、新材料、新工艺，并认真铺筑试验路段，总结经验，不断完善，逐步推广。

（5）符合国家环境保护的有关规定，保护相关人员的安全与健康，重视材料的再生利用与废弃料的处理。

高速公路、一级公路的沥青路面不宜分期修建。软土地区或高填方路基、黄土湿陷地区等可能产生较大沉降的路段，以及初期交通量较小的公路可“一次设计，分期修建”。

三、沥青路面的类型

按沥青路面的特性可分为沥青表面处治、沥青贯入式、沥青混凝土和热拌沥青碎石、乳化沥青碎石混合料等类型。此外，近年来采用较多的新型路面结构有沥青玛瑞脂碎石混合料（SMA）路面、多孔隙沥青混凝土（PAWC）路面、多碎石沥青混凝土路面（SAC）等。

1. *沥青表面处治（厚度通常为 1.5～3.0 cm）*

沥青表面处治结构层（简称沥青表面处治）是指用沥青和集料按拌和法或层铺法施工，厚度不超过 3 cm 的一种薄层面层。其主要作用是构成磨耗层，保护承重层免受行车破坏，作为沥青面层或基层的封面，起到封闭表面，防止地表水渗入基层及土基，提高平整度，改善路面的行车条件，延长路面使用寿命的作用。沥青表面处治可用于三级及三级以下公路的面层，各级施工便道以及在旧路面层上加铺罩面层或磨耗层等。

2. *沥青贯入式（厚度通常为 4～8 cm）*

沥青贯入式结构层是指在初步压实的碎石（或破碎砾石）上，分层浇洒沥青并撒布嵌缝料，经压实而成的沥青面层。此结构层可用做二级及二级以下公路的面层，属于次高级路面的面层，也可作为沥青混凝土路面的基层。

3. *沥青混凝土与热拌沥青碎石*

沥青混凝土混合料是由适当比例的粗集料（碎石）、细集料（天然砂或破碎砂）及填料（矿粉）组成的符合规定级配的矿料，与沥青结合料拌和而制成的符合技术标准的沥青混合料，简称为沥青混凝土。此混合料是由各种粒径的集料颗粒级配连续、相互嵌挤密实的矿料与沥青拌制而成，压实后剩余空隙率小于 10% 的沥青混合料。沥青混凝土混合料按空隙率的大小又分Ⅰ型密实式沥青混凝土混合料（空隙率为 3%～6%）和Ⅱ型密实式沥青混凝土混合料（空隙率为 4%～10%）。若混合料的矿料中含矿粉，且按最佳密实级配原理配制（空隙率小于 10%）具有严格的级配，经摊铺压实后的路面称为沥青混凝土（AC）路面。

沥青碎石混合料是由适当比例的粗集料、细集料及少量填料（或不加填料）与沥青结合料拌和而成，压实后剩余空隙率一般在 6%～12% 时称为半开级配沥青混合料。沥青碎石混合料经摊铺压实后的路面称为沥青碎石路面。

第二节　沥青路面的破坏形式及设计控制指标

一、沥青路面结构的破坏形式

由于行车荷载的反复作用和环境干湿、冷热的循环交替，沥青路面逐渐变坏，甚至丧失工作能力。所以，为了保证路面结构性能在规定的使用年限内不恶化到某一程度，需要分析路面破坏的模式和产生的原因，并依此制定出相应的设计指标来控制路面设计。

根据损坏现象的成因及对路面使用性能的影响，沥青路面的破坏形式主要有以下几种。

（一）裂缝类破损

裂缝是沥青路面最主要的破坏形式之一，其成因各种各样，从表现形式看可分为横向裂缝、纵向裂缝和网状裂缝三种类型。

1. 横向裂缝

横向裂缝又可分为荷载型裂缝与非荷载型裂缝两类：荷载裂缝是指结构整体强度不足或在车轮荷载反复作用下，沥青结构层底面或半刚性基层底面产生的拉应力（或拉应变）超过材料的疲劳强度，底面便发生开裂，并逐渐扩展延伸到表面；非荷载裂缝主要是指温缩裂缝和半刚性基层开裂引起的反射裂缝。

2. 纵向裂缝

产生纵向裂缝的原因有多种，除荷载作用过大、承载能力不足引起纵向开裂外，还可能由于施工时纵向接缝没有做好而产生裂缝，或由于路基压实不均匀、路基边缘受水侵蚀不均匀沉陷而产生裂缝。

3. 网状裂缝

网状裂缝是由单根裂缝发展而引起的。除了由于路面的整体强度不足而产生裂缝外，路面开始出现裂缝后未及时封填，致使水分渗入下层，尤其是春融期间的反复冻融交替，会加剧路面的破坏，促进裂缝的形成。沥青在施工期间以及在长期使用过程中的老化也是导致沥青路面形成网裂的原因之一。

（二）变形类破损

1. 车　辙

车辙是渠化交通的高等级道路沥青路面的主要损坏形式之一。车辙是路面结构层及土基在行车荷载重复作用下，以及结构层中材料的侧向位移产生的累计永久变形。

2. 沉　陷

沉陷是路面在车轮荷载作用下，其表面产生的较大凹陷变形，有时凹陷两侧伴有隆起现象。当沉陷严重超过结构的变形能力时，在结构层受拉区产生开裂而形成纵裂，并有可能逐渐发展成网裂。

（三）松散类破损

由于面层材料组合不当或施工质量差，结合料含量太少或黏结力不足，或在水的作用下，沥青逐渐丧失与矿料间的黏结力，使面层混合料的集料间失去黏结而成片状散开，称为松散。产生松散的原因主要是沥青与矿料之间的黏附性差，而产生黏附差的原因可能是结合料含量少，结合料本身黏结力不足，水或冰冻的作用，施工中混合料加热过高，致使沥青老化等。网裂的后期，松散的碎块被行车荷载继续碾碎，并被带离路面，从而形成坑槽。

二、沥青路面设计指标

根据路面在行车荷载和自然因素作用下所产生的应力、应变和位移量不超过路面任一结构层中材料的允许应力、应变和位移量，来选定路面结构层的组合和厚度，以达到防止或减少各种路面破坏现象的发生，控制或限制路面结构的特性和使用品质在设计年限内不恶化到某一规定程度的目的。

目前，对于沥青路面的设计方法世界各国采用的标准不尽相同，有的方法采用一个指标，有的方法采用几个指标，我国沥青路面设计是根据路面结构类型不同分别采用以下指标。

（1）为了控制路基路面的总变形，防止网裂、沉陷、车辙，使路面具有足够的整体刚度和强度，采用路表设计弯沉值 l_d 作为路面整体刚度和强度的控制指标，即路表实际可能产生的回弹弯沉值 l_s 应小于或等于路面设计弯沉值 l_d：

$$l_s \leqslant l_d \tag{13.1}$$

（2）为了防止沥青混合料面层和整体性材料基层的疲劳开裂，采用沥青混凝土面层和整体性材料基层（即半刚性基层）底面的容许拉应力 σ_R 作为验算指标，此值应大于或等于路面中相应结构层底面实际可能产生的最大拉应力 σ_m，即：

$$\sigma_R \geqslant \sigma_m \tag{13.2}$$

（3）为了防止高温季节道路交叉口与停车场等汽车经常启动、制动的地方沥青面层产生推挤和拥包等破坏现象，采用沥青面层材料的容许切应力 τ_R 作为验算指标，其值应大于或等于面层破裂面上实际可能产生的切应力 τ_a，即：

$$\tau_R \geqslant \tau_a \tag{13.3}$$

我国《公路沥青路面设计规范》（JTGD 50—2006）规定：高速公路、一级公路、二级公路的路面结构，以路表面回弹弯沉值、沥青混凝土层的层底拉应力及半刚性材料层的层底拉应力为设计指标。三级公路、四级公路的路面结构以路表面设计弯沉值为设计指标。有条件时，对重载交通路面宜检验沥青混合料的抗剪切强度。

三、沥青路面标准轴载及其形式

1. 标准轴载

公路上行驶的车辆种类繁杂，不同车型和不同作用次数对路面影响不同，为方便路面设计，须将不同车型组合而成的混合交通量换算成某种统一轴载的当量轴次。这种统一的轴载，称为标准轴载。

我国沥青路面设计是以双轮组单轴载为标准轴载，以 BZZ-100 表示。标准轴载的计算参数按表 13.2 确定。各级轴载 P_i（包括车辆的前轴和后轴）的作用次数均应换算成标准轴载的当量作用次数（简称当量轴次）。

表 13.2　我国沥青路面标准轴载计算参数

标准轴载符号	BZZ-100	标准轴载符号	BZZ-100
标准轴载 P/kN	100	单轮传压面当量圆直径 d/cm	21.30
轮胎接地压强 p/MPa	0.70	两轮中心距/cm	$1.5d$

2. 轴次换算

1）换算原则

轴载换算时以某一种路面结构在不同轴载作用下达到相同的损坏程度为依据，即按损坏等效原则进行。

2）换算方法

当以设计弯沉值及沥青层层底拉应力为指标时，各级轴载 P_i 的作用次数 n_i 均应按式（13.4）换算成标准轴载 P 的当量轴次 n_0：

$$n_0 = C_1 C_2 n_i \left(\frac{P_i}{P}\right)^{4.35} \tag{13.4}$$

式中　n_0 —— 标准轴载的当量轴次（次/d）；

n_i —— 被换算车型的各级轴载作用次数（次/d）；

P_i —— 被换算车型的各级轴载（kN）；

P —— 标准轴载（kN）；

C_1 —— 轴数系数，当轴间距大于 3 m 时，应按单独一个轴载计算，此时轴数系数为 m，当轴间距小于 3 m 时，按双轴或多轴计算，$C_1 = 1 + 1.2(m-1)$，m 为轴数；

C_2 —— 轮组系数，单轮组为 6.4，双轮组为 1，四轮组为 0.38。

当以半刚性材料层底的拉应力为设计指标时，各级轴载（包括车辆的前、后轴）均应按式（13.5）进行换算：

$$n_0' = C_1' C_2' n_i \left(\frac{P_i}{P}\right)^{8} \tag{13.5}$$

式中　C_1' —— 轴数系数，当轴间距小于 3 m 时，$C_1' = 1 + 2(m-1)$；

C_2' —— 轮组系数，单轮组为 18.5，双轮组为 1.0，四轮组为 0.09。

上述轴载换算公式适用于单轴轴载小于或等于 130 kN 的各种车型的轴载换算。

3）累计当量轴次计算

沥青路面的设计交通量，应在实测各类相关车型轴载的基础上，参照项目可行性研究报告等有关交通量预测资料，考虑未来各种车型的组成论证确定各种车型的代表轴载，进行不同车型的轴载换算，计算交工后第一年双向日平均当量轴次 N。

可按下式计算：

$$N_1=\sum_{i=1}^{k}C_1C_2n_i\left(\frac{P_i}{P}\right)^{4.35} \quad 或 \quad N_1'=\sum_{i=1}^{k}C_1'C_2'n_i\left(\frac{P_i}{P}\right)^{8} \tag{13.6}$$

路面使用年限末期的远景交通量是由有关部门根据国民经济发展规划给定，或根据交通部门的调查统计资料进行推算而得。我国有关调查统计资料表明，交通量的增长基本上符合几何级数的递增规律，即：

$$N_t=N_1(1+\gamma)^{t-1} \tag{13.7}$$

式中 N_t —— 设计年限末年的双向日平均当量轴次（次/d）；

N_1 —— 路面竣工后第 1 年的双向日平均当量轴次（次/d）；

γ —— 设计年限内交通量的平均年增长率（%），应在项目可行性研究报告等资料基础上，经研究分析确定；

t —— 设计年限（a），各级公路沥青路面的设计年限见表 13.3。

表 13.3 各级公路的沥青路面设计年限 a

公路等级	设计年限	公路等级	设计年限
高速公路、一级公路	15	三级公路	8
二级公路	12	四级公路	6

设计年限内一个车道上的累计当量轴次可用下式计算：

$$N_e=\frac{[(1+\gamma)^t-1]\times 365}{\gamma}N_1\eta \tag{13.8}$$

式中 N_e —— 设计年限内一个车道上的累计当量轴次（次）；

η —— 车道系数，可按表 13.4 确定。

其余符号意义同前。

表 13.4 车道系数 η 取值

车道特征	η
双向单车道	1.0
双向两车道	0.6 ~ 0.7
双向四车道	0.4 ~ 0.5
双向六车道	0.3 ~ 0.4
双向八车道	0.25 ~ 0.35

四、沥青路面设计交通等级

路面结构在设计年限内承担交通荷载的繁重程度以交通等级来划分，见表 13.5。我国沥青路面按设计年限内一个车道的标准当量轴次（万次/车道）或每日平均大型客车及中型以上的各种货车交通量［辆/(d · 车道)］，选择一个较高的交通等级作为沥青路面设计交通等级。

表 13.5 沥青路面设计交通等级

交通等级		BZZ-100 kN 累计标准轴次/（万次/车道）	大客车及中型以上货车/[辆/(d·车道)]
A	轻交通	< 300	< 600
B	中等交通	300～1 200	600～1 500
C	重交通	1 200～2 500	1 500～3 000
D	特重交通	>2 500	>3 000

第三节 我国的沥青路面设计

一、沥青路面设计的理论及设计步骤

目前，国际上沥青路面设计方法基本上分为经验法、半经验法、理论法。经验法是以使用经验或试验结果为依据；理论法则是以弹性理论为基础并由试验确定计算参数的力学方法，此方法综合考虑了车辆荷载、交通量、环境因素以及材料特性的影响。我国的沥青路面设计方法基本属于理论法。沥青路面设计内容包括结构设计与厚度计算两部分，结构组合设计是路面结构设计中的重要组成部分。

我国的沥青路面设计理论采用双圆垂直均布荷载作用下的多层弹性连续体系理论，即将沥青路面结构简化为若干弹性层，描述材料的参数为弹性模量和泊松比，其上各层具有一定的厚度，最下层为一层弹性半空间体，计算图示见图 13.1，弯沉计算 A 点的位置选在轮隙中心处。验算各结构层底部拉应力时，应力最大点在 B 和 C 两点之间，可分别计算图 13.2 中 B、D、E、C 的应力，然后取其中的最大值作为层底最大拉应力。

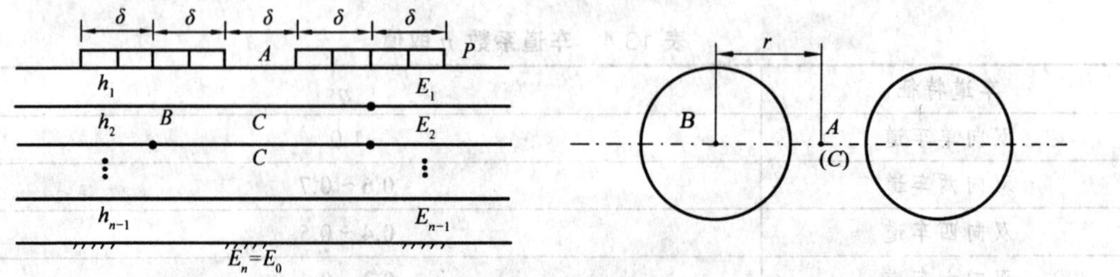

图 13.1 路面表面弯沉计算图

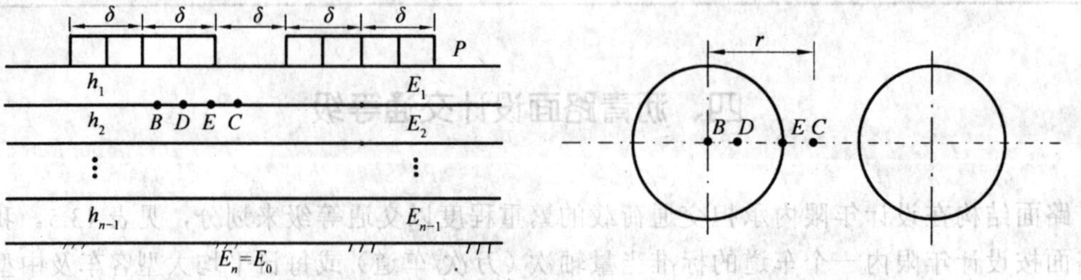

图 13.2 多层体系结构层底面拉应力计算图

沥青路面结构设计按图 13.3 所示的流程进行。

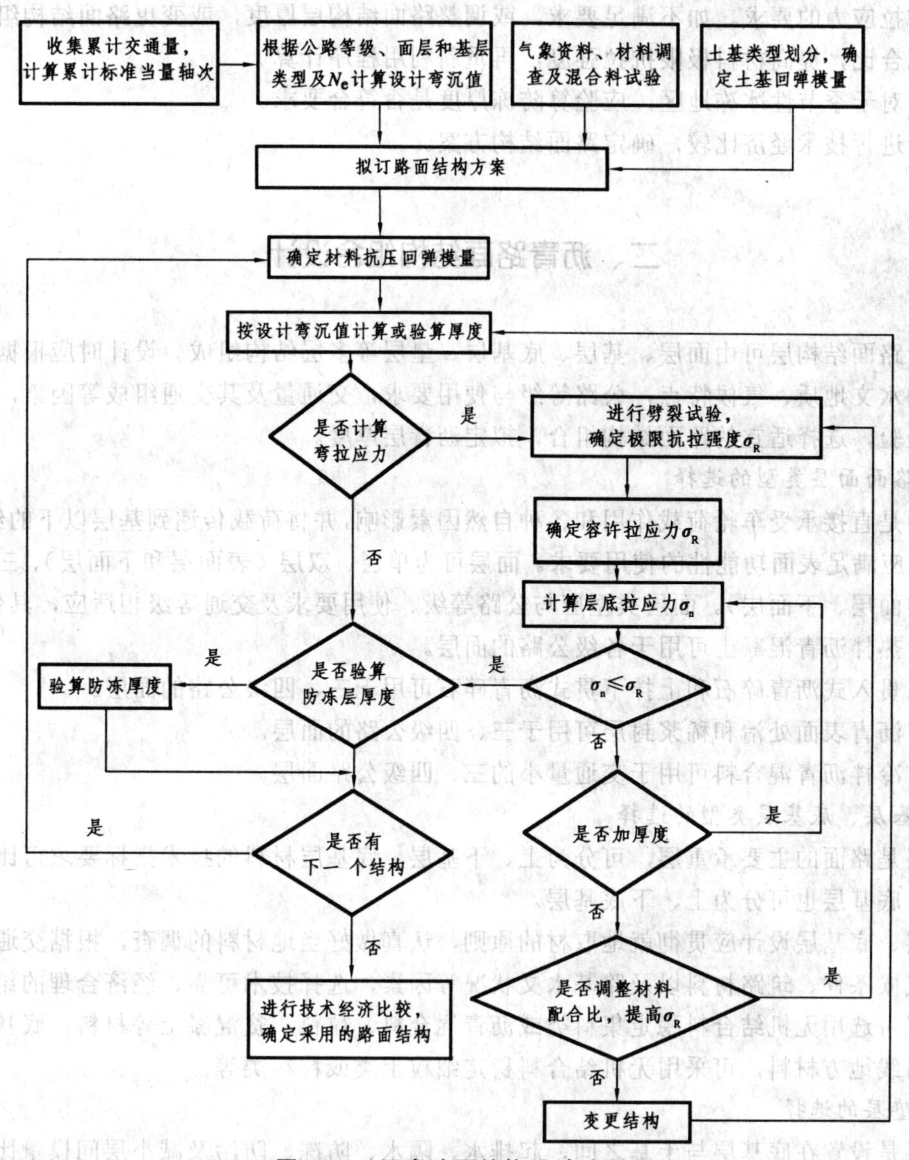

图 13.3　沥青路面结构设计流程图

具体步骤为：

（1）根据设计的要求，按弯沉或弯拉指标分别计算设计年限内一个车道的累计标准当量轴次，确定设计交通量与交通等级、面层、基层类型，并计算设计弯沉值或容许拉应力。

（2）按路基土类与干湿类型及路基横断面形式，将路基划分为若干路段，确定各个路段土基回弹模量设计值。

（3）参考本地区的经验拟订几种可行的路面结构组合与厚度方案，根据选用的材料进行配合比试验，测定各结构层材料的抗压回弹模量、弯拉模量与抗拉强度等，确定各结构层的设计参数。

（4）根据设计指标采用多层弹性体系理论设计程序计算或验算路面厚度。对高速公路、一级公路、二级公路沥青混凝土面层和半刚性基层材料的基层、底基层，应验算拉应力是否满足容许拉应力的要求。如不满足要求，或调整路面结构层厚度，或变更路面结构组合或调整材料配合比，提高材料极限抗拉强度，再重新利用程序计算。

（5）对于季节性冰冻地区，应验算防冻厚度是否符合要求。

（6）进行技术经济比较，确定路面结构方案。

二、沥青路面结构组合设计

沥青路面结构层可由面层、基层、底基层、垫层等多层结构组成。设计时应根据公路所在区域的水文地质、气候特点，公路等级与使用要求，交通量及其交通组成等因素，结合当地实践经验，选择适宜的路面结构组合，拟定沥青层厚度。

1. 路面面层类型的选择

面层是直接承受车轮荷载作用和各种自然因素影响，并将荷载传递到基层以下的结构层，因此，它应满足表面功能性的使用要求。面层可为单层、双层（表面层和下面层）、三层（表面层、中面层、下面层）。面层类型应与公路等级、使用要求及交通等级相适应，具体为：

（1）热拌沥青混凝土可用于各级公路的面层。

（2）贯入式沥青碎石和上拌下贯式沥青碎石可用于三、四级公路的面层。

（3）沥青表面处治和稀浆封层可用于三、四级公路的面层。

（4）冷拌沥青混合料可用于交通量小的三、四级公路面层。

2. 基层、底基层类型的选择

基层是路面的主要承重层，可分为上、下基层。底基层材料的技术指标要求可比基层材料略低，底基层也可分为上、下底基层。

基层、底基层设计应贯彻就地取材的原则，认真做好当地材料的调查，根据交通量及其组成、气候条件、筑路材料以及路基水文状况等因素，选择技术可靠、经济合理的结构层。

基层可选用无机结合料稳定集料类或沥青混合料、粒料、贫混凝土等材料，底基层应充分利用沿线地方材料，可采用无机结合料稳定细粒土类或粒料类等。

3. 垫层的选择

垫层是设置在底基层与土基之间，起排水、隔水、防冻、防污及减小层间模量比、降低半刚性底基层拉应力的作用。为排除路面、路基中滞留的自由水，确保路面结构处于干燥或中湿状态，下列情况下的路基应设置垫层：

（1）地下水位高，排水不良，路基经常处于潮湿、过湿状态的路段。

（2）排水不良的土质路堑，有裂隙水、泉眼等水文不良的岩石挖方路段。

（3）季节性冰冻地区的中湿、潮湿路段，可能产生冻胀须设防冻垫层的路段。

（4）基层或底基层可能受污染以及路基软弱的路段。

垫层材料可选用粗砂、砂砾、碎石、煤渣、矿渣等粒料，以及水泥或石灰煤渣稳定粗粒土、石灰粉煤灰稳定粗粒土等。

总之，结构组合应遵循路面耐久、基层坚实、土基稳定的原则，结合各结构层功能正确地选择面层、基层和垫层。

另外，路面结构层次组合时应采用强度（模量）按深度递减的规律，并注意各相邻结构层之间的模量不能相差过大。沥青路面面层与基层之间的模量比不宜大于 3；基层与底基层之间的模量比不宜大于 2.5；底基层与土基之间模量比不大于 10。沥青路面结构层的层数不宜过多，各结构层宜自上而下由薄到厚。各结构层的设计厚度应根据级配类型、结构组合及施工条件等参考规范确定。

结构组合设计时还应采取技术措施，加强路面各结构层之间的结合，提高路面结构的整体性，避免产生层间滑移，以保证结构的整体性和应力分布的连续性。具体措施有：

（1）沥青层之间应设粘层。粘层沥青可用乳化沥青、改性乳化沥青或热沥青，洒布量宜为 0.3～0.6 kg/m^2。

（2）各种基层上宜设置透层沥青。透层沥青应具有良好的渗透性能，可用液体沥青（稀释沥青）、乳化沥青等。

（3）在半刚性基层上应设下封层。

（4）新、旧沥青层之间，沥青层与旧水泥混凝土板之间应洒布粘层沥青，宜用热沥青或改性乳化沥青、改性沥青。

（5）拓宽路面时，新、旧路面接茬处，宜喷涂黏结沥青。

（6）双层式半刚性材料基层宜采取连续摊铺、碾压工艺，增强层间结合，以形成整层。

图 13.4、图 13.5 所示为几种路面典型结构组合示例。

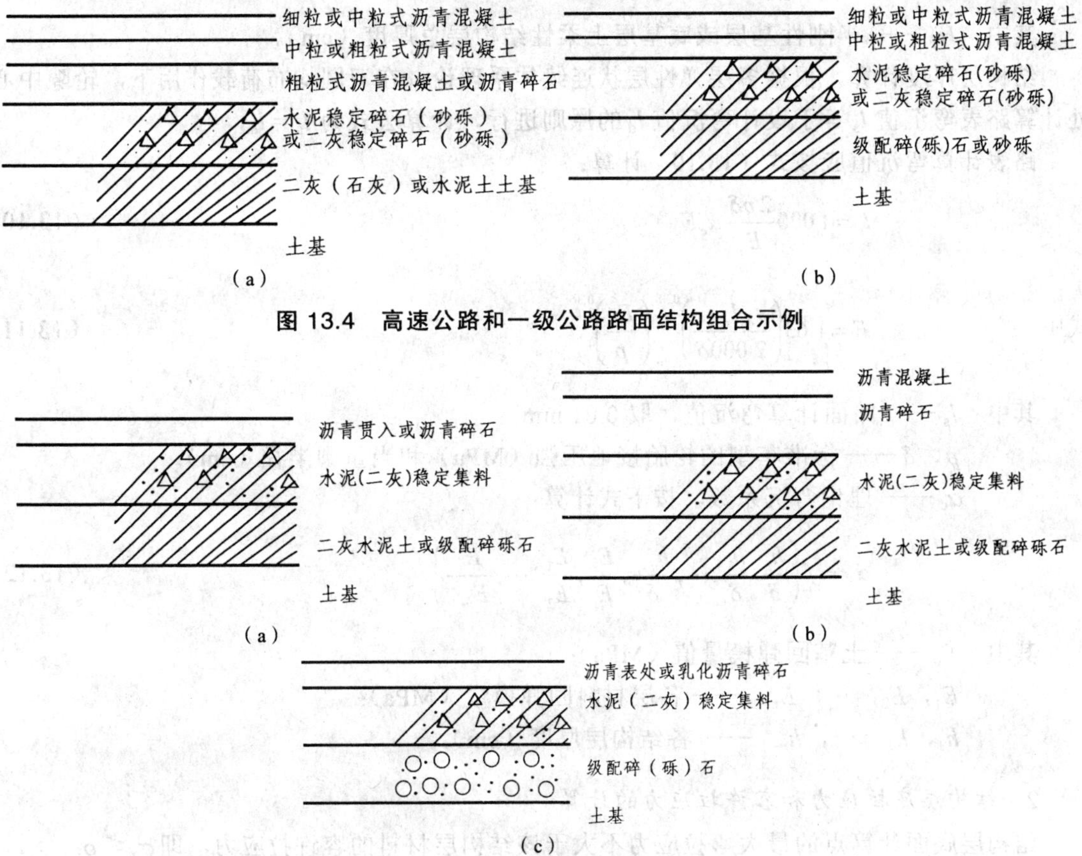

图 13.4　高速公路和一级公路路面结构组合示例

图 13.5　二、三级公路路面结构组合示例

三、沥青路面的结构层厚度计算

1. *路面设计弯沉和实际弯沉值的计算*

路面设计弯沉值是根据设计年限内一个车道上预测通过的累计当量轴次、公路等级、面层和基层而确定的路面弯沉设计值，按下式计算：

$$L_d = \frac{600}{N_e^{0.2}} A_c A_s A_b \tag{13.9}$$

式中 L_d —— 设计弯沉值，取 0.01 mm；

N_e —— 设计年限内一个车道累计当量轴次（次）；

A_c —— 公路等级系数，高速公路、一级公路为 1.0，二级公路为 1.1，三、四级公路为 1.2；

A_s —— 面层类型系数，沥青混凝土面层为 1.0，热拌和冷拌沥青碎石、沥青贯入式路面（含上拌下贯式路面）或沥青表面处治为 1.1；

A_b —— 基层类型系数，半刚性基层 $A_b = 1.0$，柔性基层 $A_b = 1.6$，对于混合式基层采用线性内插法确定基层类型系数：

$$A_b = \frac{H_F + 2}{20}$$

其中 H_F —— 半刚性基层或底基层上柔性结构层总厚度（cm）。

结构层厚度计算，根据多层弹性层状连续体系理论，在双圆均布荷载作用下，轮隙中心处计算路表弯沉值 l_s 等于设计弯沉值 l_d 的原则进行，计算公式为 $l_s = l_d$。

路表计算弯沉值应按式（13.10）计算：

$$l_s = 1\,000 \frac{2p\delta}{E_0} \alpha_c F \tag{13.10}$$

式中

$$F = 1.63 \left(\frac{l_s}{2\,000\delta} \right)^{0.38} \left(\frac{E_0}{p} \right)^{0.36} \tag{13.11}$$

其中 l_s —— 路面计算弯沉值，取 0.01 mm；

p，δ —— 标准车型的轮胎接地压强（MPa）和当量圆半径（cm）；

α_c —— 理论弯沉系数，按下式计算：

$$\alpha_c = f\left(\frac{h_1}{\delta}, \frac{h_2}{\delta}, \cdots, \frac{h_{n-1}}{\delta}, \frac{E_2}{E_1}, \frac{E_3}{E_2}, \cdots, \frac{E_0}{E_{n-1}} \right) \tag{13.12}$$

其中 E_0 —— 土基回弹模量值（MPa）；

E_1，E_2，…，E_{n-1} —— 各层材料回弹模量（MPa）；

h_1，h_2，…，h_{n-1} —— 各结构层厚度（cm）。

2. *结构层底拉应力和容许拉应力的计算*

结构层底面计算点的最大弯拉应力不大于该结构层材料的容许拉应力，即$\sigma_m \leqslant \sigma_R$。

层底拉应力计算图式如图 13.2 所示，面层或基（垫）层底拉应力以单圆中心（B 点）及双圆轮隙中心（C 点）为计算点，并取较大值作为层底拉应力。按式（13.13）利用计算机软件求得。比较各点的应力值，取最大值作为最大拉应力。

$$\sigma_{\mathrm{m}} = p\bar{\sigma}_{\mathrm{m}} \tag{13.13}$$

$$\bar{\sigma}_{\mathrm{m}} = f\left(\frac{h_1}{\delta}, \frac{h_2}{\delta}, \cdots, \frac{h_{n-1}}{\delta}, \frac{E_2}{E_1}, \frac{E_3}{E_2}, \cdots, \frac{E_0}{E_{n-1}}\right) \tag{13.14}$$

式中　$\bar{\sigma}_{\mathrm{m}}$ —— 理论最大拉应力系数。

具体计算时可采用括号内的参数为输入数据，应用沥青路面设计软件计算得到。

容许拉应力σ_{R}是路面承受行车荷载反复作用达到临界破坏状态时的最大疲劳拉应力。容许拉应力的确定与材料的极限抗拉强度有关（极限抗拉强度的大小通过实验确定），同时也与重复荷载次数有关。沥青混凝土面层、半刚性基层、底基层以弯拉应力为设计指标时，路面的容许拉应力计算公式为：

$$\sigma_{\mathrm{R}} = \frac{\sigma_{\mathrm{s}}}{K_{\mathrm{s}}} \tag{13.15}$$

式中　σ_{R} —— 路面结构层材料的容许拉应力（MPa）；

σ_{s} —— 沥青混凝土或半刚性结构层材料的劈裂强度（MPa），由试验确定；

K_{s} —— 抗拉强度结构系数，同荷载的反复作用次数有关。

结构层材料劈裂强度：对沥青混凝土指 15 °C 时的劈裂强度；对水泥稳定类材料指龄期为 90 d 的极限劈裂强度；对二灰稳定类、石灰稳定类材料指龄期为 180 d 的极限劈裂强度；对水泥粉煤灰稳定类材料指龄期为 120 d 的极限劈裂强度。

表征结构层材料抗拉强度因疲劳而降低的抗拉强度结构系数，根据疲劳方程可表示为：

（1）沥青混凝土面层
$$K_{\mathrm{s}} = \frac{0.09N_{\mathrm{e}}^{0.22}}{A_{\mathrm{c}}} \tag{13.16a}$$

（2）无机结合料稳定中、粗粒土类
$$K_{\mathrm{s}} = \frac{0.35N_{\mathrm{e}}^{0.11}}{A_{\mathrm{c}}} \tag{13.16b}$$

（3）无机结合料稳定细粒土类
$$K_{\mathrm{s}} = \frac{0.45N_{\mathrm{e}}^{0.11}}{A_{\mathrm{c}}} \tag{13.16c}$$

（4）贫混凝土
$$K_{\mathrm{s}} = \frac{0.51N_{\mathrm{e}}^{0.07}}{A_{\mathrm{c}}} \tag{13.16d}$$

第四节　原有路面补强设计

沥青路面随着使用时间的延续，其使用性能和承载能力不断降低，当路面超过设计使用年限或轴载增加便不能满足正常行车的要求，而需补强或改建。路面补强设计工作包括现有路面结构状况调查、弯沉评定以及补强厚度计算。当原有路面需要提高等级或加宽路面、提高路基、调整纵坡的路段时，对不符合技术标准的路段应先进行线形改善，改线路段应按新建路面设计，在原有路面上补强时，按改建路面设计。

一、路面结构状况的调查

对使用中的路面进行结构状况的调查与评定，其目的主要是了解路面现有结构状况和强度，据以判断是否需要加强或预估剩余使用寿命，分析路面损坏的原因及提出处理措施。

现有路面状况调查工作包括以下内容：

（1）交通调查。对于当前的交通量和车型组成进行实地观测。通过调查分析预估交通量增长趋势，确定年平均增长率。

（2）路基状况调查。调查沿线路基土质、填挖高度、地面排水情况、地下水位，以确定路基土质类型和干湿类型。

（3）路面状况调查。调查路面结构类型、组合和各层厚度，为此需开挖试坑进行量测和取样试验，量测路基和路面宽度，详细记载路表状况及路拱大小，对路面的病害和破坏应详加记述并分析产生原因。

（4）路面修建和养护历史调查。

二、原有路面结构强度的评定

路面结构强度的评定，通常采用测量路表轮隙回弹弯沉的方法。由于路面在一年内的不同时期具有不同的强度，而经补强设计的路面必须保证在最不利季节具有良好的使用状态，因此原有路面的弯沉值应在不利季节测定；若在非不利季节测定，应按各地的季节影响系数进行修正。如在原砂石路面上加铺沥青面层时，因补强后对路基的湿度有影响，路基和基层中的水分蒸发较以前困难，致使路基和基层中湿度增加，强度降低，弯沉增大，因此还应根据当地经验进行湿度影响的修正。当原路面为沥青路面时，应根据实测温度做温度修正。

在确定原路面的计算弯沉时，应将全线分段，分段时应考虑下列因素：

（1）同一路段路基的干湿类型与土质基本相同。

（2）同一路段内各测点的弯沉值比较接近。若局部路段弯沉值很大，应先进行修补处理，再进行补强。

（3）各路段的最小长度应与施工方法相适应。一般不小于 1 000 m，在水文、土质条件复杂或需特殊处理的路段，其分段长度可视实际情况确定。

在对原有路面进行弯沉检测时，每一车道、每路段的测点数不少于 20 点，且应以标准轴载车辆配以贝克曼梁进行测定，或用落锤弯沉仪（FWD）进行测定。在特殊情况下，如用非标准轴载进行弯沉检测时，应将非标准轴载的检测结果换算为标准轴载下的弯沉值。各路段的计算弯沉值按下式计算：

$$l_0 = (\bar{l}_0 + Z_\alpha S)K_1K_2K_3 \tag{13.17}$$

式中 l_0——路段的计算弯沉值，取 0.01 mm；

$\bar{l}_0$——路段内原路面上实侧弯沉的平均值，取 0.01 mm；

Z_α——保证率系数，高速公路、一级公路取 1.645，补强二级及二级以上公路路面时取 1.5，补强三、四级公路时取 1.3；

S —— 路段内原路面上实测弯沉的标准差，取 0.01 mm；

K_1，K_2 —— 季节影响系数和湿度影响系数，可根据当地经验选用；

K_3 —— 温度修正系数。

三、原有路面补强设计相关计算

当原路面计算弯沉值 l_0 大于由标准轴载累计当量轴次计算而得到的设计弯沉值 l_d 时，说明路面强度不足，需要通过修筑补强层来加强路面。我国现行规范采用弹性层状体系理论求解补强层厚度，其步骤如下。

1. *确定原有路面当量回弹模量 E_t*

为了直接使用弹性层状体系理论，须将原有路面整体强度的代表值 l_0 按下式转化为当量回弹模量：

$$E_t = 1\,000\frac{2p\delta}{l_0}m_1 m_2 \tag{13.18}$$

式中 E_t —— 原有路面的当量回弹模量（MPa）。

p —— 标准轴载车型轮胎接地压力（MPa）。

δ —— 标准轴载单轮传压面半径（cm）。

l_0 —— 原路面的计算弯沉值，取 0.01 mm。

m_1 —— 用标准轴载的汽车在原有路面上测得的弯沉值与用承载板在相同压强条件下所测得的回弹变形值之比，即轮板对比值。一般情况下，应通过在旧路面上进行对比试验确定，没有对比资料的情况下，推荐 m_1 取值为 1.1。

m_2 —— 原路面当量回弹模量扩大系数，分以下两种情况计算。

（1）计算与原有路面接触的补强层层底拉应力时：

$$m_2 = e^{0.037h'/\delta(E_{n-1}/p)^{0.25}} \tag{13.19}$$

式中 E_{n-1} —— 与原路面接触层材料的抗压回弹模量（MPa）；

h' —— 各加铺层与原路面接触层 E_{n-1} 相当的等效厚度（cm），按下式计算：

$$h' = \sum_{i=1}^{n-1} h_i(E_i\sqrt{E_{n-1}})^{0.25} \tag{13.20}$$

其中 h_i —— 第 i 层补强层的厚度（cm）；

E_i —— 第 i 层补强层材料的抗压回弹模量（MPa）；

$n-1$ —— 补强层层数。

（2）计算其他补强层层底拉应力及弯沉值时，$m_2 = 1.0$。

2. *补强层厚度的计算*

在确定原有路面的当量回弹模量后，可用弹性层状体系理论进行补强层厚度的计算，若补强单层时，以双层弹性体系为设计计算的力学模型，补强 n 层时，以 $n+1$ 层弹性体系为力学模型计算。补强设计时，仍以设计弯沉值作为路面整体刚度的控制指标；对于二级和二级以上公路，还应进行补强层底面拉应力的验算。设计弯沉值、各补强层底面的容许拉应力的计算方法、弯沉综合修正系数及补强层材料参数的确定与新建路面设计时的各项方法相同。设计层的厚度采用弹性层状理论编制的设计程序进行计算。

第五节 其他沥青路面简介

一、沥青玛𤧛脂碎石路面

沥青玛𤧛脂碎石混合料（Stone Mastic Asphalt，简称 SMA）是以沥青、矿粉及纤维稳定剂组成的沥青玛𤧛脂结合料，填充于间断级配的矿料骨架中，所形成的骨架密实结构型沥青混合料。沥青玛𤧛脂碎石路面是指用沥青玛𤧛脂碎石混合料作面层或抗滑层的路面。

沥青玛𤧛脂碎石混合料具有高含量的粗集料，在混合料中颗粒面与面直接接触、相互锁挤构成的骨架直接承受了荷载的作用。这种骨架对温度敏感性小，而含量较高的矿粉、沥青与纤维稳定剂所形成的黏聚力很高的胶凝状物，使混合料的整体力学性质提高。

实践表明，沥青玛𤧛脂碎石路面具有抗滑耐磨、密实耐久、抗疲劳、抗高温车辙、能减少低温开裂等优点。适用于高速公路、一级公路作抗滑表层使用，其厚度为 3.5～4 cm。

二、透水性沥青路面

透水性沥青路面是指用大空隙的沥青混合料铺筑，能迅速从内部排走路表雨水，具有防滑、抗车辙及降低噪声作用的路面。

主要强调其降噪声功能时，又称为低噪声路面。透水性沥青路面属骨架空隙结构型沥青混合料路面，它的孔隙率比普通沥青碎石要高，一般在 20% 左右。

透水性沥青路面具有以下几个方面的特点。

1. 排水和抗滑性能好

透水性沥青路面的最大特点就是大空隙，由于空隙率大，使得混合料内部的空隙呈连通状态，故在坡降、遇雨水时，水可沿连通的空隙流动，最后排走，从而可提高雨天的抗滑性和雨天的行车速度。

2. 降低噪声性能好

汽车轮胎在路面上滚动产生的噪声在交通噪声中所占的比例越来越大，当车速超过 50 km/h 时更为突出。这种噪声一般由撞击噪声、气压噪声和滑粘噪声三部分组成。气压噪声是车辆轮胎变形时轮胎沟槽中的空气受到挤压而振动、喷射所产生的噪声；滑粘噪声是由橡胶轮胎在路表上吸着拖滑而产生的噪声。光滑的表面虽可降低撞击噪声，却会增大气压噪声和滑粘噪声，而多孔隙的路面可使气流顺利消散，所以降低了这两部分的噪声。

3. 高温稳定性好

透水性沥青路面高温稳定性的抗车辙能力比一般沥青混凝土高，主要是因为大颗粒间的相互直接接触而构成的骨架结构承担了荷载的作用，所以在高温下抵抗变形的能力大。

4. 耐久性差

透水性沥青路面其耐久性比一般沥青混合料路面要低，主要表现为：透水性路面在使用一定时间后，空隙会由于灰尘、污物堵塞而减少，排水、吸音效果降低，产生老化、剥落的现象会提前。由于这些问题，使得透水性路面的使用品质下降。

三、RCC-AC 复合式路面

沥青路面作为一种高级路面被广泛应用于公路与城市道路，但沥青价格的不断上涨，使沥青路面投资增加，直接影响了公路的可持续发展。因此，在水泥混凝土路面上加铺沥青层，即修筑水泥混凝土与沥青混凝土复合式路面结构，不仅可减少沥青用量（与柔性路面相比），而且可弥补刚性路面的不足，大大改善了路面的使用性能。

RCC 指的是碾压混凝土（即 Roller Compacted Concrete）路面，其含水率低，通过振动碾压施工工艺达到高密度、高强度的水泥混凝土。干硬性的材料特点和碾压成型的施工工艺特点，使碾压混凝土路面具有节约水泥、收缩小、施工速度快、强度高、开放交通早等技术经济上的优势。但 RCC 路面平整度差，难以形成粗糙面，在汽车高速行驶时抗滑性能下降较快，平整度、抗滑性、耐磨性三方面达不到要求，修筑碾压水泥混凝土与沥青混凝土（RCC-AC）复合式路面，能有效地解决 RCC 平整度、抗滑性、耐磨性三方面不足的问题。

四、再生沥青混凝土

再生路用沥青混凝土（RAP）是把由路面上清除下来的旧沥青混凝土进行加工处理后的混合料，加工时可在旧料中加入结合料、再生剂（也称塑化剂、复苏剂）和石料作添加剂，也可不加上述添加剂。

再生沥青混凝土可作为面层的上层和下层材料使用。在修筑沥青混凝土路面时，在旧沥青混凝土中加入一定数量的矿料、结合料和再生剂，可把它当做主要材料使用，此时旧沥青混凝土一般不作再生处理。再生旧沥青混凝土的主要目的是在技术上能正确地把它作为二次原材料使用，即作为修筑路面和面层材料的辅助来源。

思考与练习

13.1 沥青路面设计的内容及原则是什么？

13.2 沥青路面有哪些类型？

13.3 沥青路面破坏形式有哪些？分析其产生的原因。

13.4 沥青路面的设计指标是什么？

13.5 沥青路面结构组合设计应考虑的问题有哪些？

13.6 简述新建沥青路面的结构设计步骤。

第十四章　水泥混凝土路面设计

学习目标

① 掌握水泥混凝土路面的类型及特点。

② 分析水泥混凝土路面破损的类型及相应的原因。

③ 掌握水泥混凝土设计的标准。

④ 掌握水泥混凝土路面设计的内容及设计步骤。

⑤ 掌握水泥混凝土路面的构造。

第一节　概　　述

一、水泥混凝土路面的类型与特点

1. 水泥混凝土路面类型

水泥混凝土路面包括普通混凝土（素混凝土路面）、钢筋混凝土、连续配筋混凝土、预应力混凝土、装配式混凝土和钢纤维混凝土等面层板和基（垫）层所组成的路面。目前采用最广泛的是就地浇筑的普通混凝土路面，简称混凝土路面。

（1）普通混凝土路面，是指除接缝区和局部范围（边缘和角隅）外不配置钢筋的混凝土路面。

（2）钢筋混凝土路面，是指面层内配置纵、横向钢筋网并设接缝的水泥混凝土路面。

（3）连续配筋混凝土路面，是指面层内配置纵向连续钢筋和横向钢筋，横向不设缩缝的水泥混凝土路面。

（4）钢纤维混凝土路面，是指在混凝土面层中掺入钢纤维的水泥混凝土路面。

（5）复合式路面，是指面层由两层不同材料类型和力学性质的结构层复合而成的路面。

2. 水泥混凝土路面的特点

与其他类型的路面相比，混凝土路面具有以下优点:

（1）强度高。混凝土路面具有很高的抗压强度和较高的抗弯拉强度以及抗磨耗能力。

（2）稳定性好。混凝土路面的水稳性、热稳性均较好，特别是它的强度能随着时间的延长而逐渐提高，不存在沥青路面的那种“老化”现象。

（3）耐久性好。由于混凝土路面的强度和稳定性好，所以它经久耐用，一般能使用20～40年，而且它能通行包括履带式车辆等在内的各种运输工具。

（4）有利于夜间行车。混凝土路面色泽鲜明，能见度好，对夜间行车有利。

混凝土路面也有其缺点，主要包括以下几个方面:

（1）对水泥和水的需要量大。修筑 0.2 m 厚、7 m 宽的混凝土路面，每 1 000 m 要耗费水泥约 400～500 t 和水约 250 t，尚不包括养生用的水在内，这给水泥供应不足和缺水地区带来较大困难。

（2）有接缝。普通混凝土路面要建造许多接缝，这些接缝不但会增加施工和养护的复杂性，而且容易引起行车跳动，影响行车的舒适性。接缝又是路面的薄弱点，如处理不当，将导致路面板和板角处破坏。

（3）开放交通较迟。混凝土路面完工后，一般要经过 28 d 的潮湿养生，才能开放交通，如需提早开放交通，则需采取特殊措施。

（4）修复困难。混凝土路面损坏后，开挖很困难，修补工作量也大，且影响交通。

二、水泥混凝土路面常见的破损现象

水泥混凝土路面的使用性能在行车和自然因素的作用下逐渐下降，以致出现各种类型的损坏现象，大体分为接缝破损和混凝土板损坏两个方面。

1. 接缝破损

（1）挤碎。

即在接缝（主要是胀缝）附近的板因受挤压而碎裂。胀缝内的滑动传力杆排列不正或不能正常滑动，缝隙内有混凝土搭连或落入坚硬的杂屑等，使路面的伸胀受到阻碍，在接缝处边缘部分产生较高的挤压应力而剪裂成碎块。

（2）拱起。

即混凝土路面板在热膨胀受阻时，接缝两侧的板突然向上拱起。这主要是由于板收缩时接缝缝隙张开，填缝料失效，硬物嵌满缝隙，致使板受热膨胀时产生较大的热压应力，从而出现这种纵向屈曲失衡现象。

（3）错台。

即接缝或裂缝两侧路面板端部出现竖向相对位移。横缝处传荷能力不足，车轮经过时相邻板端部会出现挠度差，使沿缝隙下渗的水带着基层被冲蚀的碎屑向后方板下运动，把该板抬起。胀缝下部填缝板与上部缝槽未能对齐，或胀缝两侧混凝土壁面不垂直，使缝旁两板在伸胀挤压过程中，会上下错位而形成错台。

（4）唧泥。

即车辆行驶经过接缝或裂缝时，由缝内喷溅出泥浆的现象。在轮载的频繁作用下，基层（地基）产生塑性变形累积而同混凝土板脱离接触，水分沿缝隙下渗而积聚在脱空的间隙内，又在轮载作用下积水变成有压水，并同基层内浸湿的细料混搅成泥浆，再沿缝隙喷溅出来。唧泥会使路面板边缘和角隅部分逐步失去支承，而导致断裂。

2. 混凝土面板本身的破坏

混凝土面板本身的破坏主要是断裂和裂缝。路面板内的应力超过混凝土强度时会出现横向、纵向、斜向裂缝或板角的拉断和折断裂缝。严重时，裂缝交叉而使路面板破裂成碎块（称破碎块）。其原因主要有：

（1）由于地基不均匀沉降或基层冲蚀而使面板底面出现脱空后，板内应力增大引起的。

（2）板块尺寸过大，所产生的温度翘曲应力超过混凝土的抗弯拉强度而导致横向裂缝。

（3）施工养生期间收缩应力过大或混凝土强度不足。

（4）板太薄或轮载过重和作用次数过多的条件下，车辆荷载对路面产生重复的疲劳作用，积累到一定程度后，可引起面层板出现横向或纵向疲劳裂缝。

三、水泥混凝土路面设计标准

水泥混凝土路面板的结构性损坏大都表现为断裂。从保证路面结构承载能力的角度考虑，混凝土路面结构设计应以防止面层板出现断裂作为主要的设计标准。然而，形成断裂的原因是多方面的。其中，车辆荷载的重复疲劳作用积累到一定程度后，可引起面层板出现横向或纵向疲劳裂缝。这类疲劳断裂被选作确定混凝土面层厚度时所需考虑的主要损坏模式。

我国现行的水泥混凝土路面设计方法，是考虑满足路面的结构性能要求，以水泥混凝土面层板的疲劳断裂作为路面损坏的主要模式，以行车荷载和温度梯度综合作用产生的疲劳断裂作为设计的极限状态，其表达式为：

$$\gamma_r(\sigma_{pr} + \sigma_{tr}) \leqslant f_r \tag{14.1}$$

式中 γ_r —— 可靠度系数，依据所选目标可靠度及变异水平等级确定；

σ_{pr} —— 行车荷载疲劳应力（MPa）；

σ_{tr} —— 温度梯度疲劳应力（MPa）；

f_r —— 水泥混凝土弯拉强度标准值（MPa）。

第二节　水泥混凝土路面设计的内容、参数及步骤

一、水泥混凝土路面结构设计内容

1. 路面结构层组合设计

水泥混凝土路面结构层的组合设计，应根据该路的交通繁重程度，结合当地环境条件和材料供应情况，选择安排混凝土路面的结构层层次，它包括土基、垫层、基层和面层的结构组合设计及各层的路面结构类型、弹性模量和厚度确定等。技术先进且经济合理的路面结构组合设计方案，应是能给混凝土面层以均匀支承，承受预期交通的作用并提供良好使用性能的混凝土路面结构设计，其设计过程与柔性路面结构组合设计相仿。有关基层、垫层的设置和抗冻的要求均应符合现行有关规范的规定。

水泥混凝土面板要求具有较高的弯拉强度，表面平整、抗滑、耐磨。常选用的面板类型有普通混凝土路面、钢筋混凝土路面、连续配筋混凝土路面、钢纤维混凝土路面等。

基层和垫层有粒料类（碎石、砂砾）、稳定类（水泥、石灰、工业废渣）和贫混凝土三大

类，分别具有不同的刚度、冲刷能力和透水性。在重交通的道路上，选用水泥稳定类或贫混凝土作为基层具有良好的使用性能。

2. 面板厚度设计

混凝土面层板厚度设计，应按照设计标准的要求，确定满足设计年限内使用要求所需的混凝土面层的厚度。

3. 面板平面尺寸与接缝设计

根据混凝土面层板内产生的荷载应力和温度应力作出板的平面尺寸设计，确定接缝的位置，设计接缝的构造，并采取有效措施提高接缝的传荷能力。

4. 路肩设计

高速公路和一级公路中间带与路肩路缘带的结构应与行车道的混凝土路面相同，并与行车道部分的混凝土面板浇筑成整体。路肩可采用水泥混凝土面层或沥青混合料面层，其基(垫)层结构应满足行车道路面结构和排水的要求。一般公路的混凝土路面应设置路线石或加面路肩，路肩加面可采用沥青混合料或其他材料。

5. 路面的钢筋配筋率设计

当混凝土路面板较长或交通量较大时，地基有不均匀沉降或板的形状不规则时，可沿板的自由边缘加设补强钢筋，在角隅处加设发针形钢筋或钢筋网，以阻止可能出现的裂缝。

二、水泥混凝土路面设计参数

(一)标准轴载及其换算

1. 标准轴载

水泥混凝土路面结构设计以汽车轴重为 100 kN 的单轴双轮组荷载作为标准轴载，对于各种不同汽车轴载的作用次数，可按等效疲劳损坏原则换算成标准轴载的作用次数，并根据标准轴载的作用次数判断道路的交通繁重程度。

2. 轴载换算

轴载换算公式和换算系数为：

$$N_s = \sum_{i=1}^{n} \delta_i N_i \left(\frac{P_i}{100}\right)^{16} \tag{14.2}$$

式中 N_s —— 标准轴载的作用次数（次/d）；

n —— 轴载的分级数目；

δ_i —— 轴-轮型系数，按情况取用：

单轴-双轮组 $\delta_i = 1$

单轴-单轮时 $\delta_i = (2.22\times10^3)P_i^{-0.43}$

双轴-双轮组 $\delta_i = (1.07\times10^{-5})P_i^{-0.22}$

三轴-双轮组 $\delta_i = (2.24\times10^{-8})P_i^{-0.22}$

N_i —— 各类轴型 i 级轴载的作用次数；

P_i —— 各级轴载单轴重或双轴总重（kN）。

3. 累计作用次数

水泥混凝土路面的使用年限，可根据国内外使用经验参照交通等级确定，一般使用年限为20～30年。若确定很长的使用年限，则远景交通量很难估计准确，而且会使初期建设投资过高。

水泥混凝土路面的设计基准期为路面达到预定的极限状态时所能使用的年限，设计基准期内标准轴载的累计作用次数与第一年的交通量、交通轴载组成和交通量的预测增长情况等因素有关。根据所得到的交通资料，计算设计基准期内水泥混凝土面层临界荷位处所承受的标准轴载累计作用次数 N_e，具体计算公式为：

$$N_e = \frac{N_s[(1+\gamma)^t - 1] \times 365}{\gamma}\eta \tag{14.3}$$

式中 N_s —— 使用初期设计车道标准轴载作用次数（次/d）；

γ —— 交通量年平均增长率（%），由调查确定；

t —— 设计使用年限（a）；

η —— 车轮轮迹横向分布系数，是指路面横断面上某一宽度范围内实际受到的轴载作用次数占通过该车道断面的总轴数的比例，见表14.1。

表 14.1 车辆轮迹横向分布系数 η

公路等级		纵缝边缘处
高速公路、一级公路、收费站		0.17～0.22
二级及二级以下公路	行车道宽＞7 m	0.34～0.39
	行车道宽≤7 m	0.54～0.62

注：车道或行车道宽或者交通量较大时，取高值；反之，取低值。

（二）交通分级

水泥混凝土路面所承受的轴载作用，按设计基准期内设计车道所承受的标准轴载累计作用次数 N_e 分为4级，分级范围见表14.2。

表 14.2 水泥混凝土路面交通等级分类

交通等级	特重	重	中等	轻
设计车道标准轴载累计作用次数 N_e（$\times 10^4$）	＞2 000	100～2 000	3～100	＜3

三、水泥混凝土路面设计步骤

考虑荷载应力和温度翘曲应力综合疲劳损伤作用的混凝土面层厚度和板平面尺寸确定方法，水泥混凝土路面设计时可遵循下述步骤：

（1）收集并分析交通参数。收集日交通量和轴载组成数据，确定轮迹分布系数，计算设计车道标准轴载日作用次数；由此确定道路的交通等级，进而选定设计基准期，预估设计基准期内交通量年平均增长率，计算设计基准期内标准轴载的累计作用次数。

（2）初拟路面结构。初选路面结构中包括路床、垫层、基层和面层的材料类型和厚度，依据交通等级、道路等级和所选变异水平等级初选混凝土板厚度，拟定板平面尺寸和接缝构造。

（3）确定路面材料参数。经试验确定混凝土的设计弯拉强度和弹性模量，基层、垫层和路基的回弹模量，基层顶面的当量回弹模量等。

（4）计算荷载疲劳应力和温度疲劳应力。

（5）检验初拟路面结构。如不符合$\gamma_r(\sigma_{pr}+\sigma_{tr})\leqslant f_r$，则重新拟定路面结构或板平面尺寸，按（2）～（5）步重新计算，直到满足要求。

第三节　普通水泥混凝土路面的构造

一、路　基

混凝土路面下的路基必须密实、稳定和均匀。路基一般要求处于干燥或中湿状态，过湿状态或强度与稳定性不符合要求的潮湿状态的路基必须经过处理。理论分析表明，通过刚性面层和基层传到土基上的压力很小，一般不超过 0.05 MPa。因此，混凝土板下一般不需要有坚强的土基支承。然而，如果土基的稳定性不足，在水温变化的影响下出现较大的变形，特别是不均匀沉陷，则仍将给混凝土面板带来很不利的影响。实践证明，由于土基不均匀支承，面板在受荷时底部产生过大的弯拉应力，导致混凝土路面产生破坏。

二、基　层

混凝土面层下设置基层，不仅为混凝土面板提供均匀而稳定的支承，且能防止唧泥、错台、冻胀等病害，从而保证路面的整体性，延长路面的使用寿命。

因此，除非土基本身是有良好级配的砂砾类土，而且是良好排水条件的轻交通道路之外，都应设置基层。同时，基层应具有足够的强度和稳定性，且断面正确，表面平整。理论计算和实践都已证明，采用整体性好（具有较高的弹性模量，如贫混凝土、沥青混凝土、水泥稳定碎石、石灰粉煤灰稳定碎石、级配碎石等）的材料修筑基层，可以确保混凝土路面良好的使用特性和延长路面的使用寿命。因为如果基层出现较大的塑性变形累积（主要在接缝附近），面层将与之脱空，支承条件恶化，从而增加板的应力；同时，若基层材料中含有过多的细料，还将促使唧泥和错台等病害产生。

三、混凝土面板

混凝土面板直接承受行车荷载和自然因素的作用，同时又是混凝土路面的承重结构，并直接体现使用功能的好坏。理论分析表明，轮载作用于板中部时，板所产生的最大应力约为轮载作用于板边部时的2/3。因此，面层板的横断面应采用中间薄两边厚的形式（见图 14.1），以适应荷载应力的变化。一般边部厚度较中部约大 25%，应从路面最外两侧板的边部，在0.6～1.0 m 宽度范围内逐渐加厚。但是厚边式路面给土基和基层的施工带来不便，而且已往经验也表明，在厚度变化转折处，易引起板的折裂。因此，目前国内外常采用等厚式断面。

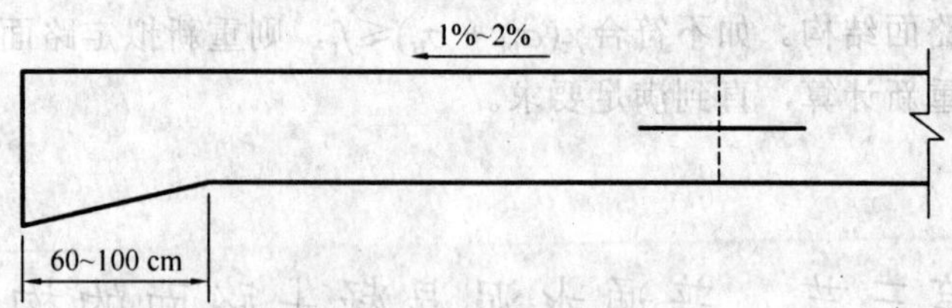

图 14.1　混凝土路面横断面示意图

四、接　缝

（一）设置接缝的原因

混凝土面层是由一定厚度的混凝土板所组成，它具有热胀冷缩的性质。由于一年四季气温的变化，混凝土板会产生不同程度的膨胀和收缩。而在一昼夜中：白天气温升高，混凝土板顶面的温度比底面高，这种温度坡差会形成板的中部隆起的趋势；夜间气温降低，板顶面温度比底面低，会使板的周边和角隅发生翘起的趋势。这些变形会受到板与基础之间的摩阻力和黏结力以及板的自重车轮荷载等的约束，致使板内产生过大的应力，造成板的断裂或拱胀等破坏。

为防止产生破坏，混凝土路面不得不在纵横两个方向设置许多接缝，把整个路面分割成许多板块，见图 14.2。

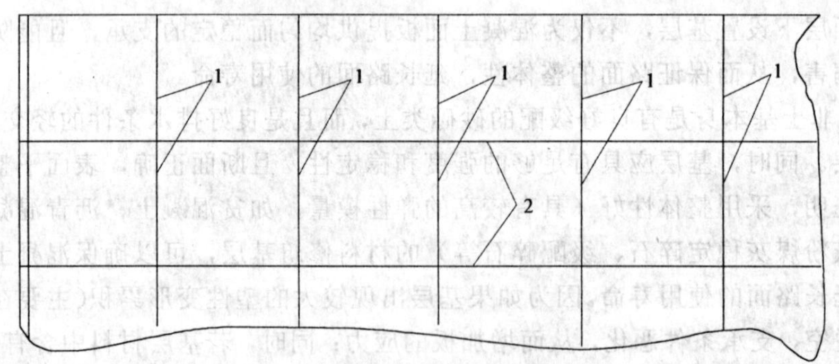

图 14.2　混凝土路面接缝设置

1—横缝；2—纵缝

（二）横缝的构造设计

横向接缝，即垂直于行车方向的接缝，共有 3 种类型：缩缝、胀缝和施工缝。

缩缝保证板因温度和湿度的降低而收缩时沿薄弱断面缩裂，从而避免产生不规则的裂缝。

胀缝保证板在温度升高时能部分伸张，从而避免产生路面板在热天的拱胀和折断破坏，同时胀缝也能起到缩缝的作用。另外，混凝土路面每天完工以及因雨天或其他原因不能继续施工时，应尽量做到胀缝处收工。如不可能，也应在缩缝处收工，并做成施工缝的构造形式。

1. 胀缝的构造

在胀缝处混凝土面板完全断开，因而也称之为真缝，其构造见图 14.3。

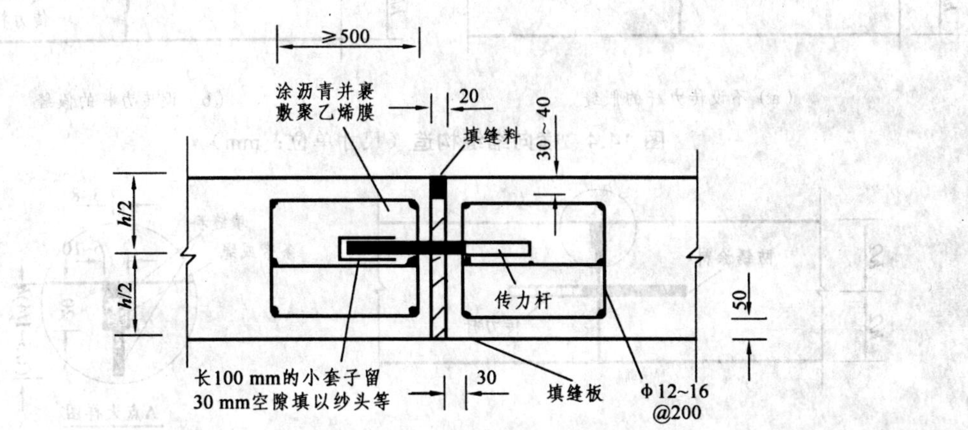

图 14.3 胀缝构造（尺寸单位：mm）

胀缝缝隙宽约 2.0～2.5 cm，缝隙上部 3～4 cm 深度内浇灌填缝料，下部则设置富有弹性的嵌缝板（可由油浸或沥青浸制的软木板制成），板厚的中央设置滑动的传力杆，传力杆一般采用光圆钢筋，其尺寸和间距可按表 14.3 选用。

表 14.3 传力杆尺寸和间距 mm

面层厚度	传力杆直径	传力杆最小长度	传力杆最大间距
220	28	400	300
240	30	400	300
260	32	450	300
280	35	450	300
300	38	500	300

杆的一半固定在混凝土内，另一半以上涂以沥青，套上长约 8～10 cm 的铁皮或塑料套筒，筒底与杆端之间留出宽约 3～4 cm 的空隙，并用木屑与弹性材料填充，以利板的自由伸缩。在同一条胀缝上的传力杆，设有套筒的活动端最好在缝的两边交错布置。

2. 缩缝的构造

缩缝一般采用假缝形式（见图 14.4），即只在板的上部设缝隙，当板收缩时将沿此最薄弱断面有规则地自行断裂。一般缩缝不设传力杆，但在特重交通的公路上，由于荷载的重复作用次数多和轴载大，使接缝的传荷能力迅速下降，出现错台现象，故宜加传力杆，见图 14.4（b）。

缩缝上部设置的槽口，结构如图 14.5 所示。在浇筑混凝土后，用切缝机进行切割，宽度为 3～8 mm，深度约为板厚的 1/5～1/4，一般为 5～6 cm（近年来国外有减小假缝宽度与深度的趋势）。槽口内填填缝料，以防地面水下渗或砂石杂物进入缝内。

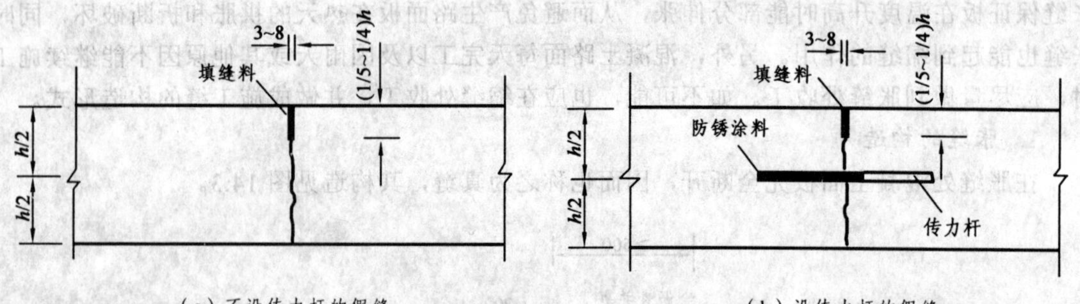

图 14.4　横向缩缝构造（尺寸单位：mm）

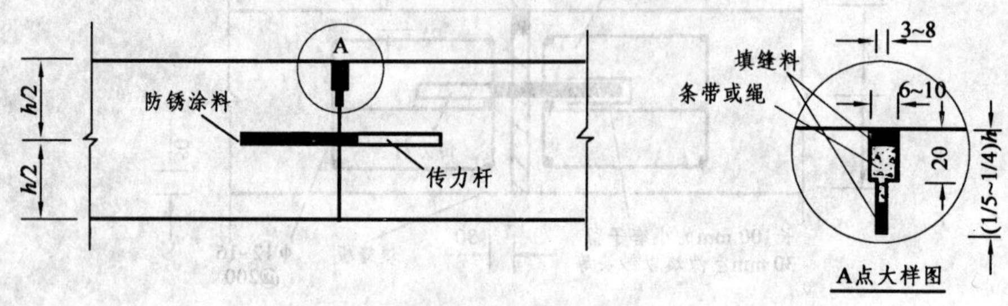

图 14.5　浅槽口构造（尺寸单位：mm）

3. 施工缝的构造

每日施工结束或浇筑混凝土过程中因故临时中断施工时，必须设置横向施工缝。原则上，横向施工缝应尽可能少设置，如设置，应尽可能选在缩缝或胀缝处。施工缝可采用平头缝或企口缝的构造形式。设在缩缝处的施工缝，应采用加传力杆的平缝形式，其构造如图 14.6（a）所示；设在胀缝处的施工缝，其构造与胀缝相同。当由于某种原因只能设在缩缝之间时，施工缝采用设拉杆的企口缝形式，其构造如图 14.6（b）所示。

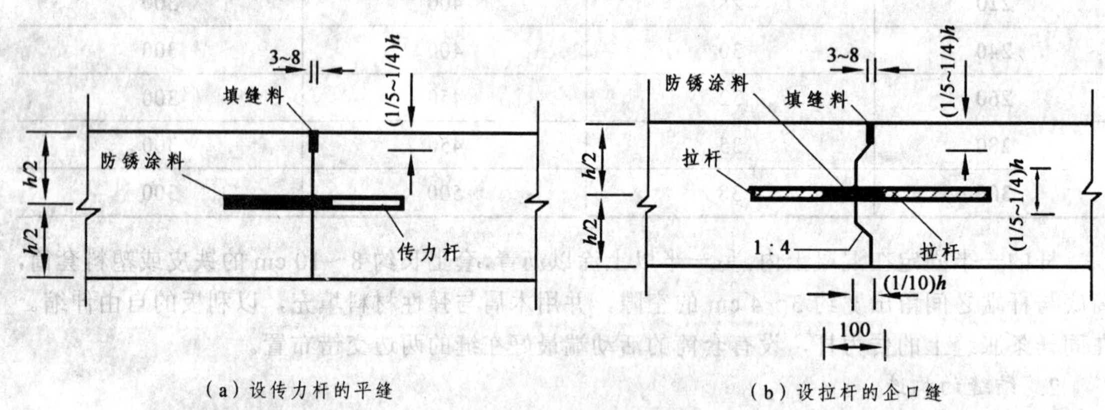

图 14.6　横向施工缝构造（尺寸单位：mm）

（三）横缝的布置

横向接缝的间距按面层类型和厚度选定：普通混凝土面层一般为 4～6 m（即板长）；碾压混凝土或钢纤维混凝土面层一般为 6～10 m；钢筋混凝土面层一般为 6～15 m。

胀缝是混凝土路面的薄弱环节，但在桥涵两端以及小半径平、竖曲线处还要设置胀缝。设置胀缝，不仅给施工带来不便，同时，由于施工时传力杆设置不当（未能正确定位），使胀缝处的混凝土容易出现碎裂等病害；当雨水通过胀缝渗入地基后，易使地基软化，引起唧泥、错台等破坏。同时，胀缝容易引起行车跳动，其中的填缝料又要经常补充或更换，增加了养护的麻烦。

（四）纵缝的构造与布置

纵缝是指平行于混凝土路面行车方向的那些接缝。纵向接缝的间距按路面宽度在 3.0～4.5 m 范围内确定。碾压混凝土、钢纤维混凝土面层在全幅摊铺时，可不设纵向缩缝。

纵向接缝的布设应根据路面宽度和施工铺筑宽度而定：

（1）一次铺筑宽度小于路面宽度时，应设置纵向施工缝。纵向施工缝采用平缝形式，上部应锯切槽口，深度为 3～4 cm，宽度为 3～8 mm，槽内灌塞填缝料，构造如图 14.7（a）所示。

（2）一次铺筑宽度大于 4.5 m 时，应设置纵向缩缝。纵向缩缝采用假缝形式，锯切的槽口深度应大于施工缝的槽口深度。采用粒料基层时，槽口深度应为板厚的 1/3；采用半刚性基层时，槽口深度为板厚的 2/5。其构造如图 14.7（b）所示。

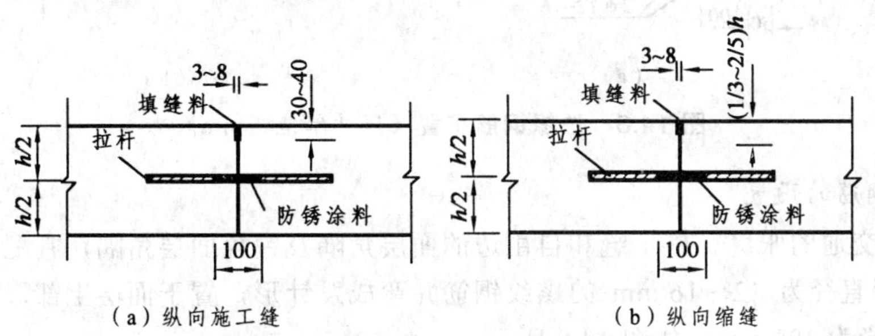

图 14.7　纵缝构造（尺寸单位：mm）

拉杆应采用螺纹钢筋，设在板后中央，并应对拉杆中部 100 mm 范围内进行防锈处理。拉杆的直径、长度和间距，可参照表 14.4 选用。施工布设时，拉杆间距应按横向接缝的实际位置予以调整，最外侧的拉杆距横向接缝的距离不得小于 100 mm。

表 14.4　拉杆的直径、长度与间距　mm

面层厚度/mm	到自由边或未设拉杆纵缝的距离/m					
	3.00	3.50	3.75	4.50	6.00	7.50
200～250	14×700×900	14×700×800	14×700×700	14×700×600	14×700×500	14×700×400
250～300	16×800×900	16×800×800	16×800×700	16×800×600	16×800×500	16×800×400

注：表中连乘数字表示拉杆直径×长度×间距。

（五）纵横缝的综合布置

纵缝与横缝一般做成垂直正交，以改善混凝土面板的受力状况。纵缝两旁的横缝一般成一条直线，如横缝在纵缝两旁错开，将导致板产生从横缝延伸出来的裂缝。一般将混凝土的板宽和板长控制在 1∶1.3 左右，采用矩形。其纵向和横向接缝应垂直相交，纵缝两侧的横缝不得相互错位。

在交叉口范围内，为了避免板块形成锐角并使板的长边与行车方向一致，大多采用辐射式的接缝布置形式。

五、边缘钢筋与角隅钢筋

当采用板中计算厚度的等厚式板时，或混凝土板纵、横向自由边缘下的基础有可能产生较大的塑性变形时，应在其自由边缘和角隅处设置下述两种补强钢筋。

1. 边缘钢筋的设置

一般用 2 根直径 12～16 mm 的螺纹钢筋，置于面层底面之上 1/4 厚度处并不小于 50 mm，间距为 100 mm，钢筋两端向上弯起，如图 14.8 所示。

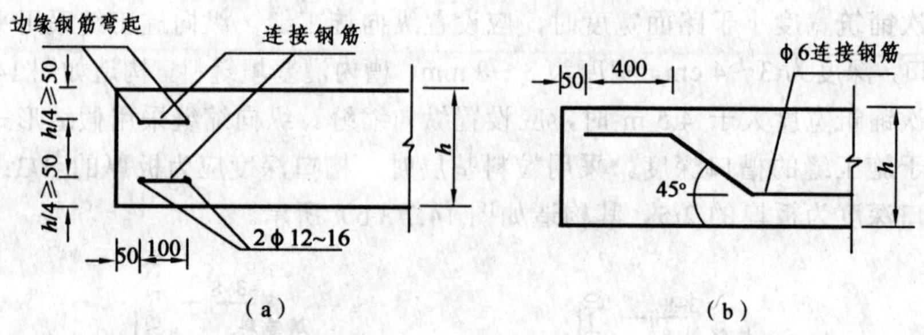

图 14.8　边缘钢筋布置（尺寸单位：mm）

2. 角隅钢筋的设置

承受特重交通的胀缝、施工缝和自由边的面层角隅及锐角面层角隅，宜配置角隅钢筋。通常选用 2 根直径为 12～16 mm 的螺纹钢筋并弯成发针形，置于面层上部，距顶面不小于 50 mm，距边缘为 100 mm，如图 14.9 所示。

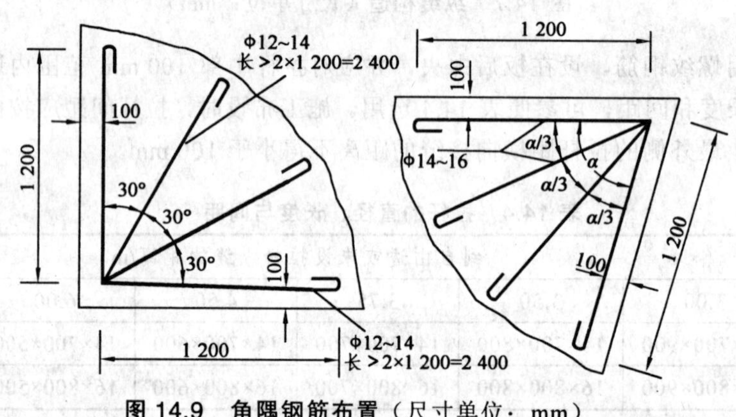

图 14.9　角隅钢筋布置（尺寸单位：mm）

第四节　其他类型的混凝土路面

一、钢筋混凝土路面

钢筋混凝土路面是指为防止可能产生的裂缝缝隙张开，板内配置纵、横向钢筋或钢丝网的水泥混凝土路面。配筋的目的主要是控制混凝土在产生裂缝之后保持裂缝紧密接触，裂缝宽度不会扩张。钢筋混凝土板主要适用于各种容易引起路面板裂缝的情况：

（1）路面板的平面尺寸过大或形状不规则，如路面板长度大于 10～20 m 时。

（2）地基软弱，虽经处理，但仍有可能产生明显的不均匀沉降，而导致面板支承不均匀时。如半填半挖路基，局部路基位于塘边，在河边填筑路堤等。

（3）路面板下埋设地下设施，路面板上开设检查口等情况。

钢筋混凝土路面的设计过程与普通混凝土路面大致相同，也包括板厚设计、平面设计和接缝设计，另外还包括面板的配筋设计。

二、连续配筋混凝土路面

连续配筋混凝土路面（简称 CRCP）是为了克服接缝水泥混凝土路面由于横向胀、缩缝等薄弱环节而引起的各种病害及改善路用性能而采用的一种混凝土路面结构形式。连续配筋混凝土路面在路面纵向配有足够数量的钢筋，以控制混凝土路面板纵向收缩产生的开裂，因此连续配筋混凝土路面在施工时完全不设胀、缩缝（施工缝及构造所需的胀缝除外），形成一条完整而平坦的行车表面，保证了汽车行驶的平衡性，同时也增加了路面板的整体强度。连续配筋混凝土路面的设计与普通混凝土路面的设计不完全相同，除了根据车轮荷载作用设计路面板的厚度之外，对于路面板钢筋的用量与布置，对于路面端部设施的结构细节，均需要根据混凝土路面的温度变形特性进行设计计算。

三、钢纤维混凝土路面

钢纤维混凝土路面是一种理想的高级路面材料，钢纤维可以大大提高素混凝土的抗裂能力、韧性和耐疲劳能力，这些特性正是刚性路面所必须具备的工作特性。由于减薄了板厚，也减少了现场工作量，缩短了工期。由于延长了缩缝间距，相应减少了唧泥、错台等病害，既延长了使用寿命又保证了舒适性。钢纤维混凝土路面与素混凝土路面厚度仍属同一数量级，不会由于厚度和抗折能力变化产生属性改变，二者计算方法相同。推荐钢纤维混凝土路面板厚 10～15 cm，为素混凝土板厚的 0.5～0.6 倍。

思考与练习

14.1 简述水泥混凝土路面的类型。

14.2 简述水泥混凝土路面的优缺点。

14.3 简述水泥混凝土路面常见的破损现象，并分析原因。

14.4 简述水泥混凝土路面的构造设计中对各结构层的要求。

14.5 简述水泥混凝土路面接缝设置的原因及类型。

第十五章　沥青路面面层施工

学习目标

① 掌握层铺法沥青路面施工的准备过程及施工程序。

② 掌握热拌沥青混合料路面的准备过程及施工程序。

③ 掌握沥青路面施工过程的质量控制。

沥青路面具有表面平整、无接缝、行车舒适、耐磨、噪声低、施工期短、养护维修方便且适宜分期修建等特点，在路面工程中得到广泛的应用。

按施工工艺，沥青路面施工方法可分层铺法、热拌沥青混合料路拌法和厂拌法三大类。

（1）层铺法是沥青和集料分层撒铺，然后碾压成型的路面施工方法。其主要优点是工艺和设备简便，工效较高，施工进度快，造价低廉；缺点是路面成型期较长，质量不易保证，需要经过炎热季节行车碾压之后路面方能完全成型。用这种方法修筑的沥青路面有沥青贯入式和沥青表面处治两种。

（2）路拌法是在路上用机械或人工将集料和沥青材料就地拌和、摊铺和碾压而形成沥青路面的方法。该方法与层铺法相比，沥青材料在集料中分布比较均匀，成型快。但由于所用集料为冷料，需使用稠度较低的沥青材料，故混合料的强度较低。目前随着施工技术和施工机械的发展，该法正逐步被淘汰。

（3）厂拌法是由一定级配的集料和沥青材料在工厂用专用设备加热拌和，然后在一定的时间内运到工地摊铺、碾压而形成沥青路面的施工方法。厂拌法按混合料铺筑时的温度不同，又可分为热拌热铺和热拌冷铺两种：热拌热铺是混合料拌和后立即趁热运到路上摊铺；热拌冷铺是混合料加热拌和后储存一段时间再在常温下运到路上摊铺。按空隙率又可分为厂拌沥青碎石（空隙率在10%以上）和沥青混凝土（空隙率在10%以下）。厂拌法可使用较黏稠的沥青材料，且矿料经过精选，因而混合料质量高，使用寿命长，但修建费用也较高。

沥青路面施工过程一般包括施工前的准备、材料的拌和与运输、摊铺、压实等过程。

第一节　层铺法沥青路面的施工

常见的层铺法沥青路面有沥青贯入式路面和沥青表面处治路面。

一、沥青贯入式路面

沥青贯入式路面是在初步压实的碎石（砾石）层上，分层浇洒沥青、撒布嵌缝料后经压实而成的路面，一般适用于较低等级的沥青路面的面层，通常是三级及三级以下公路。

1. 结构特点

沥青贯入式路面强度高、稳定性好、施工简便、不易产生裂缝，但沥青材料洒布在矿料中不易均匀，因此，强度不均匀。为了防止表面水的渗入，须加封层密闭表面空隙，以增强路面的水稳性和耐用性。如果封层采用拌和法施工，则其下部宜采用贯入法，常称为沥青上拌下贯式路面。

沥青贯入式面层的厚度一般为 4～8 cm。当沥青贯入式的上部加铺沥青混合料时，也称为上拌下贯式路面。此时，拌和层的厚度宜为 2～4 cm，其总厚度为 6～10 cm。贯入的结合料宜用石油沥青或改性乳化沥青。

2. 施工准备

施工前，基层必须清扫干净。需要安装路缘石时，应在安装后进行施工。路缘石应予以遮盖。当采用乳化沥青贯入式路面时，必须先浇洒透层或粘层沥青。路面厚度小于或等于 5 cm 时，也应浇洒透层或粘层沥青。

3. 施工方法

1）铺撒主层集料

采用碎石摊铺机、平地机或人工摊铺主层集料。应避免颗粒大小不均匀，松铺系数约为 1.25～1.30，应经试铺实测确定。铺筑后严禁车辆通行。

2）碾　压

主层集料撒布后，应采用 6～8 t 轻型钢筒式压路机进行初压，压路机自路两侧向中心碾压，每次轮迹应重叠约 30 cm，速度为 2 km/h。碾压一遍后检验路拱和纵向坡度，当不符合要求时，应调整找平后再压。然后用 10～12 t（厚度较大时，可用 12～15 t）重型钢轮压路机碾压，每次轮迹重叠 1/2 以上，碾压 4～6 遍，直至主层集料稳定，无明显轮迹为止。

3）浇洒第一层沥青

主层集料碾压完毕后，应立即浇洒第一层沥青。浇洒时注意应满足以下几点要求：

（1）浇洒温度应根据施工气温及沥青标号选择。石油沥青宜为 130～170 °C，煤沥青宜为 80～120 °C。

（2）沥青洒布要均匀，不得有空白和积聚现象，应根据选用的洒布方式控制单位面积的沥青用量。沥青洒布长度应与集料撒布机的能力相配合，两者间隔时间不宜过长。

（3）前后段喷洒的接茬应搭接良好。每段接茬处，可用铁板或建筑纸在洒布起、终点后，横铺 1～1.5 m，纵向接茬的搭接宽度宜为 10～15 cm，浇洒第二层、第三层沥青的搭接缝应错开。

（4）不得在潮湿的集料、基层或旧路面上浇洒沥青。

（5）若采用乳化沥青贯入时，应先撒布一部分上一层嵌缝料，再浇洒主层沥青。

4）铺撒第一层嵌缝料

主层沥青浇洒后，应立即用集料撒布机或人工均匀撒布第一层嵌缝料，不足处应找补。

5）第二次碾压

嵌缝料扫匀后应立即用 8～12 t 钢筒式压路机进行碾压，每次轮迹重叠 1/2 以上，并碾压 4～6 遍，直至稳定为止。碾压时，应随压随扫，使嵌缝料均匀嵌入。当气温较高，碾压发生推移现象时，应立即停止，待气温稍低时再碾压。

6）浇洒第二层、第三层沥青

按上述方法浇洒第二层沥青，撒布第二层嵌缝料并完成碾压后，再浇洒第三层沥青。

7）撒布封层料及碾压

按撒布嵌缝料的方法撒布封层料，最后用 6～8 t 压路机碾压 2～4 遍，再开放交通。

施工后应进行初期养护。当有泛油时，应补撒嵌缝料，并应与最后一层石料规格相同，将浮料扫除且扫匀。

二、沥青表面处治路面

沥青表面处治是用沥青裹覆矿料，铺筑厚度小于 3 cm 的一种薄层路面面层，是我国早期沥青路面的主要类型，广泛使用于砂石路面提高等级。

1. 结构特点

沥青表面处治的作用是保护下层路面结构层，防水、抗磨耗、防滑和改善碎砾石路面的使用品质。为保证矿料间良好的嵌挤作用，同一层的矿料颗粒尺寸应力求均匀，最大粒径应与表处层的厚度相同，且所用沥青须有一定的稠度。

沥青表面处治的施工应在寒冷季节到来之前半个月或雨季前结束，以确保当年能在一定的高温条件下通过行车碾压使路面成型。

沥青表面处治按施工方法不同可分为层铺法和拌和法。目前，常采用层铺法施工，层铺法根据浇洒沥青及撒铺矿料的层次可分为单层式、双层式和三层式。

1）单层式

浇洒一次沥青，撒铺一次矿料，厚度为 1.0～1.5 cm。适用于交通量少于 300 辆/昼夜的路面，使用年限 3～5 年。

2）双层式

浇洒二次沥青，撒铺二次矿料，厚度为 1.5～2.5 cm。

3）三层式

浇洒三次沥青，撒铺三次矿料，厚度为 2.5～3.0 cm。

2. 施工过程

1）施工准备

施工前，应检查洒布车的性能，进行试洒，确定喷洒速度和洒油量；喷洒沥青材料时应对道路人工构造物、路缘石等外露部分作防污染遮盖。

2）下承层准备

表面处治施工前，应将基层清扫干净，使基层的矿料大部分外露，并保持干燥。对有坑槽、不平整、强度不足的路段，应修补、平整和补强。

3）浇洒沥青

在透层沥青充分渗透或基层清扫后，应按要求的数量浇洒第一层沥青，要求与贯入式沥青路面浇洒方法相同。

4）撒布集料

第一层集料在浇洒主层沥青后应立即进行撒布，按规定用量一次撒足，不宜在主层沥青全部洒布完成后进行。撒布后应及时扫匀，集料不应重叠，也不应露出沥青，局部有缺料时适当找补，积料过多的将多余集料扫出。两幅搭接处，第一幅洒布沥青应暂留宽 10～15 cm 不撒石料，待第二幅浇洒沥青后一起撒布集料。

5）碾　压

撒布第一层集料后，应立即用 6～8 t 钢筒式压路机进行碾压，速度不宜超过 2 km/h。碾压应由路两侧边缘向中心，轮迹应重叠约 30 cm，碾压 3～4 遍。

第二层、第三层的施工方法和要求与第一层基本相同，可采用 8～10 t 压路机。

碾压结束后即可开放交通，但应限制车速不超过 20 km/h，并使整个路面宽度都均匀碾压。

开放交通后的交通控制、初期养护等，与贯入式沥青路面要求相同。对局部泛油、松散、麻面等现象，应及时修整处理。

第二节　热拌沥青混合料路面的施工

沥青混合料包括沥青混凝土、沥青碎石等类型，热拌沥青混合料路面是矿料在高温下拌和及摊铺、碾压、成型的路面。

沥青混合料路面的施工工艺流程为施工前的准备工作、沥青混合料的拌和与运输、摊铺、压实等过程。

一、沥青混凝土路面

沥青混凝土路面是由几种不同粒径的矿料（如碎石、轧制砾石、石屑、砂和矿粉等），用沥青作结合料，按一定比例配合，在严格控制条件下拌和，经压实成型的路面。

（一）结构特点

沥青混凝土路面具备很高的密实度和强度，整体性强，透水性好，有较大的抵抗自然因素破坏作用的能力，使用寿命长，耐久性好。通常，为产生较大的黏结力，须在混合料中掺加一定的矿粉。同时，要求基层具有足够的强度。

沥青混凝土面层宜采用双层式结构，下层采用粗粒式或中粒式沥青混凝土，上层采用中粒式或细粒式沥青混凝土。对于高速公路，也可采用三层式结构。

沥青混凝土的温度稳定性较差，在高温季节易产生波浪、推挤和拥包现象，因此应严格控制施工温度。

（二）材料要求

1. 沥　青

可采用黏稠石油沥青或软煤沥青作为结合料。在温度较高和交通繁重的条件下，细粒式沥青混凝土应选用稠度较高的沥青；反之，可采用稠度较低的沥青。

2. 碎（砾）石

应选用强度不低于Ⅲ级，耐磨，有棱角且与沥青有较强结合力的碱性石料。石料应清洁干净，不含污泥等杂质，其颗粒级配应满足规范的要求。

天然或人工的砂，均应具有一定的级配组成。砂质应清洁、坚硬、不含杂质，含泥量不大于 4%。

3. 矿　粉

采用粒径小于 0.074 mm 的石灰石粉，一般不宜少于 80%。矿粉作为沥青混凝土的填充料，能显著地提高混合料的强度和温度稳定性。

（三）沥青混凝土路面施工

1. 施工前的准备工作

施工前的准备工作主要有料源的确定及进场材料的质量检验、机械选型与配套、拌和厂选择、修筑试验路段等项工作。

1）确定料源及进场材料的质量检验

应从质量和经济两方面综合考虑，选用国外进口沥青或国产沥青，对进场的沥青材料应抽样检测其技术指标。目前，高等级公路路面所用的沥青大部分为进口沥青。在考虑经济性、开采条件、运输条件的情况下，选择质量满足技术标准的料场，并对料场内的石料、砂、石屑、矿粉等做必要的试验检测。

2）拌和设备的选型及场地布置

应根据工程量和工期选择拌和设备的生产能力和移动方式(固定式、半固定式和移动式)。目前使用较多的是生产率在 300 t/h 以下的拌和设备。

固定式沥青混合料拌和厂，应根据设备的数量、工作时产生的粉尘与噪声、供电与供水以及施工运输等条件选择厂址和确定场地面积。半固定式和移动式沥青混合料拌和设备可安装在特制的平板挂车上，便于拆装、转移和使用。

3）施工机械检查

主要对拌和与运输设备、洒油车、矿料洒布车、摊铺机和压路机的规格、性能和运转、液压系统进行检测与检查。

4）修筑试验路段

正式开工前，应根据计划使用的机械设备和设计的混合料配合比铺筑试验路段，以确定合适的拌和时间和温度，摊铺温度和速度，压实机械的合理组合，压实温度及压实方法，松铺系数及合适的作业段长度。并在试验段中抽样检测沥青混合料的沥青含量、矿料级配、稳定度、流值、空隙率、饱和度、密实度等。最终提出混合料的生产配合比、机械的优化组合及标准施工方法，而通常的长度为 100～200 m，且应选在正线上铺筑。

2. 沥青混合料的拌和与运输

1）沥青混合料的拌和

沥青混合料必须在沥青拌和厂（场、站）采用拌和机械拌制。根据配料单进料，严格控制各种材料用量及其加热温度。拌和后的混合料应均匀一致，无花白、无离析和结团成块等现象。每班抽样做沥青混合料性能、矿料级配组成和沥青用量检验。

2）沥青混合料的运输

沥青混合料用自卸汽车运至工地，底板及车壁应涂一薄层油水（柴油：水为1：3）混合液。运输中应用篷布覆盖，至摊铺地点时的沥青混合料温度不宜低于130 °C，若混合料不符合施工温度的要求，或已结团，或已遭雨淋，不得铺筑。

摊铺过程中运料车应在摊铺机前 100～300 m 处停止，空挡等候，由摊铺机推动前进开始缓缓卸料，避免撞击摊铺机。

3. 沥青混合料的摊铺

沥青混合料的摊铺，包括下承层准备、施工放样、摊铺机各种参数的调整与选择、摊铺机摊铺等内容。

1）下承层准备

摊铺沥青混合料时，其下承层可能是基层、路面下面层或中面层。基层完工后，一般浇洒透层油进行养生保护。因通车、下雨使表面发生破坏，出现松散、浮尘、下沉，在摊铺沥青混合料前，应进行维修、重新分层填筑并压实、清洗干净。对下承层表面缺陷进行处理后，即可再洒透层油或粘层油。

2）施工放样

用测量仪器定出摊铺路面的边线位置，并在边线桩上标出路面面层顶的设计高程位置，以控制沥青混合料面层的厚度。对无自控装置的摊铺机，应根据下承层的实测高程和面层的设计高程，确定实铺厚度。

当下承层的表面高程变化较多，使得沥青路面的总厚度与路面顶面设计高程容许范围相矛盾时，应以保证厚度为主。

3）摊铺机各种系数的调整与选择

摊铺前，预热熨平板 0.5～1 h 且温度不低于100 °C，调整与选择摊铺机的参数主要有：熨平板宽度与拱度，摊铺厚度与熨平板的初始工作迎角，摊铺速度。

（1）熨平板宽度与拱度的调整。

为减少摊铺次数，每条摊铺带的宽度应按该型号摊铺机的最大摊铺宽度来考虑。宽度为 B 的路面所需横向摊铺的次数 n 按下式计算：

$$n=\frac{B-x}{b-x} \tag{15.1}$$

式中 B —— 路面宽度（m）；

b —— 摊铺机熨平板的总宽度（m）；

x —— 相邻摊铺带的重叠量（m），一般为 0.025～0.08 m。

确定摊铺带宽度时：上下铺层的纵向接茬应错开 30 cm 以上；摊铺下层时，熨平板的侧面与路缘石或边沟间应留有 10 cm 以上的间距；纵向接茬处应有一定的重叠量（平均为 2.5～5 m）；接宽熨平板时必须同时相应地接长螺旋摊铺器和振动梁，同时检查接长后熨平板底板的平直度和整体刚度。

熨平板宽度调整后，再调整其拱度，可在标尺上直接读出拱度的绝对数值或横坡百分数。拱度调整后要进行试铺校验，必要时再次调整。对于大型摊铺机，有前后两副调拱机构，其前拱的调节量略大于后拱。

（2）摊铺厚度与熨平板初始工作迎角的调整。

摊铺工作开始前，准备两块长方垫木，作为摊铺厚度的基准。垫木宽 5～10 cm，与熨平板纵向尺寸相同或稍长，厚度为松铺厚度。将摊铺机停置于摊铺带起点的平整处后，抬起熨平板，把两块垫木分别置于熨平板两端的下面。如果熨平板加宽，垫木则放在加宽部分的近侧边处。

垫木放好后，放下熨平板，让其提升油缸处于浮动状态。然后转动左右两只厚度调节螺杆，使它们处于微量间隙的中立位置。此时，熨平板以其自重落在垫木上。熨平板放置妥当后，利用手动调整机构，调整初始工作迎角。每调整一次，须在 5 m 范围内作多点厚度检验，取平均值与设计值比较。

实际施工中，根据刮板输送器的生产能力和最大摊铺宽度，可方便地调整摊铺厚度。

（3）摊铺速度的确定。

现代摊铺机具有较宽的速度变化范围，可根据混合料供给能力、摊铺宽度和厚度按下式计算：

$$v = \frac{100G}{60bh\rho} \tag{15.2}$$

式中 G —— 混合料供给能力（t/h）；

b —— 摊铺的宽度（m）；

h —— 压实后的摊铺厚度（cm）；

ρ —— 沥青混合料压实后的密度（一般取 2.35 t/m^3）。

实践中，摊铺速度还与混合料的种类、温度及铺筑的层次有关。一般面层的下层摊铺速度较快，约为 10 m/min，面层的上层摊铺速度较慢，为 6 m/min 以下。

摊铺机调整与选择的其他参数还有布料螺旋与熨平板前缘距离、振捣梁行程、熨平板前刮料护板高度等，具体可参阅相关资料。

4）摊铺机的摊铺

摊铺机必须缓慢、均匀、连续不间断地摊铺，不得随意变换速度或中途停顿，以提高平整度，减少混合料的离析。

（1）熨平板的加热。

每次开始工作时，应对熨平板进行加热，以防混合料冷粘在板底上，拉裂铺层表面，形成沟槽和裂纹。加热后的熨平板对铺层起到熨烫作用，使路表面平整无痕。但过热，除会使板变形和加速磨损外，还会使铺层表面烫出沥青胶浆和拉沟。连续摊铺中，熨平板充分受热后，可暂停加热。对摊铺低温混合料和沥青砂，熨平板应连续加热，以使底板对材料经常起熨烫作用。

（2）摊铺方式的选择。

先按前述方法确定摊铺宽度，各条摊铺带的宽度最好相同，以节省重新接宽熨平板的时间。摊铺时，应先从横坡较低处开铺。使用单机进行不同宽度的多次摊铺时，应尽可能先摊铺较窄的那一条，以减少拆接宽次数。

铺筑高速公路、一级公路和城市快速路、主干路沥青混合料时，一台摊铺机的铺筑宽度一般不宜超过 6（双车道）～7.5 m（3 车道以上）。可采用两台或更多台数的摊铺机前后错开 10～20 m，呈梯队方式同步摊铺，以便形成热接茬，两幅之间应有 30～60 mm 左右宽度的搭接，并躲开车道轮迹带，上下层搭接位置宜错开 200 mm 以上。若为单机非全幅作业，每幅铺筑应在100～150 m后调头完成另一幅，并须接好接茬。

（3）接茬的处理。

两条摊铺带搭接处的纵向接茬可采用冷接茬和热接茬两种方法。

① 纵向接缝。

摊铺时采用梯队作业的纵缝应采用热接缝，将已铺部分留下10～20 cm宽暂不碾压，作为后续部分的基准面，然后作跨缝碾压以消除缝隙。

当半幅施工或特殊原因而产生纵向冷接缝时，宜加设挡板或加设切刀切齐，也可在混合料尚未冷却时用镐刨除留下毛茬的方式。

② 横向接缝。

高速、一级公路的表面层横向接缝应采用垂直的平接缝，以下各层可采用自然碾压的斜接缝，沥青层较厚时也可作阶梯形接缝，其他等级公路的各层均可采用斜接缝。各种横向接缝如图15.1所示。

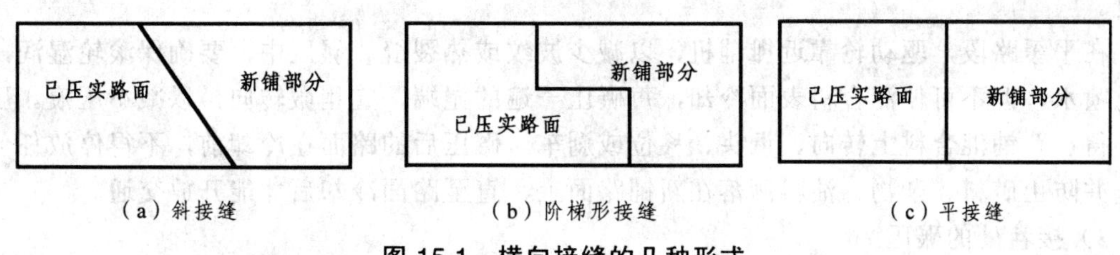

图15.1 横向接缝的几种形式

4. 沥青混合料的压实

沥青混合料的压实包括碾压机械的选型与组合，压实温度、速度、遍数、压实方式的确定及特殊路段的压实（陡坡与弯道）。

1）碾压机械的选型与组合

目前，常用的压路机有三轮式静力光轮压路机、轮胎压路机和振动压路机。三轮式静力光轮压路机，其质量为2.5～16 t，主要用于沥青混合料的初压。轮胎压路机一般为5～25 t，可用来进行接缝处的预压、坡道预压、消除裂纹、薄摊铺层的压实作业。振动压路机中的自行式单轮压路机，一般质量为4～12 t，常用于平整度要求不高的路面压实。压实度要求较高时，可采用串联振动压路机。在沥青混合料压实中，铰接转向和前后轮偏移铰接转向的串联振动压路机在边缘碾压时，能减少转弯中对路边缘的损坏，因此，使用较为广泛。结合工程实际，选择压路机种类、大小和数量，应考虑摊铺机的生产率、混合料特性、摊铺厚度、施工现场的具体条件等因素。一般地，摊铺层厚度小于6 cm，宜使用振幅0.35～0.6 mm的中小型振动压路机（2～6 t）；压实较厚的摊铺层（大于10 cm），宜使用高振幅（可达1.00 mm）的大中型振动压路机（6～10 t）。一般要求沥青混凝土压实层最大厚度不宜大于10 cm，当采用大功率压路机且试验证明能达到压实度时允许增大15 cm。

2）压实的一般程序

压实程序分为初压、复压、终压三道工序，每一台摊铺机后面的压路机数不少于2～3台，高速公路铺筑双车道沥青路面的压路机数量不宜少于5台。

（1）初压应在紧跟摊铺机后碾压，并保持较短的初压区长度，以尽快使表面压实，减少热量散失。初压时用6～8 t双轮压路机或6～10 t振动压路机（关闭振动装置即静压）压2

遍，温度为 110～130 °C。初压后检查平整度和路拱，必要时应予以修整。若碾压时出现推移、横向裂纹等，应检查原因，进行处理。对摊铺后初始压实度较大，经实践证明采用振动压路机或轮胎压路机直接碾压无严重推移而有良好效果时，可免去初压，直接进入复压工序。

复压应紧跟在初压后开始，且不得随意停顿。压路机碾压段的总长度应尽量缩短，通常不超过 60～80 m。采用 10～12 t 三轮压路机、10 t 振动压路机或相应的轮胎压路机碾压 4～6 遍，直至稳定和无明显轮迹。复压温度为 90～110 °C。

终压应紧接在复压后进行，如经复压后已无明显轮迹可免去终压。终压可选用双轮钢筒式压路机或关闭振动的振动压路机碾压不宜少于 2 遍，终压温度为 70～90 °C，至无明显轮迹为止。

（2）碾压时，应由路两边向路中心进行。三轮压路机每次重叠宜为后轮宽的 1/2，双轮压路机每次重叠宜为 30 cm。

（3）碾压过程中，每完成一遍重叠碾压，压路机应向摊铺机靠近些，以保证正常的碾压温度。

在平缓路段，驱动轮靠近摊铺机，以减少波纹或热裂缝。碾压中，要确保滚轮湿润，可间歇喷水，但不可使混合料表面冷却，每碾压一遍的尾端，宜稍微转向，以减小压痕。压路机不得在新铺混合料上转向、调头、移位或刹车。碾压后的路面在冷却前，不得停放任何机械，并防止矿料、杂物、油料洒落在新铺路面上，直至路面冷却后才能开放交通。

3）接茬处的碾压

接茬处的碾压应先压横向接茬后压纵向接茬。

（1）横向接茬：可使用较小型压路机对横向接茬进行横向碾压或纵向碾压。开始时，将轮宽的 10～20 cm 置于新铺的沥青混合料上进行碾压，然后逐步横移直至整个滚轮在新铺层上。有时也可先用压路机静压，再用振动碾压。

（2）纵向接茬：当热料层与冷料层相接时，可将压路机位于热沥青混合料上进行振动碾压，或碾压开始时，将轮宽的 10～20 cm 压在热料层上碾压。碾压时速度应在 2 km/h 左右。当采用梯队作业时（热料层相接），应先压实离热接茬中心约 20 cm 以外的区域，最后压实剩下的窄条混合料。

4）特殊路段的碾压

特殊路段的碾压指弯道、交叉口、路边、陡坡等处的压实。

（1）弯道或交叉口的碾压：应选用铰接转向式振动压路机，先内侧后外侧，急弯处可采用直线（缺角）式换道碾压，缺角处用小型机具压实。

（2）路边碾压：可离边缘 30～40 cm 处开始碾压，留下部分碾压时，压路机每次只能向自由边缘方向推进 10 cm。

（3）陡坡碾压：先用轻型压路机（不宜采用轮胎压路机）预压，压路机的从动轮应朝着摊铺方向。采用振动压路机时，应先静碾，待混合料稳定后，方可采用低振幅的振动碾压。

二、沥青碎石混合料路面

沥青碎石混合料是由几种不同大小的矿料，掺有少量矿粉或不加矿粉，用沥青作结合料，按一定的配合比组成。

1. 结构特点

沥青碎石的空隙率较大，且混合料中仅有少量的矿粉或没有矿粉，其强度以石料间的嵌挤为主，黏结为辅。主要有以下特点：

（1）高温稳定性好，路面不宜产生波浪，裂缝少。

（2）对石料和沥青规格要求较宽，比较容易满足。

（3）沥青用量少，造价低。

（4）路表面容易保持粗糙，有利于行车安全。

（5）因空隙率大，易透水，其黏结力较差。

（6）沥青老化后，路面结构易松散，耐久性不好。

2. 结构类型

为防止水分渗入和保持路面的平整度，须在其表面加铺表面处治或沥青砂等封层。按施工方法可分为热拌热铺、热拌冷铺、冷拌冷铺。

按矿料最大粒径可分为特粗式、粗粒式、中粒式、细粒式等。

根据设计厚度又可分为单层式（4～7 cm）和双层式（约 10 cm）。

目前，沥青碎石路面常用于中等交通道路的路面面层或底面层（面层的下层）。在改建和新建二级公路时，也部分采用其作为路面面层的上层，下层采用沥青贯入式碎石。

3. 材料要求

沥青碎石路面对矿料的强度要求较高，一般为Ⅰ级或Ⅱ级石料，且应与沥青有良好的黏结力。所用矿料的规格应满足规范的要求。

采用的沥青稠度可低些，冷铺混合料所用的沥青稠度应比热铺的低些。

沥青碎石路面采用沥青的质量和标号，应满足规范的要求，沥青碎石混合料的级配组成、规定也应满足规范。

沥青碎石路面的施工工艺与沥青混凝土路面的施工工艺一致。

第三节　沥青路面施工质量控制

一、沥青表处施工控制

沥青表处的施工一般采用层铺法，施工中主要控制沥青浇洒质量和集料撒布与压实质量。具体为：

（1）应经常检查沥青的浇洒温度；合理控制温度，防止过高或过低。

（2）浇洒应均匀，无砂石外露，且接茬处搭接良好。

（3）集料撒布厚度应均匀一致，不漏不重。

（4）使用乳化沥青时，集料撒布应在破乳之前。

（5）碾压时，应由边部向中部每层碾压 3～4 遍，碾压速度不应超过 2 km/h。

二、沥青贯入式路面施工控制

沥青贯入式路面，施工中主要控制石料的质量和规格、松铺厚度、沥青温度、压实质量等。具体为：

（1）主层集料摊铺时，其松铺系数一般为 1.25～1.30。

（2）沥青撒布时的温度控制标准与沥青表处相同。

（3）初压 2～4 遍时，集料表面应无明显推移；复压 4～6 遍时，表面应无明显轮迹；终压 2～4 遍时，表面应平整、密实、无轮迹。

三、沥青混合料路面施工控制

沥青混合料施工时，主要控制混合料的拌制、运输、摊铺和压实。具体为：

（1）拌和时间以 30～50 s 为宜，干拌不得少于 5 s。

（2）拌好后的沥青混合料应色泽均匀一致，无白料、团块和严重的粗细料离析现象。

（3）拌好的混合料应及时摊铺或保温仓储存放时间不宜超过 72 h。

（4）运输机械应干净，且宜大于 20 t。

（5）运料时应用篷布覆盖以保温、防雨、防污染。

（6）测量记录出厂温度、到达现场时的温度。

（7）摊铺碾压的温度应满足《公路沥青路面施工技术规范》（JTGF 40—2004）的相关要求。

（8）松铺系数应根据试验路段确定，摊铺机熨平板控制的厚度调整固定后，不得随意调整。

（9）沥青混合料初压 2 遍后，路拱和平整度应能达到要求；复压 4～6 遍后，表面应无轮迹，能达到要求；终压 2～4 遍后，表观、厚度、密实度均应满足规范要求。碾压时，应从外向内，由边向里，重叠碾压 1/3～1/2 轮宽。

（10）碾压时，随时检查温度，接缝处的沥青应紧密、平整、顺直。

（11）路面待自然冷却后，方可开放交通。

思考与练习

15.1　沥青贯入式路面面层的结构特点及施工工艺有哪些？

15.2　沥青表面处治面层的结构特点及施工工艺有哪些？

15.3　沥青混凝土路面的结构特点及材料要求有哪些？

15.4　沥青混凝土路面的施工工艺有哪些？

15.5　各种类型的沥青路面施工质量控制的要点有哪些？

第十六章 水泥混凝土路面面层施工

学习目标

① 掌握水泥混凝土路面组成材料的要求。

② 掌握水泥混凝土的拌和与运输过程及整个施工程序。

③ 了解水泥混凝土路面施工质量管理与检查。

水泥混凝土路面结构层是以水泥与水合成的水泥浆为结合料，碎（砾）石为骨料,砂为填充料，经拌和、摊铺、压实和养生而成的。

第一节 施工准备

水泥混凝土路面施工前的准备工作包括材料准备及质量检验、基层的检验与整修、施工放样及机械准备等，具体如下。

一、施工组织

根据规模的大小与施工的期限，组织机构的设置，如计划统计、测量放样、机械材料准备、现场试验、质量检查、安全管理、现场施工、后勤供应等，分工合作，协调管理。根据设计和招投标文件，编制分期施工组织计划，合理组织劳动力和机械设备。

二、施工现场布置

（1）选择混凝土的拌和方式。拌和方式有集中拌和与分段拌和两种。现场有足够的水源、电源且材料充足时，宜采用集中拌和；当路段较长，缺少适当的场地和运输机械时，宜采用分段拌和法。一般汽车运送混凝土时，两端供应距离以 2～5 km 为宜；人工运送混凝土时，供应距离不能超过 800～1 000 m。

（2）选择拌和地点。应选在运距经济合理，水源充足且方便，便于堆料，排水条件良好，机械搬运方便的地方。为提高工效，材料可沿路堆放，随工程进展移动，随拌随铺。

（3）材料估算与堆放。施工前，根据所需材料（水泥、砂、石子）进行估算，订出分期供应计划，随用随调。材料堆放应碎石靠前，砂堆靠后，水泥应储藏在附近仓库，并做好防雨、防潮措施。

（4）工具准备。施工前，应备齐专用和一般机具，如振捣器、平整机、切缝机、振动夯压板，以及磅秤、捣钎、洒水机、扫帚等机具，并对主要机具进行检修、校验，且准备富余设备，以备紧急使用。

三、测量放样

（1）根据设计文件，测放出路中心线、路边线、曲线主点、变坡点及伸缩缝、胀缝的位置，并加以固定。

（2）引测临时水准点于路旁固定点上，供施工时使用。

（3）对测量放样的数据和资料须经常检查、复核。

四、混凝土材料的试配

施工前，应根据设计要求，做好混凝土材料的配合比设计及各项试验工作。应根据不同材料，按不同的配合比，做出至少 3 组以上的抗压、抗折试块，分别作 7 d、14 d、28 d 龄期试压。经过各方面的综合论证，选取级配优良、水泥节省、强度符合要求的配合比。对已进场的砂、石材料抽样检测其强度、规格、级配、针片状含量、含泥量及有害杂质含量等，对不符合要求的材料须进行处理或弃用。

混凝土施工前，应检验其配合比的实用性，必要时须及时作调整。根据设计的配合比取样试拌，检查其工作性，必要时作调整。按调整后的配合比取样、制件或铺筑试验路段，检测标准养生期满后（28 d）的混凝土强度作为施工的依据。此外，还应比较混合料用灰量、用水量、水灰比、砂率及集料的级配，选择经济合理的配合比。

五、土基和基层的检查与整修

对路面施工前的土基和基层应检查其含水量和密实度、基层的几何尺寸、路拱、平整度等，不符合要求时，应予以修复，直至符合要求。对旧路面上的坑洞、松散区域以及路拱、宽度不符合要求之处，应翻修调整压实。当不设基层时，可设置整平层 6～10 cm。

第二节　混凝土拌和物的搅拌与运输

水泥混凝土路面的组成材料包括水泥、细集料（砂）、粗集料（碎、砾石）、水及外加剂。

一、材料要求

1. 水　泥

水泥的质量和用量不仅对混凝土的抗弯拉强度有直接影响，而且对混凝土的其他性质如凝结和硬化速率、早期的收缩开裂、耐久性等也有影响。作为混凝土的胶结材料，水泥应具有强度高、干缩性小、抗磨性与耐久性好的特点。水泥品种及强度等级的选用，必须根据公路路面等级、工期、铺筑时间和方法及经济性等因素综合考虑决定。目前，水泥混凝土路面主要采用硅酸盐水泥和普通硅酸盐水泥。

2. 细集料

集料是水泥混凝土中质量最大的组成材料，粒径在 4.75 mm 以下者为细集料，粒径在 4.75 mm 以上者，为粗集料。

细集料可采用天然砂（河砂、江砂或山砂），也可采用机轧的人工砂（如石屑等）。细集料应坚硬、耐久、清洁，满足一定的级配及细度模数，且有害杂质含量少。

1）级　配

细集料的级配要求应符合表 16.1 的规定。表中Ⅰ区砂属于粗砂，配制混凝土时，其砂率应比Ⅱ区的砂率大，以便于捣实。Ⅲ区砂由细砂和部分偏细的中砂组成，配制混凝土时，其砂率应比Ⅱ区的砂率小，以便于插捣成型。为提高混凝土耐磨性，小于 0.08 mm 的颗粒不应超过 3%。

表 16.1　细集料的级配要求

砂分级	筛孔尺寸（方孔筛）/mm					
	0.15	0.30	0.60	1.18	2.36	4.75
	累计筛余（以质量计）/%					
Ⅰ（粗砂）	90～100	80～95	71～85	35～65	5～35	0～10
Ⅱ（中砂）	90～100	70～92	41～70	10～50	0～25	0～10
Ⅲ（细砂）	90～100	55～85	16～40	0～25	0～15	0～10

2）细度模数

细度模数反映的是全部颗粒粗细程度。当考虑砂的颗粒分布情况时，应同时用细度模数和级配两项指标反映其性质。路面用砂的细度模数一般在 2.5 以上。

3. 粗集料

为保证混凝土具有足够的强度，良好的抗滑性、耐磨性、耐久性，粗集料应质地坚硬、耐久、洁净，且符合一定的级配。

1）技术要求

用表面粗糙且多棱角的碎石配制的混凝土，具有良好的粘附性和较高的强度。砾石配制的混凝土具有较好的工作性。

2）级　配

粗集料的最大粒径应不大于 40 mm，其级配可采用连续级配和间断级配。工程中一般采用工作性优良的连续级配，若为间断级配，应采用强力振捣。

4. 水

混凝土所用的水，应不含有影响混凝土质量的油、酸、碱、盐类、有机物等。

5. 外加剂

为改善混凝土的技术性质，在混凝土的制备过程中，常掺入一定量的减水剂、调凝剂和引气剂等外加剂。

1）减水剂

减水剂按照其减水效率大于或小于 15% 分为高效减水剂和普通减水剂，还有早强减水剂、缓凝减水剂等。各交通等级道路路面混凝土宜选用减水效率高、坍落度损失较小、凝结时间可调控的复合型减水剂。高温施工宜使用引气缓凝减水剂或引气高效缓凝（保塑）减水剂，低温施工宜使用引气早强高效减水剂。

2）调凝剂

调凝剂是调节水泥混凝土凝结时间的外加剂，通常有早强剂、促凝剂、速凝剂和缓凝剂。

早强剂是加速混凝土早期强度发展的外加剂；促凝剂是缩短混凝土中的水泥浆从塑性状的外加剂；速凝剂是使水泥混凝土迅速凝结和硬化的外加剂，可用于冬季施工；缓凝剂是延缓水泥凝结时间的外加剂，常在气温较高时拌制混凝土使用。

3）引气剂

引气剂能在混凝土中形成细小的、均匀分布的空气微泡。对新拌混凝土，可改善其工作性，减少泌水和离析；对硬化后的混凝土，可缓冲其水分结冰膨胀的作用，提高混凝土的抗冻性、抗渗性和抗蚀性。

目前，常用的有松香热聚物、烷基磺酸钠和烷基苯磺酸钠等，其质量应符合标准的规定，掺入量宜为水泥用量的 0.005%～0.01%，并应经试验和实地试用后再确定是否适用。

6. 接缝材料

接缝材料包括接缝板和填缝料。

(1) 接缝板应选择能适应混凝土膨胀与收缩、施工时不变形、耐久性良好的材料。常用杉木板、软木板、橡胶、海绵泡沫树脂类等。

(2) 填缝料应选择与混凝土板壁黏结力强、回弹性好、能适应混凝土收缩、不溶于水、不渗水、高温不溢、低温不脆的耐久性材料。按施工温度可分为加热施工式和常温施工式两种。目前，加热施工式填缝料主要有沥青橡胶类、聚氯乙烯胶泥类和沥青玛琋脂类等，常温施工式填缝料有聚氨酯焦油类、氯丁橡胶类和乳化沥青橡胶类。

在路面工程中，接缝中的软木板、加热式施工填料中聚氯乙烯胶泥和常温式施工中的 M880 建筑密封膏以及聚酯改性沥青性能较好。

7. 钢　筋

水泥混凝土路面所用的钢筋有传力杆、拉杆及补强钢筋等。钢筋的品种、规格应符合设计要求，且表面油污和颗粒状或片状锈蚀应清除，其屈服强度和抗拉强度应符合要求。

二、混凝土的拌和与运输

混凝土组成材料的技术指标和配比计量的准确性是混凝土拌制的关键，实际施工中采用集料箱加地磅的方法计量，有条件时宜配有电子秤等自动计量设备。一般国产强制式拌和机，拌制坍落度为 1～5 cm 的混凝土，其最佳拌制时间宜为：立轴强制式拌和机 90～180 s，双卧轴强制式拌和机 60～90 s。最长拌制时间不超过最短拌制时间的 3 倍。拌和中需外加剂时，应对外加剂单独计量。各材料的计量精度为：水和水泥不超过±1%；粗细骨料不超过±3%；

外加剂不超过±2%。拌和物应均匀一致，有干料、生料、离析或外加剂、粉煤灰成团现象的非均质拌和物严禁使用。

运输中，因蒸发和水化失水、颠簸和振动使混凝土发生离析而影响混凝土的工作性时，应尽量缩短运输时间，并用帷布或适当的方法覆盖。

机械化施工时，可采用自卸汽车或搅拌车运输混凝土。一般坍落度大于 5 cm 时，宜用搅拌车运输，运输时间不宜超过 1.5 h，自卸车不宜超过 1.0 h。特殊情况时，可使用缓凝剂。

第三节　混凝土面层铺筑

目前，水泥混凝土路面施工主要有轨道式摊铺机和滑模式摊铺机施工两种方式。

一、轨道式摊铺机施工

在水泥混凝土路面铺筑方式中，轨道摊铺为较高技术层次的铺筑方式。轨道摊铺机的优点是可以倒车反复做路面，缺点是轨模板安装劳动强度大，有被滑模摊铺机取代的趋势。

1. 准备工作

施工前的准备工作包括材料准备与检验、配合比的检验与调整、基层的检验与整修等。

2. 轨道模板安装

安装时，以轨道模板顶面高程为基准控制路面表面的高程，其高程控制的精确度，铺轨是否平直，接头是否平顺及模板的刚度等将直接影响路面表面的质量和行驶性能。设置纵缝时，应按要求间距，在模板上预先作孔放置拉杆。各种钢筋的安装位置偏差不得超过 1 cm；传力杆须与板面平行并垂直接缝，偏差不得超过 5 mm；传力杆间距不得超过 1 cm。

3. 混凝土的铺筑

将混凝土按摊铺厚度均匀地铺在模板中，目前采用的摊铺机械主要有刮板式、箱式、螺旋式。

刮板式摊铺机能在模板上自由前后移动，导管也能左右移动，刮板可以任意方向旋转摊铺。这种摊铺机质量轻，易操作，但摊铺能力较小。

箱式摊铺机的混凝土，在摊铺机前进时从横向移动的箱中卸下，同时箱子的下端按松铺厚度刮平混凝土。混凝土一次全部放入箱内，质量大，摊铺均匀而准确。

螺旋式摊铺机由可以正反方向旋转的螺旋杆（直径约 50 cm）将混凝土摊开。螺旋后面有刮板，可正确调整高度。

4. 混凝土的振捣

混凝土的振捣可采用振捣机或内部振动式振捣机进行。

振捣机是在摊铺机后面，对混凝土进行整平和捣实。在振捣梁前方设置一道与铺筑宽度相同的复平刮梁，后面是一道全宽的弧面低频率弹性振捣梁。振动频率一般为 50～100 Hz，复平梁前沿堆有确保充满模板的不超过 15 cm 厚的余料。弹性振动梁通过后混凝土已全部振实，其后的混凝土应控制有 2～5 mm 的回弹高度，再提出砂浆，进行整平。靠近模板处的混凝土，可用插入式振捣器补充振捣。

内部振动式振捣机主要是用并排安装的振捣棒插入混凝土中进行内部振实。

5. 混凝土的修整与养生

振实后的混凝土应进行整平、收光、压纹和养生。

（1）混凝土的表面整平有斜向和纵向移动两种。用一对与摊铺机前进方向成一定角度的整平梁进行斜向整平（其中有一根为振动整平梁），与摊铺机方向一致的整平梁在混凝土表面纵向往返移动作纵向整平。整平时，应使整平机前的拥料涌向路面横坡的一侧。

（2）收光是使混凝土的表面更加致密、平整、美观。常用的国产 C-450X 机有较完备的整平、修光配套设施，整平质量较高。有时，也可由人工辅助收光。

（3）压纹是提高水泥混凝土路面行车安全的重要措施。施工时，用纹理制作机对混凝土路面进行拉槽或压槽，在不影响平整度的前提下，使路表面具有一定的粗糙度。纹理的平均深度一般控制在 1～2 mm 以内，纹理走向应与路面前进方向垂直，相邻板的纹理要相互衔接、相互沟通，以利排水。压纹的时间要控制适当，以混凝土表面无波纹水迹较适合。

（4）混凝土的表面修整后，应进行养生。初期可用活动的三角形罩棚将混凝土全部遮盖。等混凝土的表面泌水消失后，可用薄膜、湿草或麻袋覆盖，4～6 h 后开始间隔一定时间（视蒸发情况确定）洒水养生，有时也可喷洒养生液进行养生，洒布用量要足够均匀，直至达到规定的养生时间。养生时间，使用普通硅酸盐水泥时一般为 14 d，使用早强水泥时为 7 d。

6. 接缝施工

1）纵　缝

平缝施工应在模板上设计的孔位放置拉杆，并在缝壁一侧涂刷隔离剂。拉杆应用螺纹钢筋，顶面的缝槽以切缝机切成，用填料填满，并将表面的粘浆等杂物清理干净，保持纵缝的顺直和美观。

假缝施工应先将拉杆采用门形式固定在基层上，或用拉杆置放机在施工时置入。顶面的缝槽以切缝机切成，使混凝土在收缩时能从此缝向下规则开裂，施工时应防止切缝深度不足引起不规则裂缝。

2）横向缩缝

混凝土结硬后，应适时切缝。切缝时间应控制在混凝土获得足够的强度，而收缩应力并未超出其强度范围时，以防切缝不整齐或出现早期裂缝。一般切缝时间以施工温度与施工后时间乘积为 200～300 °C · h 或混凝土的抗压强度为 8～10 MPa 时比较合适。切缝的方法以调深调速的切缝机锯切效果较好，为减少早期裂缝，切缝可采用“跳仓法”，即每隔几块板切一缝，然后再逐块切锯。切缝深度为板厚的 1/4～1/3，切缝太浅会引起不规则断板。

3）胀　缝

胀缝分浇注混凝土终了时设置和施工中间设置两种情况。

施工终了时设置胀缝。传力杆长度的一半穿过端部挡板，固定于外侧定位模板中，混凝土浇前应先检查传力杆位置。浇注时，应先摊铺下层混凝土，用插入振捣器振实，并校正传力杆位置，再浇注上层混凝土。浇注邻板时应拆除顶头木模，并设置下部胀缝板、木制嵌条和传力杆套管。施工过程中间设置胀缝，胀缝施工应预先设置好胀缝板和传力杆支架，并预留好滑动空间。为保证胀缝施工的平整度以及机械化施工的连续性，胀缝板以上的混凝土硬化后用切缝机按胀缝板的宽度切两条线，待填填缝料时，将胀缝板以上的混凝土凿去。这种施工方法，对保证胀缝施工质量特别有效。

4）施工缝

施工缝为施工间断时设置的横缝，常设于胀缝或缩缝处，多车道施工缝应避免设在同一横断面上。施工缝如设于缩缝处，板中应增设传力杆，其一半铺在混凝土中，另一半应先涂沥青，允许滑动。传力杆必须与缝壁垂直。

5）接缝填封

混凝土板养生期满后应及时填封接缝，填缝内必须清扫干净并保持干燥。填缝料应与混凝土缝壁黏结紧密，不渗水，其灌注深度以 3～4 cm 为宜，下部可填入多孔柔性材料。填缝料的灌注高度，夏天应与板面平齐，冬天宜稍低于板面。

当用加热施工式填缝料时，应不断搅匀，至规定温度。气温较低时，应用喷灯加热缝壁。个别脱开处，应用喷灯烧烤，使其黏结紧密。目前用的强制式灌缝机和灌缝枪，能把改性聚氯乙烯胶泥和橡胶沥青等加热施工式填缝料与常温施工式填缝料灌入缝宽不小于 3 mm 的缝内，也能把分子链较长、稠度较大的聚氨酯焦油灌入 7 mm 宽的缝内。

7. 特殊季节施工

1）高温季节施工

拌和与铺筑场地的气温≥30 °C 时，即属于高温施工。高温会增加水分的散失，易使混凝土板表面出现裂缝。因此，施工时应尽量降低混凝土的浇注温度，缩短施工工序的操作时间，并采取必要的措施保证混凝土的充分养生，提出高温施工的工艺设计。一般情况下，整个施工环境的气温大于 35 °C 时，应停止混凝土的浇注。

2）低温季节施工

当施工操作和养生的环境温度≤5 °C 或昼夜最低气温可能低于−2 °C 时，即属于低温施工。低温施工时，混凝土因水化速度降低使得强度增长缓慢，且可能被冻害。因此，必须提出低温施工的工艺设计。

混凝土铺筑后，通常采用蓄热法保温养生，即选用合适的保温材料覆盖路面，以减少路面热量的散失。一般使用的保温材料有麦秸、稻草、油毡纸、锯末、石灰等。保温层至少 10 cm 厚，具体视气温而定。

低温施工时，混凝土的设计配合比一般不宜超过 0.6。应延长搅拌时间，减小施工作业面和施工长度，定期检测各种材料、拌和物的温度和混凝土的摊铺、浇注、养生的温度。

铺筑后的混凝土，在 72 h 内养生温度应保持在 10 °C 以上，以后 7 d 的养生温度应保持在 5 °C 以上。

3）雨季施工

应根据近期预报的降雨时间和雨量，安排雨季施工方案，做好施工区域内的结构物、拌和场及铺筑现场等的排水工作。

拌和场内的设备应搭棚遮雨，经常测定、调整混凝土拌和物的用水量。水泥的存放应注意防雨受潮，现场下雨时应严禁铺筑混凝土。混凝土终凝前，雨水不得直接淋在已抹平的路面上。需在雨下操作时，应配备活动的工作雨棚。

二、滑模式摊铺机施工

滑模式摊铺机施工不需要轨模,摊铺机架支承在四个液压缸上，可以通过控制机械上下移动，以调整摊铺机铺层厚度。滑模摊铺机一次通过即可完成摊铺、振捣、整平等多道工序。

1. 施工工艺

先由螺旋摊铺器把堆积在基层上的水泥混凝土向左右横向铺开，刮平器进行初步刮平，然后用振捣器进行捣实，随后刮平器进行振捣后的整平，形成密实而平整的表面，再使用搓动式振捣板对混凝土层进行振实和整平，最后用光面带光面。滑模摊铺机的整面装置由电子液压系统控制，精度较高。

滑模式摊铺机的其他施工工艺与轨道式基本相同，但其整机性能好，操纵方便和采用电子导向，因此生产率较高。

2. 滑模式摊铺机施工要点

滑模式摊铺机施工中，主要解决塌边和麻面问题。

1）塌　边

主要有边缘塌落、边缘倒塌和松散无边等，它影响到路面的质量，增加修边的工作量。

（1）边缘塌落。

边缘塌落影响路面的平整度和坡度，对双幅施工的整体路面会造成中间积水。应根据混凝土的坍落度调整一定的预抛高度，使坍落定型时恰好符合设计的边缘要求，同时，摊铺速度宜控制在 2～4 m/min。

（2）倒边和松散无边。

使用立轴式混凝土拌和设备时，拌和料应避免出现离析现象，否则，在边缘处就会出现倒边，在路中间就会出现麻面。

布料器布料时往往将混凝土稀浆分到两边，可用人工粗布料或适当调整靠边侧的振动器的振动频率。另外，应注意骨料的形状和配合比。扁平状或圆状骨料成型较差，一般混凝土的坍落度不大时，塌边是可以避免的。

2）麻　面

混凝土的坍落度值低是形成麻面的主要原因，此外是拌和不均匀。施工时，应严格控制混凝土的坍落度，即要求高精度的拌和设备和计量装置。

三、施工质量管理与检查

水泥混凝土路面施工质量的控制、管理与检查应贯穿整个施工过程，应在施工过程中对每道工序进行严格的控制。对已完的路面应进行外观检查，并量测其几何尺寸，进行核对。此外，还应查阅施工记录，包括原材料的试验和试件强度资料、配合比、隐蔽构造（各种钢筋的位置）等。

水泥混凝土路面平整度、弯拉强度和板厚三大关键质量指标的检测要求应符合下列规定：

（1）用 3 m 直尺检测平整度作为施工过程中质量控制检测项目；用平整度仪检测动态平

整度作为二级及二级以上公路和次干道以上的城市道路交工验收时工程质量的评定依据。

（2）应从搅拌机生产的拌和物中随机取样，并按有关试验规程规定的标准方法检测混凝土路面弯拉强度，弯拉强度应采用三参数评价：平均弯拉强度合格值、最小值和变异系数。各级道路弯拉强度合格标准的确定应按数理统计方法进行，变异系数应符合设计规定。检测小梁弯拉强度后的断板应测抗压强度，并作为混凝土强度等级的参考。

混凝土的强度试验一般采用小梁法测定试块的抗弯拉强度。试块应使用正在摊铺的混凝土拌和物，养生条件应与现场混凝土板一致。试块应同时制作至少 2 组，龄期为 7 d 和 28 d。当混凝土的 7 d 强度普遍达不到 28 d 强度的 60%时，应检查原因，并对混凝土的配合比作适当的修正。

（3）应在面层摊铺前通过基准线或模板严格控制板厚，检验标准为：行车道横坡低侧面板厚度和厚度平均值两项指标均应满足设计厚度允许偏差。同时，板厚变异系数应符合设计规定。

此外，还应检测的项目有：

（1）浇注完成的混凝土板，应在现场钻芯取样，做劈裂强度试验，推算小梁的弯拉强度，以检验其实际强度。

（2）混凝土路面的耐磨性能可用 MS-250 混凝土钻孔磨耗机和 HM-A 型混凝土磨耗机测定磨耗深度来检测。

（3）水泥混凝土路面的外观检查主要包括蜂窝、麻面、裂缝、脱皮、石子外露和缺边掉角等现象，以及是否残留有麻袋、草帘等印痕。路面应平整不积水，纵横接缝应顺直不弯，填缝料应饱满整齐，不得污染路面。

思考与练习

16.1　水泥混凝土路面施工前准备工作包括哪些内容？

16.2　轨道式摊铺机施工的工序包括哪些？

16.3　滑模式摊铺机施工的工序包括哪些？

16.4　水泥混凝土路面的主要质量指标如何检测？

参 考 文 献

[1] 金仲秋，夏连学．公路设计[M]．北京：人民交通出版社，2005．

[2] 李维勋．路基路面工程[M]．北京：机械工业出版社，2005．

[3] 宋金华，张彩利，张雪华．路基路面工程[M]．北京：人民交通出版社，2006．

[4] 俞高明．公路施工技术[M]．北京：人民交通出版社，2005．

[5] 何兆益，杨锡武．路基路面工程[M]．北京：人民交通出版社，2006．

[6] 栗振锋，李素梅，文德云．路基路面工程[M]．北京：人民交通出版社，2005．

[7] 邓学钧编著．路基路面工程[M]．2 版．北京：人民交通出版社，2005．

[8] 中华人民共和国行业标准．JTGD 30—2004 公路路基设计规范[S]．北京：人民交通出版社，2004．

[9] 中华人民共和国行业标准．JTGD 50—2006 公路沥青路面设计规范[S]．北京：人民交通出版社，2006．

[10] 中华人民共和国行业标准．JTGB 01—2003 公路工程技术标准[S]．北京：人民交通出版社，2004．

[11] 中华人民共和国行业标准．JTGD 40—2002 公路水泥混凝土路面设计规范[S]．北京：人民交通出版社，2003．

[12] 中华人民共和国行业标准．JTGF 40—2004 公路沥青路面施工技术规范[S]．北京：人民交通出版社，2005．

[13] 中华人民共和国行业标准．JTGF 30—2003 公路水泥混凝土路面施工技术规范[S]．北京：人民交通出版社，2003．

[14] 中华人民共和国行业标准．JTGF 80—2004 公路工程质量检验评定标准[S]．北京：人民交通出版社，2004．

[15] 中华人民共和国行业标准．JTGF 10—2006 公路路基施工技术规范[S]．北京：人民交通出版社，2006．